**COLEÇÃO
ABERTURA
CULTURAL**

Copyright © 2011 by Robert Inchausti. Todos os direitos reservados.
Copyright da edição brasileira © 2021, É Realizações
Título original: *Subversive Orthodoxy: Outlaws, Revolutionaries, and Other Christians Disguise*

*Editor* | Edson Manoel de Oliveira Filho
*Produção editorial e projeto gráfico* | É Realizações Editora
*Capa* | Daniel Justi
*Diagramação* | Nine Design Gráfico / Mauricio Nisi Gonçalves
*Preparação de texto* | Nestor Turano Jr.
*Revisão* | Juliana de A. Rodrigues
*Tradução do posfácio* | Susana Monteiro Gonçalves

Reservados todos os direitos desta obra. Proibida toda e qualquer reprodução desta edição por qualquer meio ou forma, seja ela eletrônica ou mecânica, fotocópia, gravação ou qualquer outro meio de reprodução, sem permissão expressa do editor.

CIP-Brasil. Catalogação na Publicação
Sindicato Nacional dos Editores de Livros, RJ

I33o

Inchausti, Robert, 1952-
Ortodoxia subversiva : foras da lei, revolucionários e outros cristãos disfarçados / Robert Inchausti ; tradução André de Leones. - 1. ed. - São Paulo : É Realizações, 2021.
256 p. ; 23 cm. (Abertura cultural)

Tradução de: Subversive orthodoxy: outlaws, revolutionaries, and other christians disguise
Inclui índice
ISBN 978-65-86217-01-8

1. Cristianismo e cultura. 2. Cristianismo - Influência. I. Leones, André de. II. Título. III. Série.

21-68449

CDD: 261
CDU: 2-66

Leandra Felix da Cruz Candido - Bibliotecária - CRB-7/6135
04/01/2021    04/01/2021

É Realizações Editora, Livraria e Distribuidora Ltda.
Rua França Pinto, 498 · São Paulo SP · 04016-002
Telefone: (5511) 5572 5363
atendimento@erealizacoes.com.br · www.erealizacoes.com.br

Este livro foi impresso pela Mundial Gráfica em janeiro de 2021. Os tipos são da família Sabon Light Std e Frutiger Light. O papel do miolo é o Pólen Soft 80 g, e o da capa cartão Duo Design 250 g.

# ORTODOXIA SUBVERSIVA

Foras da Lei, Revolucionários e Outros Cristãos Disfarçados

Robert Inchausti

TRADUÇÃO DE ANDRÉ DE LEONES

Para Linda, Monica e Nick

Disse-lhe João: "Mestre, vimos alguém que não nos segue, expulsando demônios em teu nome, e o impedimos porque não nos seguia". Jesus, porém, disse: "Não o impeçais, pois não há ninguém que faça milagre em meu nome e logo depois possa falar mal de mim. Porque quem não é contra nós é por nós".

*Evangelho de Marcos, 9,38-40.*

# Sumário

Introdução ..................................................................................11

Capítulo 1 | A Alma Sitiada .......................................................17
   *William Blake* ..........................................................................21
   *Johann Wolfgang von Goethe*..................................................32
   *Søren Kierkegaard*...................................................................37
   *G. K. Chesterton* .....................................................................43
   *Nikolai Berdiaev* ......................................................................47

Capítulo 2 | O Romance como Contramitologia........................53
   *Fiódor Dostoiévski*...................................................................56
   *Boris Pasternak* .......................................................................67
   *Aleksandr Soljenítsin*...............................................................67
   *Jack Kerouac* ...........................................................................77
   *Walker Percy* ...........................................................................83

Capítulo 3 | Política Antipolítica................................................95
   *Dorothy Day*..........................................................................100
   *Thomas Merton* ....................................................................107
   *Martin Luther King Jr.* ..........................................................114
   *E. F. Schumacher* ..................................................................128
   *Wendell Berry* .......................................................................135

Capítulo 4 | Crítica Macro-Histórica .......................................145
   *Marshall McLuhan* ...............................................................148
   *Northrop Frye*.......................................................................162

*Jacques Ellul* ...................................................................................170
*Ivan Illich*......................................................................................182
*René Girard* ..................................................................................191

Capítulo 5 | O Papel dos Mistérios Cristãos na Vida da
  Mente Moderna.................................................................199

Conclusão ....................................................................................209

Posfácio *por Robert Inchausti*...............................................221
Obras Citadas ...........................................................................225
Agradecimentos........................................................................233
Índice Remissivo ......................................................................235

# Introdução

> Estamos vivendo na maior revolução da história – uma enorme agitação espontânea de toda a raça humana: não a revolução planejada e levada a cabo por um partido, raça ou nação em particular, mas uma ebulição profunda e elementar de todas as contradições internas que sempre estiveram no homem, uma revelação das forças caóticas dentro de todos. Isso não é algo que escolhemos, e tampouco é uma coisa que possamos evitar.
> Essa revolução é uma profunda crise espiritual do mundo inteiro, que se manifesta, sobretudo, no desespero, no cinismo, na violência, no conflito, na autocontradição, na ambivalência, no medo e na esperança, na dúvida e na crença, na criação e na destruição, no progresso e no retrocesso, no apego obsessivo a imagens, ídolos, slogans e programas que apenas entorpecem momentaneamente a angústia geral, até que ela exploda em toda parte e de forma ainda mais intensa e aterrorizante. Nós não sabemos se estamos construindo um mundo incrivelmente maravilhoso ou destruindo tudo o que sempre tivemos, tudo o que conquistamos! Toda a força interior do homem está em ebulição e explodindo, o bem junto com o mal, o bem envenenado pelo mal e lutando contra ele, o mal fingindo ser o bem e se revelando nos crimes mais hediondos, os quais são justificados e racionalizados pelas intenções mais puras e inocentes.
> *Thomas Merton*, Conjectures of a Guilty Bystander.[1,2]

No decorrer dos últimos 75 anos, os Evangelhos têm servido como um dos principais eixos das análises mais incisivas da civilização

---

[1] Thomas Merton, *Conjectures of a Guilty Bystander* [Conjecturas de um Espectador Culpado]. Garden City, N. Y.: Doubleday, 1966, p. 54-55.

[2] Muitos dos livros citados por Inchausti são inéditos no Brasil. Traduzi os títulos de forma livre, como na nota anterior. Assinalo quando houver edição brasileira, mesmo que esgotada. (N. T.)

moderna. E, no entanto, permanece uma persistente incompreensão do cristianismo como algo inerentemente reacionário, inconscientemente apegado a preconceitos de classe, raça e gênero, preso a fundamentos metafísicos e recheado de superstições ultrapassadas.

É fácil entender por que tantas pessoas pensam dessa forma. A mídia despeja atenção nas expressões mais extremas e sensacionalistas da fé, ao passo que as obras de sérios pensadores cristãos abrangem uma variedade tão grande de disciplinas que se torna muito difícil acompanhá-las. Este livro procura corrigir tal erro por meio da um exame atento e bem fundamentado desses macro-historiadores, ativistas sociais e romancistas de vanguarda cujas contribuições únicas ao pensamento secular derivam de suas visões de mundo cristãs.

A rigor, nenhum desses personagens é teólogo; no entanto, se houver alguma descoberta teológica significativa no horizonte, ela deverá ser encontrada aqui – na espiritualidade renovada e endurecida pelas batalhas desses pensadores cristãos operando em contextos seculares, cujas conquistas individuais são um testemunho contra a aquiescência global das "realidades" econômicas, dos "imperativos" militares e das supostas necessidades geopolíticas.

Em outras palavras, a obra de cada um desses pensadores prova que a pitoresca coleção de absolutos religiosos antiquados – o que costumava ser chamado de "humanismo cristão" – não ficou de braços cruzados em meio a todos os ataques que sofreu de fundamentalistas e materialistas culturais. Pelo contrário, ela sobreviveu e prosperou – assimilando os golpes em silêncio, navegando nas estagnadas águas filosóficas, resistindo às tormentas políticas e oferecendo a sua própria (e, em grande parte, incompreendida) crítica do mundo contemporâneo.

Essa nova e astuta espécie de teóricos cristãos-humanistas não é defensora do *status quo*, mas subversiva – naturalmente desconfiada do poder mundano e trabalhando ativamente por um mundo melhor. Para eles, críticos culturais pós-modernos – como Michel Foucault e Jacques

Derrida – só estavam parcialmente certos. Sim, o projeto iluminista foi concebido de forma estreita, mas isso não significa que a melhor alternativa para ele seja um hiper-racionalismo ainda mais teoricamente autoconsciente. Pois, ainda que a civilização ocidental seja construída sobre pressupostos metafísicos que privilegiam os homens em detrimento das mulheres, a "presença" em vez da "ausência" e o "discurso" sobre a "escrita", isso não quer dizer que a melhor forma de compensar essas distorções seja politizando o nosso pensamento ainda mais.

Ao contrário, as personalidades aqui examinadas argumentam exatamente pelo procedimento inverso: a completa "despolitização" do pensamento por meio da criação de um "espaço" contemplativo compartilhado, tornado possível por um retorno à perspectiva escatológica sobre a existência humana – uma perspectiva que examina todo pensamento e toda cultura pelo modo como eles pareceriam à luz messiânica do Último Dia.

Em outras palavras, eles submetem tudo ao fogo purificador de uma perspectiva escatológica da existência. Isso os coloca estrategicamente em uma posição peculiar e, do meu ponto de vista, privilegiada, da qual podem apreciar a transição, que todos vivenciamos atualmente, da mente moderna para a mente milenar. À diferença dos cientistas cognitivos, como Marvin Minsky e Steven Pinker, eles não acreditam que o "cálculo" se tornou nossos principais método e metáfora.[3] Para eles, o mito – como forma de ter consciência simultânea de múltiplas causas e efeitos – continua no cerne da autocompreensão humana e, entendido de maneira adequada, é capaz de renovar nossa cultura e transformar as disciplinas iluministas de dentro para fora.

Certa vez, o escritor Elie Wiesel, ganhador do prêmio Nobel da Paz e sobrevivente do Holocausto, descreveu a nossa atual situação espiritual da seguinte forma:

---

[3] Para uma introdução a essas ideias, ver: *The New Humanists* [Os Novos Humanistas]. Nova York: Barnes & Noble, 2003. Ed. John Brockman.

> Há algumas centenas de anos, o Homem perguntou a Deus se poderia trocar de lugar com Ele só por alguns segundos, para que soubesse como é ser Deus, e Deus soubesse como é ser um homem.
> Deus recusou a oferta, explicando que, uma vez que o homem se tornasse Deus, ele poderia não querer voltar a ser homem.
> Mas o Homem insistiu que só queria experimentar a onipotência por alguns instantes.
> Deus, então, concordou, e a mudança foi feita.
> Mas o Homem se recusou a desistir do poder.
> E, desde então, o Homem tem sido Deus, e Deus tem sido o Homem.
> Só recentemente é que ambas as partes ficaram insuportavelmente desconfortáveis com todo esse arranjo.[4]

Todos os pensadores analisados neste livro ficaram cada vez mais insuportavelmente desconfortáveis com o arranjo metafísico em vigor. Cada um deles reimagina o épico judaico-cristão em termos globais, transculturais e macro-históricos, repensando no processo a nossa relação com Deus e o nosso lugar no cosmos.

O que se segue é um extenso ensaio que liga suas visões a uma única, embora ainda largamente desconhecida, tradição que eu chamo, na falta de expressão melhor, de "vanguarda ortodoxa". Essa "tradição" consiste em pensadores cristãos inovadores que, apenas por expressar as implicações morais e intelectuais de sua fé, expuseram os dogmas do modernismo à luz de uma visão cristã da realidade, mais inclusiva e libertadora.

Ao contar suas histórias e explicar suas perspectivas, espero despertar os cristãos para o flanco contemporâneo de sua própria tradição profética – sobretudo aqueles que, por mera desatenção, jamais notaram as contribuições dos pensadores cristãos para a vanguarda do pensamento contemporâneo. Mas também espero desafiar aqueles que desconfiam de quaisquer pressupostos religiosos a reconsiderar

---

[4] Citado por Harold Kushner em *Who Needs God?* [Quem Precisa de Deus?]. Nova York: Fireside Books, 2002, p. 58.

as ideias poderosas que podem surgir quando alguém leva a sério o paradoxo da encarnação e o escândalo da cruz.

Este livro, portanto, não é tanto sobre novos valores religiosos, mas, sim, sobre o eterno frescor dos antigos. A maioria dos pensadores aqui examinados são tradicionalistas religiosos cujas ideias desafiam os pressupostos de seus colegas seculares. Muitos são, também, inovadores em seus respectivos campos, alertas às circunstâncias contemporâneas, conscientes das mudanças em suas disciplinas, críticos das narrativas dominantes e, ainda assim, capazes de estabelecer conexões entre sua fé e as realidades do mundo moderno.

Cada um deles faz muito mais do que apenas dizer "não" ao modernismo; eles transpõem o abismo entre os nossos anseios de completude espiritual e o mundo técnico-científico no qual vivemos. De Andy Warhol[5] a Marshall McLuhan, essa vanguarda ortodoxa encontra inspiração não só nos Evangelhos, mas nos silêncios monásticos de John Cage,[6] na música devota de John Coltrane[7] e até mesmo na

---

[5] *The Religious Art of Andy Warhol* [A Arte Religiosa de Andy Warhol]. Nova York: Continuum, 1998, de Jane Daggett Dillenberger, oferece argumentos surpreendentemente convincentes sobre o criptocatolicismo de Warhol – salientando, entre outras coisas, que ele ia à missa várias vezes por semana, trabalhava dando sopa aos pobres (usando uma peruca castanha que comprou especialmente para essas ocasiões), rezava todos os dias com sua mãe, que era uma católica bizantina, mantinha um crucifixo e um livro devocional próximos à cama e produziu mais de uma centena de desenhos e pinturas da Santa Ceia. Suas famosas pinturas em série de Marilyn Monroe aumentaram seu interesse pela iconografia religiosa e suas preocupações para com a morte e o além.

[6] Embora seja apenas parcialmente dedicada a John Cage, veja a reflexão de Jack Miles intitulada "Global Requiem", na edição de *Cross Currents* lançada no outono de 2000.

[7] Sobre a espiritualidade cristã de Coltrane, veja o ensaio sobre ele em *Border Crossings*, "Travessias de Fronteira" (Grand Rapids: Brazos Press, 2000), de Rodney Clapp, e o livro *A Love Supreme: The Story of John Coltrane's Signature Album* [*A Love Supreme*: a História do Grande Álbum de John Coltrane]: Nova York: Viking, 2000, de Ashley Kahn.

dialética negativa de Theodor Adorno.⁸ Claro, eles não adotam as visões dessas personalidades de forma a*crítica*, mas as transformam à luz de sua fé. Eis, afinal, o tema e o conteúdo deste livro: o impacto não reconhecido que esse grupo de humanistas cristãos vanguardistas tiveram – ou deveriam ter tido – sobre a teologia cristã e o pensamento contemporâneo.

Mas estou me precipitando aqui; vamos, então, recuar um pouco e dar uma olhada naqueles que prepararam o caminho para esse retorno inesperado à visão religiosa: os cristãos "românticos" e seus descendentes da virada do século – os dissidentes russos.

---

⁸ Em *The Origin of Negative Dialectics* [A Origem da Dialética Negativa]. Nova York: Free Press, 1977, S. Buck-Morss nos conta que Theodor Adorno chegou muito perto de se converter ao catolicismo quando tinha vinte e poucos anos. Ao que parece, a possível conexão entre esse fato e sua crítica de Kierkegaard, no primeiro livro que publicou, e as tendências místicas de seu pensamento tardio foram assuntos pouco ou nada explorados.

## Capítulo 1 | A Alma Sitiada

> A luta mais difícil de todas é tentar mesclar o sagrado e o profano, o natural e o sobrenatural, este mundo e o próximo. Admita essa preocupação e você estará em maus lençóis com sua igreja e seu estado. Tente registrar isso, como fez Santo Agostinho, São João da Cruz ou William Blake, e você será desprezado e talvez preso por seus contemporâneos, mesmo que gerações posteriores lhe considerem – em geral, sem ler o que você escreveu – um clássico.
> *Jim Christy*, The Long Slow Death of Jack Kerouac.¹

Os pensadores que prefiguram a vanguarda ortodoxa eram, em sua maioria, conservadores marginais trabalhando a partir de premissas cristãs contra as apropriações do sagrado pelos racionalistas do Iluminismo e pela renovação da fé por meio do poder da revelação. Se fôssemos seguir o rastro desses pensadores contraculturais até as suas origens, descobriríamos que todos eles começaram em movimentos que pregavam uma "volta às origens" de uma ou de outra forma. O Zen, de acordo com o estudioso do budismo Roger Corliss, era um movimento "de volta a Bodi", assim como o monasticismo, a Reforma e a Contrarreforma eram todos movimentos "de volta a Jesus" de uma ou de outra espécie. Em cada um desses casos, a revelação expôs as convenções fossilizadas no coração de um sistema cultural moribundo. E, em cada exemplo, a realidade transcendente se tornou mais palpável do que as certezas mundanas, levando as tradições religiosas de volta às suas origens e dando à luz ideias e práticas radicalmente novas.

A história das religiões vivas, em contraste com a história de suas formas culturais, é a história dos desafios da alma frente a vários ritos e ordens estabelecidos que tentam usurpar a livre autoridade existencial da revelação. Por *revelação*, eu me refiro apenas à experiência de algo que transcende os dados da experiência cotidiana, uma

---

¹ Jim Christy, *The Long Slow Death of Jack Kerouac* [A Morte Lenta e Demorada de Jack Kerouac]. Toronto: ECW Press, 1998, p. 91-92.

percepção ou experiência que simplesmente não pode ser reduzida ou explicada por nada que a precedeu. Em outras palavras, a história da fé é, na verdade, a narrativa de como a alma se distancia das amarras de seus próprios rituais culturais, renovando-se de dentro para fora e por meio dos exemplos de seus profetas e santos. Os *koans* do zen-budismo, por exemplo, não são charadas epistemológicas, como nossos filósofos iluministas poderiam descrevê-los, mas formas exemplares de revivificação poética, como o Sermão da Montanha. Eles preservam o conteúdo espiritual de uma tradição ao desafiar a convenção com as asas invisíveis da metáfora.

No capítulo "As Cinco Mortes da Fé" de seu livro *O Homem Eterno*, G. K. Chesterton descreve o poder da ortodoxia de se renovar.[2,3] O Cristianismo, ele nos diz, jamais renasceu de fato, pois nunca morreu de verdade. Morreram as culturas na qual ele vivia, e o Cristianismo foi redescoberto cinco vezes na história do Ocidente, à medida que uma época histórica era substituída por outra. Isso aconteceu após a queda de Roma, depois no século XII, ao fim da era feudal, de novo quando a síntese medieval deu lugar às energias seculares do Renascimento, outra vez quando o Renascimento caiu diante do novo racionalismo iluminista, e ainda mais uma vez quando os valores do Iluminismo começaram a se dissolver com a chegada da nossa era pós-industrial.

Em cada uma dessas ocasiões, o fim da civilização e a morte de Deus foram proclamados – mas o que realmente morria era um conjunto complexo de arranjos institucionais ligados a determinadas premissas culturais. Em cada um desses casos, uma nova era cultural surgiu quando o cristianismo foi redescoberto como algo superior e situado além da cultura que afirmava incorporá-lo. Não é que a fé tenha *evoluído* para se adequar às épocas, ou que as tenha exatamente

---

[2] G. K. Chesterton, *The Everlasting Man* (Ft. Collins). Colo.: Ignatius Press, 1993, p. 250.

[3] Lançado no Brasil como *O Homem Eterno*, em formato eletrônico pela Editora Mundo Cristão, com tradução de Almiro Pisetta. (N. T.)

*dominado*, mas sim que, após cada cultura subsequente assumir suas ilusões e deturpações da crença, a ortodoxia simplesmente ressurgiu inteira das cinzas da história: incólume, clarificada e renovada.

Estamos justamente passando por um ressurgimento do cristianismo no extremo do modernismo cultural. Nossa fascinação de quinhentos anos pelo cálculo está definhando na videira solitária e dissoluta do disseminado "eu" pós-moderno. O interesse contemporâneo pelo gnosticismo – a ideia de que a nossa verdadeira divindade está bloqueada da nossa consciência por uma determinada ignorância cultural – atende à necessidade que os crentes de hoje sentem de uma crítica rigorosa das instituições religiosas existentes. Tornada atrativa por eloquentes apologistas como Elaine Pagels e Harold Bloom, essa visão nos lembra que as próprias doutrinas tradicionais da Igreja são construídas sobre as areias movediças de debates teológicos e compromissos eclesiásticos há muito desaparecidos, e que, no fim, a coleção de doutrinas, dogmas e crenças que hoje chamamos de ortodoxas era uma dentre várias vias abertas para a fé durante aqueles fluídos primeiros séculos do cristianismo.[4,5]

Os gnósticos argumentam que o caminho ortodoxo não é necessariamente o correto, ao passo que muitas das figuras analisadas aqui nos lembram que ele também não é necessariamente o errado. E eu suspeito que o que estamos realmente testemunhando nessa fascinação atual pelas tradições espirituais perdidas é mais um sintoma de um interesse duradouro pela sabedoria perdida da ortodoxia cristã do que uma completa rejeição da mesma. O fascínio por fontes não convencionais e evangelhos perdidos, similar à fascinação dos fundamentalistas com a infalibilidade bíblica, é parte do mesmo desejo de

---

[4] Veja, por exemplo, *The Gnostic Gospels* (Nova York: Vintage, 1989), livro fascinante de Elaine Pagels, e *The Breaking of the Vessels* [A Quebra dos Navios], Chicago: University of Chicago Press, 1982, de Harold Bloom.

[5] Lançado no Brasil como *Os Evangelhos Gnósticos* (Rio de Janeiro: Objetiva, 2006), com tradução de Marisa Motta. O livro de Bloom ainda é inédito por aqui. (N. T.)

fundamentar a revelação cristã em algum absoluto positivista tangível, de quebrar o ciclo vital de nascimento e morte da cultura para chegar a algum inabalável absoluto humano.

Mas isso não vai acontecer. A encarnação, como a ressurreição e a exemplo da própria noção de divindade, não pode ser reduzida a um preceito, fato ou teoria; e tampouco é, a rigor, uma doutrina. Ela é, sim, uma revelação que deve ser vivenciada para ser compreendida, uma realidade envolta por um mistério dentro de um enigma, miniaturizada dentro de uma narrativa que se prova verdadeira de forma apodíctica por meio das realidades que revela. O falso conhecimento que impede nossa capacidade de experienciar essa mudança de consciência do mundano para o sublime varia de época para época e de lugar para lugar, e eis por que o mito, em detrimento da lógica, é a única forma pela qual o sublime pode ser expresso.

A fé, para o cético moderno, é vista como uma incapacidade de duvidar, uma forma de ignorância, portanto, se não de estupidez pura e simples. Mas, para o cristão, a fé é a capacidade de compreender o significado do mito cristão como algo mais do que um mero constructo moral/intelectual. Ela é a capacidade de enxergar na vida de Cristo um delineamento tão literal quanto figurativo da relação da humanidade com Deus. Quando "crentes" falam com céticos, eles usam imagens, contam histórias e oferecem sinais em uma tentativa de romper com sua visão culturalmente limitada e sua falta de alcance imaginativo. Mas, quando os céticos respondem, eles traduzem essas narrativas de forma pedestre, erroneamente interpretando história como argumento e, desse modo, focando em aparentes contradições lógicas.

Talvez seja por isso que os céticos atribuem *às almas religiosas* toda sorte de ideias e crenças esquisitas que não têm absolutamente nada a ver com o que elas, de fato, pensam. É como se os céticos não pudessem compreender o mito como nada além de uma crença falsa, e assim eles perdem por completo os aspectos metaconceituais da fé – pegando suas imagens e equivocadamente projetando noções metafísicas sobre o que, em essência, *é* uma visão de mundo poética e profundamente irônica.

Os gnósticos descrevem essa falha de comunicação em termos de uma tradição transcendente sistematicamente distorcida ou perdida, ao passo que os ortodoxos veem isso em termos de um conjunto de circunstâncias históricas em perpétua mudança. Em cada um desses casos, transmitir o mito cristão como algo macro-histórico sempre será inerentemente problemático, pois invariavelmente somos deixados por nossa conta para pensar sobre qual o significado da revelação cristã para os *nossos* tempos, *nossas* realidades, *nossas* referências, *nossa* ciência, *nossa* moralidade e *nós* mesmos: problemas de aplicação e interpretação pessoal dos quais nem mesmo as mais hábeis reconstituições históricas ou exegeses bíblicas podem nos salvar.

Em nossa era, assim como em qualquer período de transição, Deus *parece* morto, mas, na verdade, é a nossa cultura iluminista que morreu. Nossas antigas realidades compartilhadas estão abrindo espaço para novas formas e instituições. Em todo caso, Deus independe radicalmente desses cenários "mundanos". Somos nós que estamos mudando.

Foi isso que William Blake tentou nos dizer, e que Goethe e Kierkegaard compreenderam tão profundamente.

## WILLIAM BLAKE E SUA DEFESA DA IMAGINAÇÃO

Críticos dizem que suas visões [de Blake] são falsas porque ele era louco. Eu digo que ele era louco porque suas visões eram verdadeiras.
G. K. Chesterton, William Blake.[6]

Blake resgatou para mim os meus êxtases iniciais, resgatou-me para a minha verdadeira vocação, a de amante.
Czesław Miłosz, The Land of Ulro.[7]

---

[6] G. K. Chesterton, *William Blake*. Londres: Duckworth, 1910, p. 94.

[7] Czesław Miłosz, *The Land of Ulro* [A Terra de Ulro], trad.: Louis Iribarne. Nova York: Farrar, Strauss & Giroux, 1984, p. 31.

Se alguém fosse procurar o grande precursor arquetípico dos proféticos pensadores cristãos que defendem o retorno da alma do exílio imposto pelo racionalismo iluminista, William Blake cairia quase como uma luva. Condenado como herético por alguns e como ortodoxo em demasia por outros, ele foi o primeiro a apontar como, exatamente, as novas ciências distorciam o papel da imaginação nos assuntos humanos e sacrificavam a alma. Ele tentou alertar a emergente mente cartesiana que, sem contrários, não há progresso, e empenhou-se em demonstrar a natureza paradoxal da verdade por meio de uma série de obras-primas poéticas e artísticas que permanecem chocantes e contraculturais até os dias de hoje.

Blake viu a Inglaterra da mesma forma que Milton, como uma nação caduca e necessitada de salvação e reforma. Autoproclamando-se uma encarnação moderna do profeta Isaías, ele escreveu:

> Eu não recuarei na Batalha Mental
> Nem dormirá a espada aferrada à minha mão;
> Até que tenhamos erigido Jerusalém
> Na verde e amena terra da Inglaterra.[8]

A "batalha mental" em que ele se engajou não era uma luta retórica contra os poderes e principados de seu tempo, mas um arrojado contra-ataque às novas epistemologias emergentes.

Em *Radical Theology and the Death of God*, Thomas Altizer e William Hamilton descreveram a contribuição de William Blake para o pensamento ocidental:

> Blake foi o primeiro dos grandes profetas modernos. Através de Blake, podemos sentir a relevância teológica de uma reversão poética das nossas tradições míticas e nos tornamos abertos à possibilidade de que

---

[8] William Blake, *Selected Poems and Prose* [Poesia e Prosa Selecionadas]. Nova York: Modern Library, 1953, p. 245. Ed. Northrop Frye.

a moderna e inequívoca metamorfose do sagrado no profano é a culminação de um movimento redentor e quenótico[9] do Divino.[10]

Essa, acredito, é uma descrição essencialmente acurada da importância intelectual de Blake. No entanto, eu inverteria a figura e o campo. Blake não celebra o sagrado *se tornando profano*, mas *o profano se tornando sagrado*. Cristo virou o mundo de ponta-cabeça ao superar as falsas distinções inerentes a todas e quaisquer mitologias culturais – substituindo as estruturas de poder do mundo e as construções hierárquicas "mentais" pela primazia da alma. Chocado, Blake encarou como uma das maiores ironias da história ocidental que, no momento em que as revoluções políticas colocavam o ideal cristão "nas ruas", os pensadores europeus descartavam esse mesmo ideal de suas disciplinas em nome de uma metafísica materialista na qual a vida era reduzida a uma interação entre objetos.

A Inglaterra, Blake argumentou, estava perdendo sua conexão com o reino transcendente, substituindo uma fé escandalosa e revolucionária em Cristo pelo respeitável ídolo da razão pura. A Inglaterra precisava, então, de alguém que interrompesse essa corrida precipitada rumo à cegueira espiritual. Para Blake, a mente utilitária e sedenta de poder era a própria encarnação do egocentrismo desconectado das energias espirituais de Deus e do revolucionário fervor da época; era, portanto, algo maligno. Em outras palavras, Blake era "ortodoxo" em sua posição profética contrária ao novo materialismo, mas "vanguardista" em sua resistência ao Deus Relojoeiro abstrato, distante e postergado dos teólogos e cientistas do Iluminismo.

---

[9] "Quenótico" vem do grego *kenó*, "vazio". Trata-se de um conceito teológico-cristão que abarca o esvaziamento da vontade própria do sujeito e a aceitação da vontade de Deus. Lemos na *Epístola aos Filipenses* (2,6-7): "Ele, estando na forma de Deus/ não usou de seu direito de ser tratado como um deus/ mas se despojou (*heautón ekenósen*),/ tomando a forma de escravo". (N. T.)

[10] Thomas J. J. Altizer e William Hamilton, *Radical Theology and the Death of God* [Teologia Radical e a Morte de Deus]. Indianapolis: Bobbs-Merrill, 1966, p. 16. Grifos meus.

Contrariamente às simplificações presentes em livros escolares e enciclopédias, Blake não pode ser reduzido a um "romântico", "antinomianista",[11] "gnóstico", "trouxa",[12] "teólogo da morte de Deus", ou a qualquer outro rótulo que lhe tem sido impingido no decorrer dos anos. Ler Blake através de qualquer uma dessas lentes cega o leitor para a verdadeira originalidade – e a extrema simplicidade – de sua visão de mundo. Ele escreveu: "A Natureza da minha Obra é Visionária ou Imaginativa; é um Esforço para restaurar o que os Antigos chamavam de Era de Ouro".[13] E, embora tenha falhado em restaurar essa era, suas pinturas e livros iluminados dão testemunho de sua eterna importância.

Parte da razão pela qual Blake é, às vezes, mal interpretado como um gnóstico deriva do fato de que ele, com frequência, usa imagens bíblicas para expressar ideias *literárias* e políticas – ou seja, ele usa mitos e imagens cristãos, investigações especulativas, revivificações poéticas e ironias para exprimir sua luta contra os eventos atuais. Seus *Provérbios do Inferno* são um exemplo disso, oferecendo o contraponto e o complemento aos *Provérbios do Paraíso* já contidos na Bíblia. A apropriação do inferno como uma parte da criação de Deus pode soar como heresia para alguns, mas *é*, na verdade, um reflexo da disposição de Blake de pensar por meio das distorções (inversões, aliás) da fé cristã em seu tempo. E se, às vezes, apresenta a humanidade presa em um mundo hostil no qual o Espírito aguarda a libertação, ele vê isso mais como a *crise específica da era moderna* – não como um absoluto metafísico. Então, quando Blake observa que a

---

[11] Termo cunhado por Martinho Lutero. O antinomianismo afirma que, diante do Evangelho, a lei moral é inútil, uma vez que apenas a fé é necessária para a salvação. (N. T.)

[12] No original, *Mugglewump*. Em alguns livros de Roald Dahl (1916-90), como O *Crocodilo Enorme*, os "Muggle-Wumps" são criaturas algo destrambelhadas, que antagonizam os personagens principais. (N. T.)

[13] William Blake, "A Vision of the Last Judgement" (Uma Visão do Juízo Final), em Blake, *Selected Poetry and Prose*, p. 387.

"Realidade está esquecida e as Vaidades do Tempo e Espaço são as únicas lembradas e chamadas Realidade", ele está falando especificamente do estado espiritual da Inglaterra iluminista, não do estado primordial do homem.

Blake foi um exilado espiritual cuja vida refletiu o exílio espiritual de sua nação e, por meio dele, o exílio espiritual da humanidade moderna. Para ele, Cristo havia redimido esse mundo, mas nós ainda não aprendemos como suportar as luzes de seu amor ou agir com justeza à luz de seu sacrifício. E as tendências modernas da filosofia natural estavam nos distanciando ainda mais desse objetivo.

A finalidade da vida humana, ele insistia, não *é nos* tornar crentes dóceis, mas indivíduos capazes de atos de gênio espiritual tornados possíveis pela realização de uma segunda inocência. Essa segunda inocência só poderia emergir bem longe da experiência mundana e da corrupção. E, na era moderna, essa corrupção está no coração dos nossos eus imaginativos. (Ele não fazia ideia do quanto a televisão, a publicidade e a indústria de marketing aprofundariam o mundanismo na alma.)

Blake explicou a queda da imaginação da revelação direta e seu resgate pelos Evangelhos desta maneira: "Sublinhe-se aqui que os Mitos Gregos originaram-se no Mistério Espiritual e nas Visões Reais, perdidos e obscurecidos por Mitos e Alegorias, enquanto a Bíblia Hebraica e o Evangelho Grego são Genuínos, Preservados pela Misericórdia do Salvador".[14] Para ele, a Bíblia Hebraica e os Evangelhos Gregos expressam o "verdadeiro" significado escatológico da existência na libertação da imaginação humana dos antolhos da dúvida e do materialismo. A suposta Nova Era seria, na verdade, um retorno ao fascínio pagão com a "presença". Nesse sentido, o significado completo dos escritos de Blake só poderia ser realmente apreciado depois que Karl Marx expôs o mau uso das Escrituras para cegar as massas de suas verdadeiras circunstâncias sociais. Blake havia apontado

---

[14] Ibid.

isso várias gerações antes, mas, então, seu alerta soara estridente e exagerado. Foram necessários uma revolução industrial, duas guerras mundiais e o choque de um ateísmo revolucionário quase triunfante para revelar a sabedoria de seu apelo por uma fé mais engajada socialmente.

Thomas Merton descreveu sua própria e surpreendente redescoberta da ortodoxia religiosa de Blake nesta passagem de *A Montanha dos Sete Patamares*:

> Eu imaginara que Blake, como os outros românticos, era paixão glorificadora e energia natural como fins em si mesmas. Longe disso! O que ele glorificava era a transfiguração do amor natural do homem, seus poderes naturais, nas chamas aperfeiçoadoras da experiência mística: e que isso implicava, por si só, uma árdua e completa purificação, por meio da fé e do amor e do desejo, de todos os ideais mesquinhos, materialistas, vulgares e terrenos de seus amigos racionalistas.[15,16]

O problema de Blake com *Sir* Francis Bacon, René Descartes e *Sir* Isaac Newton residia na má apropriação que eles faziam da razão humana. Em vez de curar a crescente dissociação entre pensamento e sentimento, eles a atropelaram. Suas obras só fazem sentido se você comprar as ilusões modernas do isolamento metafísico individual, da dualidade e da existência inessencial que encarceram a alma moderna em uma prisão da psiquê. As novas ciências despiram a razão de seu papel como aliada natural da experiência visionária – direcionando a imaginação para determinados caminhos úteis e materialistas, em vez de permitir que ela dê à luz revelações imprevistas do amor divino.

Para Blake, o cosmos não é apenas uma fábrica de objetos materiais no espaço; ele possui tanto uma realidade interior quanto uma

---

[15] Thomas Merton, *The Seven Storey Mountain*. Nova York: Harcourt Brace Jovanovich, 1976, p. 203.

[16] Apesar de já haver uma edição brasileira, com tradução de José Geraldo Vieira (Rio de Janeiro: Petra, 2018), optei por traduzir diretamente o trecho citado. (N. T.)

realidade exterior. Quando a validade dessa realidade interior é negada, danifica-se a interação criativa entre a humanidade e o divino, e somos desconectados do que há de sagrado em nós mesmos e no mundo. Portanto, a ciência moderna constitui tanto um grande salto à frente em termos de conhecimento instrumental quanto uma segunda queda da graça. Nós nos tornamos ao mesmo tempo mais poderosos e menos vivos – mais conhecedores e menos felizes.

A incapacidade dos grandes defensores do progresso – Bacon, Newton, Locke e Descartes – de perceber a trágica natureza desses acontecimentos só agravou o problema e fez com que os religiosos conservadores da época de Blake saíssem em busca de teologias novas e mais racionalistas. Isso, de acordo com Blake, levou muitos fiéis a traírem o âmago místico e radical do Evangelho. E, por conseguinte, levou o próprio Blake a ser rejeitado como herege.

Marshall McLuhan afirma que a maior contribuição de Blake foi nos explicar essa mudança, na consciência ocidental, da razão como uma ferramenta da revelação para a razão como um fim em si mesma. Ele nos diz que o erro de Blake, se é que podemos falar nesses termos, foi usar um método mítico em uma era utilitária, de tal modo que seus pares simplesmente não compreenderam a sua tentativa de conter a reacionária transformação fenomenológica pela qual o mundo passava. Como resultado, até mesmo seus irmãos cristãos passaram a defender essa vida interior nova e alienada, lendo a Bíblia nos novos termos reducionistas e racionalistas, em vez de profeticamente.

McLuhan observa:

> O diagnóstico de Blake do problema de sua época foi, como o de Pope em *The Dunciad*, uma confrontação direta das forças que moldam a percepção humana. Que ele tenha buscado a forma mítica para expressar sua visão foi algo ao mesmo tempo necessário e ineficaz. Pois o mito é um modo de ter consciência simultânea de um conjunto complexo de causas e efeitos. Em uma era de consciência fragmentada, linear, tal como a produzida e consideravelmente exagerada pela tecnologia de

Gutenberg, a visão mitológica permanece bastante opaca. Os poetas românticos ficaram muito aquém da visão mítica ou simultânea de Blake. Eles eram fiéis à visão *única* de Newton, e aperfeiçoaram a pitoresca paisagem exterior como um meio de isolar estados singulares da vida interior.[17,18]

Em outras palavras, Blake compreendeu que, quando o espírito perde confiança em si mesmo, a mente cai no mundo objetivo e começa a ver a criação como algo independente. Ela para de participar da vida, para de perceber a beleza e as possibilidades que existem, e, em vez disso, passa a julgar tudo, mensurando diferenças, contrastes e oposições. Essa falsa objetividade só pode ser transcendida por meio de um retorno à experiência visionária, e só ela pode nos resgatar para os nossos eus verdadeiros e criativos.

O método científico nos encoraja a ver o mundo como *algo externo à nossa própria experiência subjetiva dele*. E, uma vez que o enxergamos assim, Blake alerta, começamos a pensar que o que existe, *deve necessariamente existir*, e que o mal e a injustiça são coisas dadas. Tal atitude sufoca o fluxo da consciência humana solidária e arranca de nós qualquer indignação legítima para com as injustiças sofridas pelos outros. É por isso que Blake afirma que uma pessoa que não é artista não pode ser cristã, pois a imaginação criativa é o único veículo pelo qual o amor ao próximo pode ser compreendido. Em *Jerusalém*, de Blake, todos são visionários e, assim, todos vivenciam o Outro como a si mesmo. É por meio da fé que o narcisismo original da criança é resgatado sem prejuízo da capacidade adulta de discernimento.

---

[17] Marshall McLuhan, *The Gutenberg Galaxy: The Making of Typographic Man*. Toronto: University of Toronto Press, 1962, p. 265-66.

[18] Há uma antiga edição brasileira desse livro de McLuhan: *A Galáxia de Gutenberg: A Formação do Homem Tipográfico* (tradução: Leônidas Gontijo de Carvalho e Anísio Teixeira. São Paulo: Companhia Editora Nacional/ Editora da Universidade de São Paulo, 1972). Optei por traduzir diretamente o trecho citado. (N. T.)

A suposta objetividade do tempo e do espaço obscurece a nossa capacidade de retornar ao espírito, pois substitui o cosmos divino por um mundo acessível apenas para as nossas mentes racionais e gera uma identificação desnecessária dos nossos corpos físicos com os nossos eus. Para Blake, o tempo não é um objeto real, mas o nome de três irrealidades: um passado que não existe mais, um futuro que jamais acontecerá e um presente que nunca está realmente aqui. "Espaço" é só um conceito que distingue entre "aqui" e "lá". Ele não tem centro e fim reais. Apenas a sagrada iminência de Deus dentro de nós está presente em si mesma, eterna e invariavelmente, contendo a totalidade da existência humana. Mas, para viver à luz dessa revelação, o indivíduo deve ignorar a miríade de distinções e distrações que dividem a unidade transcendente da alma-mundo.

A vida eterna não é uma vida que dura para sempre; não é o espaço-tempo se desenrolando sem parar, adquirindo mais experiência e mais coisas, exaurindo-se nas alegrias de algo interminável. Trata-se, pelo contrário, de uma vida sem temporalidade. Apenas quando transcendemos a distinção entre sujeito e objeto, entre aqui e lá, entre agora e depois, apenas quando vamos além dos conceitos temporais e físicos, *é que* podemos começar a entender o que o sagrado realmente significa. É por isso que, para os materialistas, conceitos religiosos são inerentemente absurdos: eles simplesmente não conseguem aceitar que o empirismo é uma visão de mundo historicamente condicionada, nascida da velha ânsia aristocrática de controlar o destino e conduzir a história. Como resultado, eles se recusam a despertar para o Ser, permanecendo inconscientes do eterno e do divino presentes em toda e qualquer experiência, preferindo, em vez disso, as fantasias intoxicantes das viagens no tempo e da infindável vida virtual.

Mas Blake nos lembra de novo e de novo que o conhecimento verdadeiro – isto é, o conhecimento da nossa condição ontológica de criaturas feitas à imagem de Deus – não pode ser alcançado por meio do cálculo, mas apenas por meio de uma *visão*. E *visão* – em sua forma mais concentrada e inclusiva – é o que os psicanalistas chamam de "imago", uma imagem interna que transforma fatos em significados.

*Milton* e *Jerusalém*, de Blake, exprimem uma reformulação do significado escatológico do reino de Deus em resposta à visão de mundo reducionista e atomista proclamada pelas novas ciências. O tema dessas obras é que a Igreja perdeu sua energia radical ao abdicar da visão apocalíptica em nome de um conjunto mais complacente de doutrinas, de tal forma que se tornou mais ligada à hierarquia e à tradição no exato momento em que deveria ser mais democrática e imaginativa. Nesse sentido, como Milton e Dante antes dele, e Joyce e Eliot depois, Blake teve de criar uma contramitologia para expressar plenamente o seu entendimento dos mistérios cristãos como pura revelação. Como os profetas antigos, ele salientou como a inocência foi engolida pela experiência mundana; como o apóstolo Paulo, ele afirmou abertamente a unidade do nosso mundo decaído na eternidade divina.

Dessa forma, Blake foi o primeiro a nos oferecer uma visão moderna da cósmica reversão cristã, o que faz dele o protótipo de muitos dos personagens examinados neste livro. Mas sua reversão não é a inversão teológica gnóstica ou o anticristianismo herético dos teólogos do "Deus está morto", como Altizer argumentou.[19] Ela está mais para uma reversão do relacionamento cristão com a sociedade atual e com toda a ideia do incremento do progresso moral defendida pelas novas epistemologias. O foco do Iluminismo na verdade objetiva e na razão instrumental forçou Blake a assumir uma postura contenciosa em relação à sua cultura como um todo. Pensamento e sentimento, razão e crença, que se dissociaram no século XVI, tornaram-se francos antagonistas no século XVIII. Apenas ao reimaginar os profetas e inverter as imagens bíblicas é que ele pôde encontrar uma forma de expressão capaz de defender as revelações radicais do mito cristão.

---

[19] Ver o brilhante *The New Apocalypse: The Radical Christian Vision of William Blake*, [O Novo Apocalipse: A Visão Cristã Radical de William Blake], de Thomas J. J. Altizer (East Lansing: Michigan State University Press, 1967).

O Espectro é o Poder Racional no Homem; e quando separado
   Da Imaginação, e fechando a si mesmo como em aço, em uma proporção
   Das Coisas da Memória. Então Estrutura as Leis e Moralidades
      Para destruir a Imaginação, o Corpo Divino, por Martírios e Guerras[20]

A imaginação, outrora uma faculdade interior, era agora controlada pelas novas ciências – cada qual regulando sua expressão conforme a lógica de um sistema próprio, separado e fechado. Anterior à dissociação da sensibilidade, havia uma interação grosseira entre todas as nossas experiências. Ser humano era possuir a capacidade de uma consciência expansiva e versátil. Mas a vida interior era agora rejeitada por inteiro como uma fantasia pelas leis da investigação científica – a qual substituiu todo o nosso conhecimento intuitivo por uma coleção de teorias independentes e isoladas dos aspectos mais variados do cosmos, baseando-se em leis de disciplinas específicas, sacerdotais e hierárquicas. Forçados a contemplar esses fragmentos como a nossa verdadeira imagem, nós procedemos à destruição sistemática do que quer que restasse das nossas vidas interiores, o que levou, por sua vez, à banalização da fé cristã como nada além de outra antiquada "teoria" do homem.

Os poetas românticos que vieram depois de Blake buscaram um correlato da vida interior na natureza; quando isso fracassou, sobreveio um renascimento gótico que usava o grotesco como forma de combater a nova fragmentação. Baudelaire e os simbolistas franceses seguiram o exemplo, tentando abalar a visão comum da consciência moderna, mas eles estavam envolvidos demais com os novos empirismo e anticlericalismo para oferecer algum avanço.

A percepção de Blake de que o eu consciente não percebe efetivamente a realidade até se reconhecer como parte do que é percebido foi

---

[20] William Blake, *Jerusalém* (tradução: Saulo Alencastre). São Paulo: Hedra, 2010, p. 202. (N. T.)

frustrada pela fragmentação do eu nas novas ciências, heterogêneas e unidimensionais. E assim ele se tornou um marginal curioso, mas subvalorizado, cuja recusa em aceitar as premissas primeiras da modernidade poderia ter ajudado os "decadentes" a construir uma ponte entre o isolamento urbano e a inocência perdida; talvez, até mesmo ajudá-los a superar o abismo entre pecado e salvação, diluindo a dissociação da sensibilidade e, assim, inaugurando uma nova época visionária.

Mas essa é uma outra história; uma história que só pode ser compreendida por meio do ousado reexame feito por Goethe da mente moderna à luz de sua própria busca frustrada por completude espiritual.

## JOHANN WOLFGANG VON GOETHE: A CONSCIÊNCIA MODERNA EXPLICADA

> Se o seu coração não quer um mundo de realidade moral, sua cabeça certamente fará com que você nunca acredite em um. De fato, o ceticismo mefistofélico irá satisfazer os instintos lúdicos da cabeça muito melhor do que qualquer idealismo rigoroso.
> *William James, "The Will to Believe"*.[21]

Embora Blake tenha sido o primeiro grande artista ocidental a se rebelar contra o racionalismo reducionista de Newton, Bacon, Locke e Descartes, Goethe foi o primeiro a descrever por completo a psicologia problemática que as Novas Ciências deixaram em seu rastro. Ele viveu em uma época de consolidação política, um período em que os estados-nações da Europa se preparavam para o que viriam a ser enormes confrontos militares. E, mesmo assim, ele olhou para além dessas manobras mundanas e enxergou a profunda e emergente crise espiritual. Ele sabia que a verdadeira história de seu tempo não era

---

[21] William James, "The Will to Believe" (A Vontade de Acreditar), seção 9, em *The Writings of William James* [Os Escritos de William James], ed. John J. McDermott. Nova York: Random House, 1967, p. 730.

a ascensão e queda de Napoleão, mas a ascensão das desenfreadas ambições de Napoleão *nas almas do homem comum*. Apenas uma nova forma de devoção poderia interromper essa descentralização. Mas isso era algo difícil de se alcançar por conta do foco moderno na verdade demonstrativa e na experimentação empírica, e então Goethe transformou esses dois valores por meio de um exame microscópico da metapsicologia do eu.

Em sua revolucionária novela *Os Sofrimentos do Jovem Werther*, Goethe descreveu os anseios de uma juventude desconectada do novo e emergente utilitarismo, buscando consolo na natureza, na poesia, no amor e na autopiedade, mas sem encontrá-lo. Sua ânsia por felicidade espiritual em um mundo desprovido de ligações transcendentes leva Werther à autopiedade e, por fim, à autodestruição – antecipando as vidas de incontáveis adolescentes nascidos em um mundo que perde suas consolações religiosas. O mundo como um todo segue adiante, ele nos diz, mas a juventude deve sempre começar de novo, revivendo individualmente todas as épocas da cultura mundial, e nisso reside seu valor permanente para a civilização, como uma medida do progresso do mundo.

Goethe foi ortodoxo apenas no sentido de que viveu em uma cultura convencionalmente cristã – aceitava sua moralidade, participava de seus rituais e usava o simbolismo cristão tradicional em sua escrita. Ele próprio expressou uma grande variedade de visões acerca da validade dos Evangelhos e da divindade de Cristo. Certa vez, descreveu o Cristianismo institucional como "uma revolução política abortada que se tornou moral".[22] Mas sua grande obra literária, *Fausto*, continua a ser uma expressão característica do cristianismo ortodoxo – colocando o diabo contra Deus em uma luta pela alma imortal da humanidade. Fausto é um típico homem moderno, alguém

---

[22] Johann Wolfgang Goethe, *Maxims and Reflections* [Máximas e Reflexões]. Nova York: Penguin, 1999, p. 110.

que dominou as disciplinas formais da teologia, história, matemática e todas as outras fragmentadas ciências naturais, mas ainda anseia por algo unificador. Ele brinca com magia negra, no fundo por estar entediado, e ela o põe em contato com Mefistófeles, que o seduz com a promessa da eterna juventude e de uma vida sem restrições morais.

A barganha de Fausto com o demônio reflete a aposta espiritual do homem moderno. Ele não vende a alma, exatamente; apenas promete que, se algum dia se sentir "contente", Mefistófeles poderá tê-la. Para nós, modernos, isso não constitui realmente um risco muito grande, pois estamos relativamente certos de que não há fim para a nossa busca. Uma vez que há uma infinidade de desejos a serem satisfeitos e uma infinidade de novos mundos para conquistar, nós nos sentimos seguros para adiar qualquer acerto de contas moral, confiando que, em algum inesperado ponto da estrada, uma nova ideia ou descoberta abrirá novas possibilidades que compensarão todos os nossos erros anteriores. Tecnocrata otimista e aficionado pela magia negra, Fausto acredita, assim como nós, que o futuro justificará tudo; então, o "progresso" se torna a senha que ele usa para justificar sua indiferença às virtudes tradicionais e sua fé no futuro. O que Fausto deixa de incluir em seus cálculos, contudo, é o impacto psicológico que o sofrimento de outros terá em sua vida. Ele comprou o dogma moderno do eu atomizado, e a obra de Goethe expõe a tragédia inerente à aceitação dessa falsa premissa moderna.

Se você não se lembra de todos os detalhes da história, Fausto seduz e engravida Margarida, que, por sua vez, mata o bebê e é executada por esse crime. Pouco antes da morte dela, Fausto é chamado à sua cela, vindo de uma orgia na Noite de Santa Valburga, e testemunha sua histeria, seu arrependimento e, por fim, sua morte. No derradeiro momento de sua vida, ela se arrepende de seus pecados e é salva pela misericórdia de Deus – antecipando a salvação do próprio Fausto na segunda parte do livro. Mas, ao final da primeira parte, Fausto é deixado apenas com o trágico reconhecimento de que as vidas das outras pessoas – por mais que ele queira negá-lo, e por mais que isso desafie a razão – dizem respeito a ele. A segunda parte termina quando Fausto vivencia o contentamento que advém de um momento de amor altruísta. Naquele instante, Mefistófeles reivindica imediatamente a sua alma, mas Fausto se arrepende de seus pecados e Deus o redime – confirmando a descrição de Mefistófeles como "parte da Energia/ Que sempre o Mal pretende e que o Bem sempre cria".[23]

O que é notável aqui é a percepção de Goethe das tragédias espirituais inerentes tanto ao movimento romântico, representado pelo *Werther*, quanto à aposta científico-tecnológica, representada pelo *Fausto*. Esses dois lados da psiquê moderna – a procura idealista e juvenil pela completa satisfação pessoal e a cínica sede de poder da meia-idade – funcionam como os dois lados de um mesmo conto admonitório.[24] *Os Sofrimentos do Jovem Werther* nos alerta para não confundir nossos desejos com a realidade, por mais autênticos que eles possam parecer. Nossos sonhos jamais serão satisfeitos por completo, pois eles são um sintoma de uma busca mais profunda, que não é deste mundo. Por sua vez, *Fausto* nos adverte que, não importa quanto poder tenhamos, não importa quão infinitos sejam os nossos recursos, a providência divina permanecerá um mistério para os nossos eus biológicos. Essas ideias essencialmente *religiosas* são mais do que morais; elas são afirmações ontológicas e hipóteses existenciais nascidas de uma visão de mundo religiosa que não pode ser provada nem refutada pelo método científico, daí seu duradouro poder crítico.

Foi com a publicação de *Os Anos de Aprendizado de Wilhelm Meister* que Goethe nos ofereceu sua solução para essas crises. Nesse romance, o protagonista Wilhelm, um jovem vivendo no começo da

---

[23] Johann Wolfgang von Goethe, *Fausto – Primeira Parte*. Tradução: Jenny Klabin Segall. São Paulo: Editora 34, 2011, versos 1336-1337, p. 118. (N. T.)

[24] No original, *cautionary tale*. A expressão também costuma ser traduzida como "história exemplar" e diz respeito a narrativas folclóricas que servem como alertas para o leitor ou ouvinte sobre um determinado perigo. (N. T.)

segunda metade do século XVIII,[25] tenta se livrar das restrições do mundo material e realizar-se como ator e dramaturgo. No decorrer do romance – o primeiro *Bildungsroman*[26] da literatura mundial –, Wilhelm exprime uma nova forma de conhecimento espiritual que casa religião e vida.

O protagonista goethiano conhece representantes de todas as classes, finalmente encontrando seu caminho em uma vida ativa de criação por meio da aceitação e da expressão de sua própria interioridade. A vida artística o livra de qualquer dependência dos imperativos políticos e culturais da burguesia alemã. Tudo em sua vida é, assim, instantaneamente transformado em parábola, e ele vem a entender que a maior missão do espírito é trazer o espírito à tona. Isso se torna sua vocação e sua salvação dos valores alienantes do ambiente iluminista.

Em outras palavras, em *Wilhelm Meister*, a vida interior – sentida como um fardo por Werther e como um obstáculo por Fausto – torna-se o material e a substância da transformação psicológica e espiritual. Wilhelm é, nesse sentido, o protótipo de todos os subsequentes heróis existenciais da literatura mundial, o próprio modelo de uma alma inabalável pela incompreensão do mundo, que abraça os desafios de sua vida como algo singularmente definitivo e sagrado, mesmo que permaneça despercebida pela cultura, fora de suas categorias e avaliações, invisível, incompreensível e oculta.

Desse modo, o romance de formação de Goethe torna-se a narrativa da emergência da interioridade sobre e contra o mundo, e uma

---

[25] No original, "nineteenth century", isto é, século XIX. Claro engano de Inchausti, uma vez que o romance foi publicado entre 1795 e 1796 e sua história se passa aproximadamente entre os anos de 1770 e 1780. Ademais, o próprio Goethe faleceu em 1832. *Os Anos de Aprendizado de Wilhelm Meister* foi publicado no Brasil pela Editora 34, com tradução de Nicolino Simone Neto. (N. T.)

[26] Em alemão no original: "romance de formação". A expressão foi usada pela primeira vez pelo filólogo alemão Johann Karl Simon Morgenstern (1770-1852) e popularizada pelo filósofo hermenêutico Wilhelm Dilthey (1833-1911). (N. T.)

expressão lírica da consciência revelando sua realidade para si mesma. Pode-se notar sua influência em toda parte, nas obras de Fiódor Dostoiévski, James Joyce, Marcel Proust, Thomas Mann e Rainer Maria Rilke, mas sobretudo nos romances de Hermann Hesse – cuja obra inteira é apenas uma nota de rodapé do *Wilhelm Meister*.

No entanto, foi Søren Kierkegaard quem redirecionou essa moderna inquietação interior para uma narrativa renovada da salvação cristã.

## KIERKEGAARD: AS ENERGIAS TRANSFORMADORAS DO TEMOR

> O Cristianismo da Cristandade tira do Cristianismo a ofensa, o paradoxo, etc., e em seu lugar introduz a probabilidade, aquilo que é claramente compreensível. Ou seja, ele transforma o Cristianismo em algo completamente diferente do que está no Novo Testamento, a saber, em seu exato oposto; e esse é o Cristianismo da Cristandade, de nós, homens. No Cristianismo da Cristandade, a Cruz se tornou algo parecido com o cavalinho de pau e a corneta da criança.
> 
> *Søren Kierkegaard,* "O Instante".[27]

> Todo o entendimento de Kierkegaard acerca do caráter do homem é de que ele é uma estrutura construída para evitar a percepção do "terror, [da] perdição [e do] aniquilamento [que] são vizinhos de todo os homens". Ele entendia a psicologia tal como um psicanalista contemporâneo: sua tarefa é descobrir as estratégias que uma pessoa usa para evitar a angústia. De que estilo essa pessoa se vale para funcionar automática e acriticamente no mundo, e de que modo esse estilo mutila seus verdadeiros crescimento e liberdade de ação e de escolha? Ou, em palavras similares às de Kierkegaard: como uma pessoa é escravizada por sua mentira caracterológica a respeito de si mesma?
> 
> *Ernest Becker,* The Denial of Death.[28,29]

---

[27] Søren Kierkegaard, "The Instant", citado na página inicial de *The Subversion of Christianity*, de Jacques Ellul, trad.: Geoffrey W. Bromiley (Grand Rapids: Eerdmans, 1986).

[28] Ernest Becker, *The Denial of Death* (Nova York: The Free Press, 1973).

[29] Há edições brasileiras desse livro de Becker, rebatizado como *A Negação da Morte*, lançadas pelas editoras Record e Nova Fronteira, com tradução

As descrições de Goethe da psicologia moderna são aprofundadas pela análise de Kierkegaard da dinâmica da individualidade. Kierkegaard nos diz que a religião continua a existir como prática social no moderno mundo burguês, sem, contudo, qualquer substância imaginativa e intelectual. A Cristandade moderna se tornou uma ordem civil, entregue a diversas hipocrisias e pretensões bíblicas, mas desprovida de qualquer relação autêntica com o Absoluto.

Em outras palavras, o que falta aos indivíduos é justamente um sentido de autoconsciência centrada e coerente; assim, eles olham para os outros, "a multidão", para se adequar ao padrão da realidade coletiva. Mas tudo o que aprendem é o que os outros *são*. É assim que o mundo seduz os indivíduos a não serem eles mesmos. Os outros, por sua vez, não sabem quem são, mas apenas quem são os outros. E, assim, todos vivem em uma casa de espelhos, buscando a essência da vida em um mundo de aparências, sem jamais encontrá-la. Kierkegaard explica:

> Há apenas Um que sabe o que Ele Mesmo é, e Ele é Deus; e Ele também sabe o que cada homem é, pois é precisamente por estar diante de Deus que cada homem tem seu Ser. O homem que não se coloca diante de Deus não é ele mesmo. Um homem só pode ser a si mesmo ao se colocar diante Dele, que é por Si Mesmo. Se alguém é ele mesmo por estar n'Ele, que é por Si Mesmo, esse alguém pode estar em outros ou diante de outros, *mas alguém não pode ser a si mesmo apenas ao se colocar diante dos outros.*[30]

Na medida em que o mundo moderno é governado pela multidão, ele se tornou um teatro de vacuidade e vaidade. Quando olhamos uns para outros procurando por um modelo do Ser, o eu se torna uma banda ou fita de Möbius, como o psicanalista pós-moderno

---

de Luiz Carlos do Nascimento da Silva. Optei por traduzir diretamente os trechos citados. (N. T.)

[30] Søren Kierkegaard, *Christian Discourses* [Discursos Cristãos], trad.: Walter Lowrie. Princeton, N. J.: Princeton Univesity Press, 1971, p. 43. Grifos meus.

Jacques Lacan descreveu certa vez: uma corrente de associações, identificações e blefes existenciais. Aqueles que copiam as práticas convencionais "cristãs" não são cristãos de verdade, mas conformistas apanhados pelo giro mundano da individualidade mimética (ver capítulo 4). Suas almas estão vazias na exata medida em que eles acreditam terem sido "salvos" por uma fórmula. A narrativa bíblica ainda pode fazer com que indivíduos retornem a uma relação primária com seu Criador, mas esse potencial tem se perdido na medida em que a mensagem é mais e mais ajustada à psicologia da multidão (aquela abstração mítica e hipotética, substanciada via tendências demográficas, estatísticas e sociais).

Kierkegaard insistiu que, em uma era de publicidade e jornalismo, que rapidamente se transforma em uma era de marketing e propaganda, um indivíduo que tente se encontrar no olhar refletido do outro jamais conhecerá a si mesmo. Apenas a interioridade religiosa, a verdadeira solidão espiritual, pode tornar possível uma ordem diversa para a vida e revelar a inautenticidade da própria cultura contra o inabalável pano de fundo de um Deus transcendente.

Temos uma sensação de falta, Kierkegaard nos diz, porque o processo de autocriação é contínuo. Só alcançaremos a unidade com o Absoluto quando morrermos. Se pudéssemos alcançar essa unidade aqui e agora, então os nossos desejos seriam os desejos de Deus, e a vida não seria tão confusa. Na verdade, ela se tornaria transparente e divina. Mas, uma vez que não somos seres completos, nós vivemos angustiados, nossos desejos continuam arbitrários, *e caímos vítimas dos valores da cultura em que nascemos*. Em uma tentativa de diminuir a dor da nossa angústia, nós tomamos as rédeas das nossas vidas, mas isso apenas protege nossos eus imaturos da morte e do renascimento existenciais necessários para as nossas próprias libertação cultural e maturidade espiritual. Os pecadores encontram apoio para sua imaturidade espiritual ao fazer parte de grupos tão imaturos quanto eles; portanto, o indivíduo se esconde na multidão, e a multidão é inverdade.

Kierkegaard define os três estilos[31] da existência humana: estético, ético e religioso. O estético é amoral e não dogmático – exprimindo a alegria de existir, mas temeroso de *não* ser e, portanto, metafisicamente hesitante diante do abismo. Indivíduos éticos reconhecem que há algo além do experiencial. Eles buscam expressar a liberdade radical da consciência individual, a atualização da interioridade da subjetividade. Suas vidas constituem um movimento rumo à infinita interioridade da experiência religiosa. Mas eles param antes de chegar lá, recuando como espectadores que buscam as verdadeiras relações das coisas, temerosos de relações acidentais e, portanto, ansiosos diante da aleatoriedade da vida, que eles procuram reprimir por meio do poder da ideologia e de várias outras "ideias mágicas". Almas religiosas, por outro lado, têm consciência de si mesmas e de seu esforço para se transformar, e, por conseguinte, suspeitam de sua própria essência ilusória. O bem que fazem não é presente, mas possível, e assim elas sempre suspeitam, em alguma medida, das próprias ações e crenças, e são, portanto, mais abertas à verdade. Eis por que Kierkegaard afirma que "apenas em desespero" os indivíduos podem compreender a natureza transitória da vida terrena e se tornar conscientes da realidade do infinito.

Apenas pela aceitação da própria impotência e da própria queda, e de sua dependência de Deus para uma vida interior independente e livre, é que o indivíduo pode ir além do desafio heroico e "ético" de *Fausto*. A escolha para os indivíduos, portanto, é entre a persistência desafiadora face ao desespero pessoal (estoicismo existencial) e o arrependimento e a submissão à existência verdadeira em Deus. Essa submissão, contudo, não é uma forma de aquiescência, mas o começo de uma escalada purificadora através da temporalidade, do sofrimento e da perda – marcada por um salto decisivo, mas solitário, no isolamento da fé.

---

[31] Também chamados de "estágios" ou "estádios". (N. T.)

Ou seja, uma vez que o indivíduo aceita o absurdo dessa condição e – em vez de continuar desafiando o não ser de seu próprio eu – decide se aliar ao Absoluto, ele se vê em oposição a tudo o que é estético e ético. Quando vemos a nós mesmos como somos, pendendo sobre o abismo ou, de fato, dentro do abismo – ou melhor, reconhecendo o abismo em nós –, compreendemos que, na verdade, jamais estivemos em nenhum outro lugar, e nada que ninguém tenha feito, dito ou conquistado pode alterar essa realidade.

Quando isso acontece, todos os significados são invertidos e, na imagem negativa do juízo, nós vivenciamos a misericórdia. É nesse momento que compreendemos o significado do sacrifício de Cristo. Feita em um instante, a livre escolha de desistir do eu resulta no verdadeiro eu, por assim dizer, na pessoa autêntica. Mas é uma escolha que deve ser constantemente refeita em cada escolha subsequente, ou o indivíduo recairá nas fórmulas, na inautenticidade e na dependência da multidão.

A perpétua reescolha de Cristo é o maior paradoxo e o maior desafio da fé cristã, porque o eterno é, assim, perpetuamente renovado no temporal. Ser não é se tornar; é se tornar de novo: *começar*. Escolher Cristo é idêntico a arrepender-se e marca a transição de uma existência ética para a religiosa: aquela expressão simultânea de liberdade e necessidade na resignação libertadora do amor. Em seu livro vencedor do prêmio Pulitzer, *A Negação da Morte*, Ernest Becker explica isso da seguinte maneira:

> Para Kierkegaard, o problema da fé convencional é que ela pode servir como barreira para o confronto do indivíduo com a pura possibilidade e sua substituição pelo renascimento do eu, necessários à verdadeira fé cristã. Devemos, primeiro, romper os limites do heroísmo meramente cultural a fim de estarmos abertos ao eu verdadeiro. Ao fazer isso, nós ligamos nosso eu mais secreto e íntimo, nosso talento autêntico, nossos sentimentos mais profundos de originalidade, nossa ânsia interior por um significado absoluto, ao próprio terreno da criação. Permanece, nas ruínas do arruinado eu cultural, o mistério do eu privado, invisível e

interior, que anseia pelo significado último e pelo heroísmo cósmico. Esse mistério invisível no coração de toda criatura agora alcança seu significado cósmico pela afirmação de sua conexão com o mistério invisível no âmago da criação. Esse é significado da fé. Ao mesmo tempo, é a fusão entre psicologia e religião.[32]

A grande contribuição de Kierkegaard para o pensamento moderno foi a de abrir uma séria investigação intelectual sobre a nossa existência individual perante Deus. Ele se engajou em uma extensa contemplação antropológica para mapear o território desconhecido da autonomia espiritual humana. À luz de suas análises da dinâmica da fé, cristãos românticos como Blake revelam-se em busca de salvação em uma cultura que usurpou e banalizou símbolos cristãos tradicionais. Procurando devolver à Bíblia seu poder profético, Blake a reimaginou por meio de histórias edificantes, imagens épicas e profecias que fazem paralelo com a revolta da própria Bíblia contra a religião.

Goethe era menos um apologista cristão e mais um psicólogo do espírito que compreendeu melhor do que ninguém a dinâmica trágica da mente pós-renascentista. O eu, liberto dos grilhões da tradição, do preconceito e da superstição, agora se tornava um problema para si mesmo de novas e inesperadas maneiras. Livre das amarras de qualquer comunidade de fiéis e vagando à vontade pela paisagem do interior feito um adolescente em fuga, ele primeiro ficou fascinado com as próprias autodescobertas, mas a nova liberdade logo revelou seu lado sombrio, e coube a Kierkegaard articular o caminho de volta para casa.

G. K. Chesterton surgiu, então, como a expressão suprema da vanguarda ortodoxa da virada do século, defendendo um retorno à sanidade pré-moderna e o senso comum como um antídoto às novas e emergentes superstições do progresso, com sua própria coleção de encanecidos absolutos religiosos e superstições disfarçadas de certezas positivistas.

---

[32] Becker, *Denial of Death*, 91.

## G. K. CHESTERTON: PREGANDO PARA OS CONVERTIDOS

> Chesterton não é tão grandioso por conta das obras que publicou quanto pelo fato de que estava certo. Suas realizações merecem uma homenagem menos indiscriminada do que a concedida até aqui, e isso é parte do assunto deste livro; mas faço mais do que enaltecer o que ele escreveu: eu louvo o que ele sabia. Ele não pode ser elogiado o bastante, contanto que o elogio se restrinja ao que é digno de elogio. Seu dom especial era a intuição metafísica do ser; seu triunfo especial foi a exploração do paradoxo para expressar essa intuição.
> *Hugh Kenner*, Paradox in Chesterton.[33]

G. K. Chesterton acreditava que a civilização ocidental já era "cristã" e que esses valores cristãos foram incorporados nas próprias urdidura e trama de cada uma de suas práticas institucionais e culturais. O problema com o Ocidente era que muitos dos melhores e mais brilhantes indivíduos tentavam se desligar de suas raízes ontoteológicas sem, contudo, sair do lugar. Isso gerou uma gritante incomensurabilidade entre o que os pensadores de ponta pensavam e os valores conforme os quais viviam suas vidas. Como alguém pode lutar pela igualdade entre todas as pessoas e, ao mesmo tempo, acreditar em um universo moralmente relativo? Ou defender os direitos humanos enquanto afirma que a autonomia moral é uma ilusão? A época era propícia para o bálsamo curador do paradoxo e da sátira.

Não que ninguém pudesse encetar algumas excelentes explanações não cristãs para esclarecer essas contradições, mas, em geral, a maioria dessas explicações levantava mais problemas do que soluções e colocava a culpa pela confusão no que Nietzsche certa vez descreveu como o "humanitarismo sem fundamento" do éthos cristão. Para expor as contradições inerentes a essas empreitadas "modernistas", Chesterton invocou a sanidade e o bom senso contra os teóricos incorpóreos e os materialistas dialéticos. Essa é a razão pela qual ele

---

[33] Hugh Kenner, *Paradox in Chesterton* [Paradoxo em Chesterton]. Nova York: Sheed & Ward, 1947, p. 1.

via seu apelo como uma "pregação para convertidos", pois era uma sabedoria que já detínhamos que, em grande parte, havia se tornado estranha para nós.

A maioria dos ocidentais modernos, Chesterton afirmou, simplesmente não compreende as ideias religiosas que estão no coração de suas tradições e instituições, de tal forma que o que eles realmente precisam não é de outra revolução (já tiveram muitas), mas de uma articulação honesta sobre o estado das coisas. Ele escreveu:

> Atualmente é comum lermos sobre o valor da audácia com que um rebelde ataca uma tirania decrépita ou uma superstição antiquada. Na verdade, não há coragem alguma em atacar coisas decrépitas ou antiquadas, não mais do que em dispor-se a travar uma luta de boxe com a avó de alguém. O homem realmente corajoso é aquele que afronta tiranias tão jovens quanto a manhã e superstições tão frescas quanto as primeiras flores. O único livre-pensador autêntico é aquele cujo intelecto está tão livre do futuro quanto do passado. Tão pouco se preocupa com o que será quanto com o que já foi; só lhe preocupa o que deve ser.[34]

"A idolatria é comprometida", ele nos diz, "não só com a criação de falsos deuses, mas, também, com a criação de falsos demônios; ao fazer os homens temerem a guerra ou o álcool quando deviam temer a corrupção espiritual e a covardia."[35] A corrupção espiritual e o vício, que conduzem à desordem dos desejos, frustram nossas experiências com o amor e a graça e nos levam a buscar dinheiro, poder, técnica e prestígio. Nos estertores desses ídolos do progresso, começamos a temer as lutas que podem nos libertar e a evitar o sofrimento que nos trará a felicidade.

Eis por que, insiste Chesterton, precisamos das Escrituras e dos ensinamentos da igreja. Eles nos ajudam a suportar a nossa própria impaciência com a superfície não pressuposta das coisas e a penetrar

---

[34] G. K. Chesterton, *O Que Há de Errado com o Mundo?*, trad.: Luíza Monteiro de Castro Silva Dutra. Campinas: Ecclesiae, 2013, p. 30. (N. T.)

[35] G. K. Chesterton, *Illustrated London News*, 11 set. 1909.

na nossa ignorância histórica, de tal forma que possamos parar antes de saltar em revoluções autodestrutivas da consciência e persistir na fé pelo tempo que for necessário, até que a desesperança de nossa situação mundana se reverta no bom tempo do próprio Deus. Tal paciência divina é a própria virtude, e dela provém a verdadeira revelação. Essa longa persistência no bem não é apenas um valor religioso; é um absoluto caracterológico, e todas as virtudes estão contidas nele.

Chesterton acreditava que a civilização moderna produzia coisas mais rápido do que podíamos pensar ou agradecer por elas.[36] Assim, ele se dispôs a mostrar como uma "distribuição" mais justa do capital expressaria os valores bíblicos e nos conduziria para um sistema econômico mais justo e igualitário. O "distributismo", como chamaram essa visão também defendida pelo escritor católico Hilaire Belloc, sustentava que a propriedade privada era uma coisa boa, desde que *distribuída* de forma justa. Isso estabelecia um meio-termo entre os excessos comunistas e capitalistas.

Chesterton argumentava que não precisávamos de um estado socialista e, sim, de mais empresas e fazendas administradas de forma independente. O problema do capitalismo era que ele não era capitalista de verdade; era um socialismo corporativo. Menos famílias possuíam mais e mais meios de produção e usavam o governo para proteger seus interesses. A solução para essa desigualdade não era o comunismo – que apenas prejudicaria ainda mais os trabalhadores em nome da abstração vazia do "povo". A solução tampouco seria "menos governo", pois isso só ajudaria quem já fosse rico. Em vez disso, a resposta era descentralizar e distribuir melhor os meios de produção. "Não pode haver uma nação de milionários", Chesterton afirmou, "e nunca existiu uma nação utópica de camaradas; mas houve algumas nações de camponeses razoavelmente satisfeitos".[37]

---

[36] G. K. Chesterton, *Daily News*. 21 fev. 1902.

[37] G. K. Chesterton, *Outline of Sanity* [Esboço da Sanidade]. Londres: Methuen, 1928, p. 192.

Se o maior número possível de famílias detivesse o capital, a riqueza poderia ser distribuída de forma mais razoável, e os mais necessitados teriam a ajuda assegurada. "A cidade moderna é feia", Chesterton escreveu, "não porque é uma cidade, mas porque não é uma cidade o bastante, porque é uma selva, porque é confusa e anárquica, transbordante de egoísmo e energias materialistas".[38] Do mesmo modo, o capitalismo estava fracassando não porque fosse capitalista, mas por não ser capitalista o bastante.

Tudo, Chesterton notou, estava de pernas para o ar. Os anarquistas se autoproclamavam democratas quando, na verdade, eram totalitários. A vanguarda literária se autoproclamava revolucionária quando, na verdade, era reacionária. Os capitalistas diziam valorizar o livre mercado quando o que queriam de fato era controlar o mercado. Apenas uma perspectiva que não fosse desse mundo, independente da história, do tempo e da política contemporânea, teria alguma chance de descrever as coisas corretamente. E, para Chesterton, essa perspectiva era fornecida pela fé cristã ortodoxa que – ao contrário do que diziam seus críticos modernos – não era estreitamente dogmática nem doutrinariamente paralisada, mas – quando compreendida adequadamente – moralmente autocrítica e politicamente libertadora.

Chesterton afirmou que o "marxismo, em mais ou menos uma geração, iria para o limbo da maioria das heresias, mas, até lá, envenenaria a Revolução Russa".[39] Ele não tinha problema algum com os camponeses e trabalhadores assumindo o controle do próprio destino, mas, uma vez que sua autodeterminação tenha sido sequestrada por uma pequena facção ideológica, ela deixou de ser progressista ou ética. "Você jamais pode fazer uma revolução para estabelecer uma democracia", ele salientou. "Você deve ter uma democracia para fazer

---

[38] G. K. Chesterton, *Lunacy and Letters* [Loucura e Correspondência], ed. Dorothy Collins. Londres e Nova York: Sheed & Ward, 1958, p. 78.

[39] G. K. Chesterton, *Illustrated London News*, 19 jul. 1919.

uma revolução."⁴⁰ Os críticos sociais, ele afirmou, deviam direcionar suas energias não para a destruição das instituições burguesas, mas, sim, para uma participação democrática cada vez maior nessas instituições, expondo as bases ontoteológicas da cultura.

Talvez ninguém tenha entendido isso melhor do que o marxista desiludido Nikolai Berdiaev, que procurou renovar o significado social da revelação cristã de dentro para fora.

## NIKOLAI BERDIAEV: A MORTE DO ESPÍRITO NO NASCIMENTO DO SALDO FINAL⁴¹

> A geração passada conseguiu viver no positivismo intelectual porque foi educada na fé cristã; ela manteve sua fé sob o positivismo, como um suporte inconsciente. Mas uma geração educada no positivismo deve retornar à força para buscar a primavera oculta que seus pais esconderam dela.
> *Miguel de Unamuno*, Cartas Inéditas.⁴²

Nikolai Berdiaev foi um desses teocratas progressistas russos do final do século XIX que se desiludiram com o marxismo depois de terem sido presos pelos bolcheviques. Ele, então, regressou à fé cristã com energia renovada, comprometimento e determinação – e desenvolveu a maioria de suas ideias inovadoras enquanto esteve exilado em Paris, onde morreu em 1948.

Berdiaev era ortodoxo em sua teologia cristocêntrica, mas vanguardista em suas críticas tanto do marxismo quanto da nova

---

⁴⁰ G. K. Chesterton, *Tremendous Trifles* [Tremendas Trivialidades]. Londres: Methuen, 1909, p. 74.

⁴¹ No original, *bottom line*. Em determinados contextos, a expressão diz respeito à linha final do balanço contábil de uma empresa, isto é, ao lucro (ou prejuízo), ao saldo final, ao resultado financeiro do empreendimento. (N. T.)

⁴² Miguel de Unamuno, *Cartas Inéditas*, citado em *Christianity and Modern European Literature* [O Cristianismo e a Moderna Literatura Europeia]. Dublin; Portland, Oreg.: Four Courts Press, 1997, p. 131.

burguesia: ortodoxo em sua admiração por Dostoiévski, Soloviev e Tolstói, mas vanguardista na aplicação das ideias deles à literatura e à arte russas. Ele era ortodoxo no uso das categorias cristãs para tecer críticas moralistas dos pensadores contemporâneos e das tendências sociais, mas vanguardista em sua leitura apocalíptica da história e em sua rejeição do gradualismo moral e do progresso material.

Para ele, a palavra *burguesia* significava mais do que apenas "classe média": era um estado da alma caracterizado pela busca degradante por segurança e por uma mentalidade tacanha incapaz de imaginar um mundo muito maior do que o seu próprio. Essa burguesia não cultuava o dinheiro *per se*, mas era viciada em sucesso pessoal, segurança e felicidade. Por essas coisas, eles voluntariamente comprometiam a própria honra, ignoravam as injustiças e traíam a verdade, substituindo esses valores elevados por moralismos triviais e banalidades fáceis que turvavam distinções importantes e justificavam atitudes egoístas. Lá se foram a intangibilidade aristocrática e as obrigações da nobreza, e vieram as certezas, a autopromoção e a audácia.

O "burguês", em outras palavras, era um idólatra orgulhoso da própria idolatria; embora o espírito burguês sempre tivesse existido, Berdiaev acreditava que ele atingira o ápice em fins do século XIX, quando a ânsia por riqueza triunfou sobre qualquer aspiração residual pelo sagrado, pela grandeza ou pelo gênio.[43] Esse rebaixamento moral da civilização mundial continuou no século XX, com a classe média adquirindo tanto poder e influência que o termo *burguês* se tornou sinônimo de riqueza mesquinha, conhecimento tecnológico tacanho e preocupação com o sucesso mundano. Os ideais culturais do cavaleiro, do monge, do filósofo e do poeta foram todos substituídos pelo ideal cultural do homem de negócios. A vontade de poder foi usurpada pela "vontade do bem-estar". Berdiaev observa:

---

[43] Ibid.

Uma religião do progresso baseada nessa apoteose de uma afortunada geração futura não tem compaixão pelo presente ou pelo passado; ela se expressa com infinito otimismo para com o futuro e infinito pessimismo para com o passado. Ela é profundamente hostil à expectativa cristã de ressurreição para toda a humanidade, para todos os mortos, pais e antepassados. A ideia cristã repousa na esperança de um fim da tragédia histórica e da contradição válida para todas as gerações humanas, e da ressurreição na vida eterna de todos os que já viveram.[44]

O burguês *não* repudiou a religião, mas reinterpretou seu valor em termos utilitários. O amor pelos pobres foi movido para a periferia da fé e só era aceito na medida em que não entrasse em conflito com os interesses econômicos do indivíduo. Essa inversão de meios e fins – tão central também para a crítica de Matthew Arnold dos filisteus modernos em *Culture and Anarchy* – assinalou, para Berdiaev, a morte do espírito no nascimento do saldo final. Ele escreveu:

> O aperfeiçoamento das civilizações americana e europeia deu origem ao sistema industrial-capitalista, que representa não só um poderoso desenvolvimento econômico como, também, *o fenômeno espiritual da aniquilação da espiritualidade*. O capitalismo industrial da civilização mostrou-se o destruidor do espírito eterno e das tradições sagradas. A moderna civilização capitalista é essencialmente ateia e hostil à ideia de Deus. O crime da morte de Deus deve ser atribuído a ela e não ao socialismo revolucionário, que apenas se adaptou ao civilizado espírito "burguês" e aceitou sua herança negativa.[45]

Isso talvez soe como uma blasfêmia para os defensores modernos do livre-mercado que se consideram "cristãos", mas, para

---

[44] Nikolai Berdiaev, *The Meaning of History* [O Significado da História], trad.: George Reavey. Cleveland: Meridian Books, 1962 [1936], citado em "Nikolai Berdiaev, Prophet for the Catholic Worker Movement" ["Profeta do Movimento dos Trabalhadores Católicos"], em *The Houston Catholic Worker* 15, nº 4 (maio-jun. 1995).

[45] Ibid. Grifos meus.

Berdiaev, qualquer coisa que colocasse o desenvolvimento material à frente do reino de Deus era suspeita. Perseguir ganhos materiais seis dias por semana e o sagrado aos domingos não era o bastante. Os burgueses não eram realmente hipócritas: eles sabiam o que estavam fazendo. Mas eles se perdoavam muito facilmente e justificavam sua avareza como uma forma de realismo pragmático – exatamente como Blake previra. O materialismo de Descartes, Locke e Newton substituiu o Deus invisível da transcendência pelo Deus do progresso e do comércio.

Berdiaev explica:

> A civilização, em oposição à cultura, que se dedica à contemplação da eternidade, tende a ser futurista. *Máquinas e tecnologias são*, em grande parte, as responsáveis pela aceleração da vida e por suas aspirações excludentes em relação ao futuro. A vida orgânica é mais lenta, menos impetuosa e mais preocupada com o essencial, ao passo que a vida civilizada é superficial e acidental; pois ela coloca os meios e instrumentos da vida à frente dos fins, cujo significado se perde. A consciência do homem civilizado é concentrada exclusivamente nos meios e técnicas da vida, os quais são considerados a única realidade, ao passo que seus fins são tidos como ilusórios.[46]

Para Berdiaev, a vida comercial é anticontemplativa e, portanto, antiespiritual; é essencialmente futurista em sua sujeição do eterno ao temporal, do espiritual ao material, do presente ao futuro. Nada tem valor em si e para si mesmo; tudo é alimento para o desenvolvimento econômico, a mudança social, o crescimento tecnológico e a produtividade industrial. Até mesmo o lazer e o descanso são valorizados pelo que acrescentam à produtividade do indivíduo. Tempo é dinheiro, e dinheiro é poder.

Essa visão do tempo como uma mercadoria – na verdade, da vida, do espírito, da saúde e do sentido como mercadorias – cria um novo tipo humano focado na realização pessoal. De novo, Berdiaev afirma:

---

[46] Ibid.

Como uma reação ao ideal ascético medieval, o homem põe de lado a resignação e a contemplação e tenta dominar a natureza, organizar a vida e incrementar suas forças produtivas. Isso, contudo, não o ajuda a trazê-lo para uma comunhão mais próxima com a vida interior e a alma da natureza. Pelo contrário, ao dominá-las por meio da técnica e organizar suas forças, o homem se afasta cada vez mais delas. A organização se revela a morte do organismo. A vida se torna mais e mais uma questão de técnica. A máquina marca o espírito humano e todas as suas manifestações. Assim, a civilização não tem uma base natural ou espiritual, mas mecânica. Ela é a representante por excelência do triunfo da técnica sobre o espírito e o organismo.[47]

Segue-se um círculo vicioso: a máquina social reforça o eu burguês, que por sua vez busca um controle maior sobre a natureza, distanciando-se ainda mais de quaisquer ideais ascéticos.

A liberdade existencial criada por Deus, insiste Berdiaev, tem uma fonte inteiramente distinta dessa liberdade burguesa que transforma a vida do indivíduo em uma coisa. A liberdade de Deus não é expressa por nossa razão, por nossas conquistas ou mesmo pelas nossas experiências. Ela exprime não só o que está em nosso poder, mas, também, o que está fora dele. É a essa liberdade que Dostoiévski se refere quando argumenta que o propósito da vida é que provemos, a cada momento da existência, que não somos "teclas de piano", mas almas livres, mesmo que não sejamos! Essa liberdade espiritual radical chega até nós pela fé, que põe um fim no nosso temor de que não somos importantes, de que não passamos de joguetes do destino e de que nossas vidas só fazem sentido em termos de valores sociais e sucesso financeiro.

Para Berdiaev, qualquer identificação dos padrões abstratos e dos ciclos da história com o sagrado é blasfema. O mistério da "graça" transcende, reconcilia e resolve os conflitos entre liberdade e necessidade, destino e providência, o coletivo e o individual. É por

---

[47] Ibid.

isso que a vida é trágica e a civilização, cíclica. Nós não nos movimentamos em direção à utopia; nós estamos condenados a sermos livres. Mas, se pudermos reconhecer nosso desamparo e nossa natureza pecaminosa, é possível que transcendamos a nós mesmos no dom gratuito da graça de Deus.

Como um russo ortodoxo renascido, Berdiaev deu uma segunda olhada na história mundial através das lentes do marxismo e viu não só Hegel de cabeça para baixo, mas um mundo em chamas. Vitimado pelos ideais e pretensões bolcheviques, ele preferiu o apocalipse sagrado de São João à sangrenta revolução de Lênin, e voltou a procurar inspiração no Apocalipse. O que ele encontrou lá foi uma forma completamente diferente de olhar para o mundo: poética, visionária e escatológica – o ponto de vista da alma individual na eternidade, não a perspectiva do eu moribundo e egoísta que olha através do nevoeiro dos projetos humanos, metas e planos fracassados. Essa visão de um mundo redimido o impressionou por seu ordenamento libertador dos pormenores da vida e seu engajamento nos horrores do tempo e da mudança. À luz de uma visão dessas, a existência humana não poderia ser reduzida à busca por segurança; a verdadeira luta estava em outro lugar: naquela esfera oculta, conhecida intimamente apenas por místicos, santos e heróis, onde a morte permanece insaciada por nossas realizações e nós transcendemos a morte ao corajosamente desafiar o tempo.

É essa esfera da existência que os grandes romancistas modernos passaram suas vidas inteiras explorando.

## Capítulo 2 | O Romance como Contramitologia

Da filosofia só cabe esperar, na presença do desespero, a tentativa de ver todas as coisas tal como se apresentam do ponto de vista da redenção. Não tem luz o conhecimento senão aquela que se irradia sobre o mundo a partir da redenção: tudo mais se esgota na reprodução e se limita a peça da técnica. Caberia construir perspectivas nas quais o mundo se ponha, alheado, com suas fendas e fissuras, à mostra tal como alguma vez se exporá indigente e desfigurado à luz messiânica. É na capacidade de obter essas perspectivas sem arbítrio e violência, inteiramente a partir do sentimento dos objetos, que, só nelas, consiste a tarefa do pensamento.

*Theodor Adorno*, Minima Moralia.[1]

É verdade que o contar histórias revela o sentido sem cometer o erro de defini-lo, realiza o acordo e a reconciliação com as coisas tais como realmente são, e até podemos confiar que eventualmente contenha, por implicação, aquela última palavra que esperamos no "dia do juízo".

*Hannah Arendt*, Homens em Tempos Sombrios.[2]

Tudo, e especialmente a filosofia, é, a rigor, romance ou lenda.

*Miguel de Unamuno*.[3]

A sabedoria do romance é diferente daquela da filosofia. O romance nasceu não do espírito teórico, mas do espírito do humor. Um dos fracassos da Europa é jamais ter compreendido a mais europeia das artes – o romance; nem seu espírito, nem seus imensos conhecimentos e descobertas, nem a autonomia de sua história. A arte inspirada pelo riso de Deus é, por sua essência, não tributária, mas contraditória das certezas ideológicas. A exemplo de Penélope, ela desfaz durante a noite a tapeçaria que os teólogos, os filósofos, os sábios urdiram na véspera.

*Milan Kundera*, A Arte do Romance.[4]

---

[1] Theodor Adorno, "Final", em *Minima Moralia*, trad.: Gabriel Cohn. Rio de Janeiro: Beco do Azougue, 2008, aforismo 153. (N. T.)

[2] Hannah Arendt, "Isak Dinesen: 1885-1963", em *Homens em Tempos Sombrios*, tradução: Denise Bottmann. São Paulo: Companhia de Bolso, 2008, p. 116. (N. T.)

[3] Citado em Murphy, *Christianity and Modern European Literature*, p. 136.

[4] Milan Kundera, *A Arte do Romance*, trad.: Teresa Bulhões Carvalho da Fonseca. São Paulo: Companhia das Letras, 2016, p. 160. (N. T.)

Somente no contexto de uma renovada apreciação do poder do mito é que a imaginação religiosa contemporânea começa a reviver. Não porque tenhamos retornado a uma irracionalidade pré-moderna, mas porque avançamos para um ambiente multidisciplinar, saturado de informações, multidimensional e midiatizado – para um mundo tão denso de significados que apenas a literatura consegue penetrá-lo. Desse modo, mito e poesia, longe de serem formas antiquadas, calham de ser os métodos mais velozes e carregados de informa*ção* da comunicação moderna: os melhores meios pelos quais a vida existencial e a razão podem confluir para uma expressão singular, unificada.

Enquanto gênero, o romance nasceu nessa era como a narrativa da consciência. A vida interior já não se ajusta às outras circunstâncias externas, e o romance contou a história da tentativa da alma de eliminar essa disparidade: fosse vivendo nos sonhos, desistindo por completo de sua vida interior, fosse negociando algum acordo tragicômico com a própria existência. O crítico húngaro György Lukács descreveu o romance como o "épico do desabrigo" e considerou a história de um idealista perdido em um mundo realista, o *Dom Quixote*, de Cervantes, a obra-chave e seminal do gênero: um ser humano perdido entre mercadorias e papéis sociais, à procura de beleza, verdade e justiça, tornou-se o enredo-padrão e o modelo para praticamente todos os romances escritos depois.

O romancista checo Milan Kundera descreve o romance como o lugar para o qual o pensamento existencial migrou depois que a filosofia foi dominada pelos positivistas – preservando a reflexão em uma época guiada por abstrações ideológicas. Em seu ensaio "A Herança Depreciada de Cervantes", Kundera escreveu:

> [...] se é verdade que a filosofia e as ciências esqueceram o ser do homem, parece mais evidente ainda que com Cervantes se formou uma grande arte europeia que é justamente a exploração desse ser esquecido.
>
> Com efeito, todos os grandes temas existenciais que Heidegger analisa em *Ser e Tempo*, julgando-os abandonados por toda a filosofia

europeia anterior, foram desvendados, mostrados, esclarecidos por quatro séculos de romance. Um por um, o romance descobriu, *à* sua própria maneira, *à* sua própria lógica, os diferentes aspectos da existência [...].[5]

Dessa forma, o romance tem sido o principal veículo de reflexão espiritual no Ocidente durante a era moderna. Os teólogos, em sua discussão com os cientistas e filósofos, simplesmente foram na direção errada.

Como não perceberam que as questões do romance são as mesmas da religião? E, mesmo que um romancista seja ateu ou materialista, o gênero em si exige um enfoque sobre o concreto em detrimento do abstrato, do encarnado no lugar do meramente teórico, e a síntese do caráter, do pensamento e da ação no indivíduo, não em uma "teoria do homem". Como se vê, a forma narrativa *é inerentemente escatológica, logocêntrica, humanista e humana.*

Ainda assim, o fundamento metafísico do romance é tratado, pelo Cristianismo ocidental, como um embaraço ou um escândalo – mesmo pelos críticos literários religiosos. A apreciação da contribuição cristã ao romance moderno é limitada às análises dos livros de Graham Greene, Evelyn Waugh e Flannery O'Connor ou às censuras dos pós-estruturalistas derridianos.

Porém, o romance nunca foi o veículo da ideologia ou dos apologistas cristãos, mas, sim, o grande gênero contramitológico, uma expressão essencial da experiência moderna "sentida" na guerra com o arcabouço mitológico que a criou. Ou, dizendo isso de outra maneira, o romance nasceu no momento em que a própria experiência era transformada pelo comércio e pela política. Suas principais preocupações são a peregrinação da alma perdida pela Terra, os embates do ideal com o real, dos decaídos com os salvos, do naturalismo com o idealismo e do mito da transcendência com a experiência da realidade cotidiana.

---

[5] Ibid., p. 4, 13. (N. T.)

Desde Cervantes, Fielding, Dickens e Balzac até as narrativas dialógicas de Dostoiévski, as epifanias seculares de James Joyce[6] e as incursões de Walker Percy na cosmogonia semiótica pós-moderna, as questões espirituais alimentaram a forma, e a própria forma questionou suas origens cristãs. Por conseguinte, os romancistas talvez sejam os verdadeiros teólogos da modernidade – os primeiros e melhores frutos da vanguarda cristã-ortodoxa.

## O DARMA[7] DE DOSTOIÉVSKI: SOBRE AS ORIGENS DO MODERNISMO CRISTÃO

> Dostoiévski não escreveu romances, e a intenção configuradora que se evidencia em suas obras nada tem a ver, seja como afirmação, seja como negação, com o romantismo europeu do século XIX e com as múltiplas reações igualmente românticas contra ele. Ele pertence ao novo mundo. Se ele já é o Homero ou o Dante desse mundo ou se apenas fornece as canções que artistas posteriores, juntamente com outros precursores, urdirão numa grande

---

[6] Para uma leitura aprofundada, mas bastante negligenciada, de James Joyce como um moderno visionário cristão, confira *The Medium and the Light: Reflections on Religion* [O Meio e a Luz: Reflexões sobre Religião], de Marshall McLuhan, ed. Eric McLuhan e Jacek Szklarek (Toronto: Stoddart, 1999), 172-74: "O que Joyce está dizendo é que, pela primeira vez na história, agora muitos têm como observar o processo social como o processo de redenção. Ele pode fazer isso porque o processo social é análogo ao processo de percepção sensorial e cognição interior. E o processo de percepção é o da encarnação [...]. Para aqueles preocupados com o tema do humanismo católico nas letras modernas, devo lembrar que a visão de Joyce, maravilhosamente concretizada em sua obra, é o projeto mais inspirador que é possível conceber. Mas devemos perguntar: o que acontece quando essa visão se dá, ainda que de forma fragmentária, nas mentes seculares da nossa época?".

[7] Nas religiões indianas (hinduísmo, budismo, sikhismo e jainismo), Darma é um conceito fulcral, cujo significado evoluiu no decorrer do tempo. Nos textos mais antigos, *grosso modo*, o Darma diz respeito à lei cósmica, aquela que governa as naturezas sensível e suprassensível. Posteriormente, o significado se tornou cada vez mais refinado, e o termo foi aplicado em contextos diversos. (N. T.)

> unidade, se ele é apenas um começo ou já um cumprimento – isso apenas a análise formal de suas obras pode mostrar. E só então poderá ser tarefa de uma exegese histórico-filosófica proferir se estamos, de fato, prestes a deixar o estado da absoluta pecaminosidade ou se meras esperanças proclamam a chegada do novo – indícios de um porvir ainda tão fraco que pode ser esmagado, com o mínimo de esforço, pelo poder estéril do meramente existente.
> *György Lukács*, A Teoria do Romance.[8]

A maioria dos estudiosos da literatura concorda que Dostoiévski reinventou o romance moderno como um gênero filosófico singular: uma forma de pensamento-em-movimento, vida-em-pensamento, ficção como experimento espiritual – e, com isso, mudou a forma como lemos todas as narrativas, incluindo a Bíblia. No entanto, o amor de Dostoiévski pelo romance – moderado pelo seu amor ainda mais intenso por Cristo – conta uma história um pouco diferente: a história de uma consciência religiosa profundamente ortodoxa encontrando no romance uma forma de expressão capaz de questionar o papel dos valores europeus na cultura russa. Sua arte foi a expressão de sua própria busca torturada por redenção, servindo como um meio de descoberta e um instrumento de autotransformação.

Consequentemente, seu legado literário é vasto, atribulado e distorcido. Com frequência, é elogiado pelos motivos errados, criticado por falhas que não cometeu e incompreendido por aqueles que mais precisam ouvir o que ele tem a dizer. É celebrado como modernista, incrédulo e cético, criticado por seus "lapsos" de apologia cristã e apropriado pelos mesmos fanáticos e esnobes intelectuais contra os quais lutou a vida inteira e expôs como fraudes.

A maioria de seus romances não são grandes obras, mas experimentos estético-morais imperfeitos – tentativas heroicas de resolver problemas insolúveis: reconciliar o cristianismo com o ceticismo iluminista, a fé com a dúvida, e o terror com a esperança. E a maioria

---

[8] György Lukács, *A Teoria do Romance*, trad.: José Marcos Mariani de Macedo. São Paulo: Duas Cidades, Editora 34, 2000, p. 160-61. (N. T.)

deles fracassa. René Girard (ver capítulo 4) vai ainda mais longe ao dizer que "Dostoiévski e sua obra são exemplares não no sentido de um *corpus* de trabalho e vida sem defeitos, mas exatamente no sentido oposto. Ao observar a vida e a escrita desse autor, descobrimos, talvez, que a paz de espírito é a mais difícil das conquistas e o gênio não é um fenômeno natural".[9]

Dostoiévski escrevia muitos rascunhos e revisava à exaustão. E, embora muito do que ele escreveu tenha a marca do gênio, jamais era perfeito. Seu último livro, *Os Irmãos Karamázov*, reuniu todos os sucessos parciais em sua maior realização – revelando tudo o que veio antes como degraus em uma mesma e abrangente progressão espiritual. Albert Einstein certa vez descreveu *Os Irmãos Karamázov* como o maior livro já escrito. Herman Hesse disse que a juventude europeia, especialmente a alemã, estava destinada a encontrar seu maior escritor em Dostoiévski – não em Goethe.[10] T. E. Lawrence insistiu que *Os Irmãos Karamázov* constituía um "quinto Evangelho", fazendo com que a visão radical do Novo Testamento dialogasse com a era moderna.

As afirmações do próprio Dostoiévski confirmam essas opiniões. Ele disse ter passado por uma grande "fornalha de dúvida" antes que conseguisse terminar o romance – atravessando todas as ilusões modernas para finalmente chegar a uma fé além da fé. Nesse sentido, *Os Irmãos Karamázov* documenta a jornada de Dostoiévski através do niilismo europeu até uma segunda inocência. Enquanto tal, o romance é a mais significativa obra de orientação espiritual escrita na era moderna, e, ao mesmo tempo, talvez a crítica mais reveladora da devoção religiosa convencional já feita. Ele realizou isso, em parte, por meio da estética suprarrealista que empregou – abrangendo todas os

---

[9] René Girard, *Resurrection from the Underground* [Ressurreição do Subsolo], trad.: James G. Williams. Nova York: Crossroad, 1997, p. 14.

[10] De "The Brothers Karamazov, or the End of Europe" ["Os Irmãos Karamázov ou o Fim da Europa"], em *In Sight of Chaos* [Em Vista do Caos], trad.: Stephen Hudson. Zurique: Verlag Selduyla, 1923, p. 13-21.

fracassos e erros da vida com os mesmos amor, energia e alegria com que aceitava tudo o mais: tanto a vergonha quanto os êxitos, tanto a terrível verdade sobre a vida quanto a sua beleza.

Dostoiévski é ortodoxo em seu desejo de escrever uma apologética, mas vanguardista em sua tentativa inflexível de revelar as dinâmicas psicológicas subterrâneas. Ortodoxo em sua tentativa de descrever o cristão perfeito, mas vanguardista em suas experimentações com a forma narrativa polifônica e em sua tentativa de sintetizar as sabedorias de Jesus, Buda e Balzac em uma única visão imaginativa. Ortodoxo em sua própria busca de orientação espiritual junto ao *stárietz*,[11] mas vanguardista em sua interpretação dialógica daquele conselho. Ortodoxo em sua descrição de Zossima e Alióchka – vanguardista em sua representação de Dmitri e o Grande Inquisidor.

Sua primeira tentativa de articular a virtude cristã – *O Idiota* – fracassou em atingir esse objetivo. A fé romântica do príncipe Míchkin personifica uma espécie de ortodoxia quixotesca e, no fim das contas, não conseguiu passar no teste da forma romanesca. Ou seja, a beleza e a verdade de seu personagem não conseguiram representar de maneira convincente uma "vida possível". Dostoiévski era um artista muito honesto e um ser humano muito sincero para fazer com que suas ficções servissem às suas crenças religiosas. O romance, como ele mesmo admitiu, na verdade demonstra o oposto do que pretendia alcançar: em vez de mostrar o poder da fé cristã para superar o filistinismo moderno, ele efetivamente demonstra sua trágica impotência diante disso.

Foi só quando escreveu *Os Irmãos Karamázov* é que Dostoiévski conseguiu compor uma narrativa apologética cristã bem-sucedida. Nesse romance, todo ponto de vista alternativo concebível tinha de ser contrabalançado e qualificado – não só pelos seus opostos, mas também por seus complementos assimétricos, meias-medidas

---

[11] Um *stárietz* era um monge ancião que servia como guru e mentor espiritual para os devotos e também para outros monges menos experientes. (N. T.)

e aspectos obscuros. Se apresentava um personagem que abraçava o cristianismo, ele se sentia obrigado a apresentar um personagem igualmente atraente que o rejeitava. Mais do que isso, ele também sentiu a necessidade de apresentar céticos e devotos de ordens superiores e inferiores para provocá-los. Assim, ele pôde dramatizar os equívocos de todas as espécies de críticos e defensores a fim de distinguir ainda mais acuradamente os verdadeiros céticos e devotos das várias figuras inautênticas que se passam por eles.

Em outras palavras, por mais que ele quisesse que seu romance desse testemunho da fé cristã, Dostoiévski também acreditava que um artista deve jogar limpo. Portanto, ele não poderia distorcer a realidade para servir *às necessidades do personagem. Como resultado, seus pecadores são tão profundos quanto seus santos, seus céticos são tão morais quanto seus devotos, e seu exame sobre o que havia de errado com o mundo moderno também revelou o que havia de errado com o mundo tradicional.*

Dessa forma, *Os Irmãos Karamázov* não é uma obra cristã apologética no sentido tradicional, mas a expressão da luta de seu próprio autor para entender o real significado de sua fé, uma ponderação – não filosófica ou lógica, mas imaginativa – sobre o que significa praticar ativamente o amor, o que significa transformar sofrimento em amor, e o que significa morrer para que se possa renascer. É a história da concretização em Aliócha do que Paul Tillich chamou de "a coragem de ser", de como ele absorve em seu ser a quantidade máxima de não ser, alcançando, assim, a quantidade máxima de autenticidade humana. O que Dostoiévski está descrevendo em Aliócha "não é uma criatura que é transformada e que, por sua vez, transforma o mundo de certas maneiras milagrosas, mas, sim, uma criatura que pega mais do mundo para si mesma e desenvolve novas formas de coragem e perseverança".[12]

---

[12] Becker, *Denial of Death*, p. 279.

Esse não é um projeto particularmente novo para um escritor; é tão antigo quanto Homero e tão recente quanto Shakespeare. Mas o mundo moderno no qual a evolução de Alióchа tem lugar e a visão cristã que a comunica fazem de *Os Irmãos Karamázov* a primeira articulação completa e bem-sucedida do modernismo cristão (e a expressão máxima do que chamo aqui de vanguarda ortodoxa). Em Alióchа, Dostoiévski encontra um convincente defensor da fé que não é um tolo quixotesco nem uma vítima trágica – mas uma síntese viva do realismo ocidental e do misticismo oriental. O livro satiriza a graça barata, explora as profundezas mais sombrias do niilismo filosófico e lança um olhar atento sobre os fetiches sexuais, o sadomasoquismo, as relações de uma família disfuncional e a religiosidade fajuta.

Infelizmente, o status do texto como um livro de moderna orientação espiritual se perdeu nos estudos recentes. Por mais brilhante que seja a análise de Bakhtin da poética dialógica de Dostoiévski – e penso que ainda seja o mais instigante de todos os comentários teóricos sobre a obra de Dostoiévski –, ela não corresponde às necessidades espirituais do leitor contemporâneo. No entanto, não consigo pensar em nenhum outro livro – exceto, talvez, as *Cartas da Prisão*, de Bonhoeffer – que diagnostique de forma tão acurada a crise espiritual de nossa *época* ou penetre na essência da nossa cegueira moral e dos nossos impulsos autodestrutivos.

Na prisão, Dostoiévski aprendeu que os seres humanos preferem exercitar o desejo em detrimento da razão, que eles, no fundo, são irracionais, conduzidos não por interesse próprio, mas por um desejo insaciável de *ter importância*, deixar uma marca, serem ouvidos – mesmo que tudo que eles façam seja apenas praguejar. Joseph Frank, o biógrafo de Dostoiévski, explicou que ele

> não retrata esses preceitos (a irracionalidade fundamental do homem) meramente como guias para o comportamento social ordinário; para ele, esses preceitos levantam profundas questões morais e filosóficas que transcendem, e muito, suas fontes no material do qual partiu, e

ele os rastreou até suas raízes niilistas no conflito entre os princípios fundamentais da moralidade judaico-cristã e as alternativas seculares oferecidas pelo niilismo. É a sua capacidade imaginativa de elevar o social ao trágico, combinada com seu gênio psicológico, que dá às suas maiores obras tal escopo universal e uma força ainda intacta.[13,14]

Na superfície, *Os Irmãos Karamázov* é a vida de um santo. O livro nos apresenta um apóstolo cristão confrontando as realidades da vida moderna e, embora não chegue a exatamente triunfar sobre elas, ele faz algo ainda mais significativo: ele se abandona à divina providência e, ao fazer isso, permite que aquelas experiências aperfeiçoem o seu caráter. À medida que o romance avança, o caminho de Aliócha se torna mais claro e cada vez mais definido. Ele faz da vida cristã um modo de vida: isso não elimina os paradoxos da existência; amplia-os, na verdade. Ao evidenciar a ética radical de Cristo da perpétua renovação interior, Aliócha demonstra para nós o completo significado da epigrama de Dostoiévski: "sem sofrimento, a felicidade não pode ser compreendida".

O romance é *polifônico* no sentido de que cada acontecimento "comenta" algum outro acontecimento. Há muitas vozes e antíteses – um santo para cada pecador, um momento blasfemo para cada momento sublime. Tais contrastes geram uma vasta gramática literária que evolui ao longo do texto, aprofundando tudo o que se segue em uma explicação cada vez mais ampla da condição humana como uma experiência de contínua transformação.

---

[13] Joseph Frank, *Dostoevsky: The Miraculous Years, 1865-1871*. Princeton, N.J.: Princeton University Press, 1995, p. 7.

[14] Os cinco volumes da célebre biografia de Dostoiévski escrita por Joseph Frank foram lançados no Brasil pela Edusp entre o final dos anos 1990 e meados da década passada, com tradução de Vera Pereira (os dois primeiros) e Geraldo Gerson de Souza (os demais). Recentemente, chegou ao mercado uma edição condensada da biografia, *Dostoiévski: Um Escritor em Seu Tempo* (tradução: Pedro Maia Soares. São Paulo: Companhia das Letras, 2018). *Os Anos Milagrosos*, citado por Inchausti, é o quarto volume da edição original. A tradução do trecho citado é minha. (N. T.)

A narrativa não é apenas uma história de irmãos lutando para redimir um patriarca corrupto ou da esperança religiosa lutando contra o desespero intelectual. É também a história de como a alma humana devora seu mundo – de como a fome pela vida funciona –, de como os bons morrem cedo, o suicida morre com um sorriso nos lábios, e os mais corajosos e brilhantes entre nós se veem sozinhos em uma sala com um demônio de quinta categoria, debatendo as questões epistemológicas mais sutis. Em uma carta para seu irmão, o próprio Dostoiévski tentou explicar seu feito:

> Só eu tracei a tragédia do subsolo, que consiste em sofrimento, em autopunição, na consciência de algo melhor e na impossibilidade de alcançá-lo – sobretudo, na clara convicção dessas pessoas infelizes de que ninguém se parece com elas, de tal forma que não há sentido em tentar mudar! O que poderia apoiar esses que tentam mudar? Recompensas? Fé? Não há ninguém para dar recompensas, ninguém em quem acreditar. Um passo adiante e temos depravação extrema, crime (assassinato). A causa do subsolo é a destruição da crença em regras gerais. Não há nada sagrado.[15]

Mas a cura para a psicologia do subsolo é tão surpreendente quanto o próprio subsolo é profundo: não somos exatamente aquilo que imaginamos ser, nem controlamos tanto as nossas crenças quanto pensamos controlar, não tão essencialmente como imaginamos. Nossos afetos e identidades se movimentam dentro e através de nós como infecções virais. E, mesmo assim, a esperança se coloca *à nossa frente* nos lugares mais insuspeitos: o momento mais complexo que uma eternidade, e a fé diferente de tudo o que conhecemos até aqui. Amar uns aos outros nesse mundo exige que enfrentemos o sombrio nevoeiro da história, que ignoremos os fantasmas das nossas ambições, que carreguemos a cruz de nossas próprias vidas privadas e distorcidas.

---

[15] Citado por Donald Fanger em sua introdução da edição norte-americana de *Notas do Subsolo*, de Fiódor Dostoiévski. Nova York: Bantam Classic, 1989, p. xxv.

Na introdução de *Os Irmãos Karamázov*, Dostoiévski nos diz que Alióchaé o protagonista do livro; que este é, na verdade, o primeiro tomo de uma obra em dois volumes; e que seu principal objetivo como escritor é tornar visível para seus leitores o heroísmo desse homem simples e bom. O mundo moderno, ele admite, respeita o perverso mais do que o virtuoso, e por algumas razões muito boas. A amoralidade vital é, realmente, um avanço positivo em relação ao conformismo de miolo-mole e casca-grossa do burguês europeu. Portanto, criar um herói que *não é perverso* exige um duplo movimento: primeiro, expor a lógica autodestrutiva inerente à estratégia de rebelião do homem perverso; e segundo, demonstrar a permanente relevância das tradicionais virtudes religiosas.

Alióchanão aspira ir *além* do bem e do mal, mas se posiciona entre eles – na cruz. Este é o caminho de Alióchapor meio da aceitação de suas limitações, vulnerabilidade, impotência e necessidade de graça, ele para de se identificar com seus próprios problemas pessoais e se reidentifica com o sofrimento de Deus no mundo. Nesse sentido, *Os Irmãos Karamázov* não é propriamente a história de um santo, pois, a rigor, Alióchanão está falando de "um sinal de Deus". Mas ele está a caminho de se tornar um. E o livro nos oferece um conjunto de lições que documentam essa transformação, na medida em que Alióchaaprende a enfrentar as contradições do mundo real. Ou seja, ele toma para si uma parcela ainda maior dos problemas da vida. Ele não constrói um muro ao redor de si para se isolar ou foge internamente para algum esconderijo intelectual; ele aceita a complexidade e o não ser. Por conseguinte, sua vida cotidiana se torna um dever de proporções cósmicas, e ele se transforma em um ser antecipatório, um protótipo em vez de um arquétipo.

Dostoiévski está se preparando para forjar na forja da alma de Alióchaa consciência não criada de sua raça.[16] E, como Stephen

---

[16] Inchausti parafraseia um trecho de *Um Retrato do Artista Quando Jovem*, de James Joyce. Lemos (pág. 266): "Bem-vinda, oh vida! Eu vou encontrar pela milionésima vez a realidade da experiência e forjar na forja da minha

Dedalus,[17] sua vocação é a do artista – não a do padre –, destinado a aprender sua própria sabedoria independentemente dos outros, ou "a aprender ele próprio a sabedoria dos outros vagando entre as ciladas do mundo".[18] Em uma passagem muito tocante, Joyce descreve o jovem artista seguindo pela alameda enquanto o ligeiro mau cheiro acre de repolhos apodrecidos vinha até ele das hortas no terreno que se erguia acima do rio, e ele sorria ao pensar que "era esta desordem, o desgoverno e a confusão da casa de seu pai e a estagnação da vida vegetal, que ia alcançar a vitória em sua alma".[19] É nesse momento que Stephen, como Alióchá, sai para "viver, errar, sucumbir, triunfar, recriar vida da vida".[20]

Não é por acaso que a afirmação de Stephen sobre os repolhos apodrecidos assemelhe-se à afirmação de Alióchá sobre o corpo apodrecido de Zossima. Naquele momento de despertar, quando Alióchá deixa a igreja onde o corpo de Zossima se decompõe rapidamente, ele compreende por completo o significado do conselho que Zossima lhe dera – para sair do mosteiro e entrar no mundo, amar a terra e os animais e as pessoas. Ele se atira no chão para abraçar a poeira da realidade. "Caíra por terra um jovem fraco", Dostoiévski nos diz, "e levantara-se um combatente firme".[21]

---

alma a consciência incriada da minha raça" (tradução: Bernardina da Silveira Pinheiro. Rio de Janeiro: Alfaguara/Objetiva, 2006). Há diversas traduções brasileiras desse romance de Joyce. As melhores são a de Pinheiro e a de Tomaz Tadeu (Belo Horizonte: Autêntica, 2019). (N. T.)

[17] Protagonista de *Um Retrato do Artista Quando Jovem* e um dos personagens principais do *Ulysses*, Dedalus é o *alter ego* do autor James Joyce. (N. T.)

[18] Ibid., p. 173. (N. T.)

[19] Ibid., p. 173. No trecho, a paráfrase do texto joyciano tem início em "seguindo pela alameda". (N. T.)

[20] Ibid., p. 183. (N. T.)

[21] Fiódor Dostoiévski, *Os Irmãos Karamázov*, trad.: Paulo Bezerra. São Paulo: Editora 34, 2008, p. 488. Cito o trecho completo: "Caíra por terra um jovem fraco e levantara-se um combatente firme para o resto da vida, e ele sentiu e tomou consciência disto para o resto da vida nesse instante mesmo de seu

Agora, Alíócha é capaz de se abandonar à divina providência – não no sentido passivo de aceitar o que quer que a vida lhe dê, mas no sentido profético de aceitar as dificuldades e imperfeições da vida como a própria substância de seu destino. Nada deve ser rejeitado, mas tudo deve ser aceito da mão de Deus. Eis o que Zossima quis dizer ao lhe afirmar que ele encontraria a felicidade no sofrimento.

Dostoiévski parece nos dizer que, se o trabalho de santificação parece nos apresentar dificuldades intransponíveis, é porque nós não sabemos como formar uma ideia correta sobre ele. Em essência, santidade é apenas a fidelidade aos deveres apontados por Deus. No caso de Alíócha, esses deveres se apresentam na forma de crises diárias: tudo desde o julgamento de seu irmão homicida até os dramas psicológicos da noiva sadomasoquista do mesmo. Mas, por meio dessas dificuldades, Deus o ensina a não temer o não ser, mas a ingeri-lo como uma espécie de comida espiritual, pois é apenas passando por mortificações, julgamentos e privações de todo tipo que ele aprende a superar sua preocupação autodestrutiva com o efêmero.

Se há alguma heresia aqui, é que Alíócha não vive tanto na alegre expectativa da vinda do Senhor, mas dentro da permanente compreensão de que a vida já foi redimida. Assim, a escolha é dele quanto a perceber o amor de Deus no momento, aproveitando uma de suas possibilidades ainda não realizadas, ou se vai deixar isso passar. O fato de que tais realizações transformadoras são tão raramente escolhidas não leva esse santo ao desespero, mas, sim, confirma-o em sua vocação de elevar os que estão presos na psicologia do subsolo de volta para a luz.

O santo dostoievskiano diz: "deixe que venha o pior". Ao se desobrigar de propósitos e expectativas e abraçar a pobreza, a solidão e a obediência, ele se liberta do medo e, ao mesmo tempo, abre-se para

> êxtase. E depois, ao longo de toda a sua vida, Alíócha nunca pôde esquecer esse instante. 'Alguém me visitou a alma naquela hora' – dizia mais tarde com uma fé inabalável em suas palavras...". (N. T.)

todo um campo até então desconhecido de descoberta existencial. É aqui que o indivíduo começa a vivenciar aquela "interpenetração de mundos" de que Zossima fala.

Essa perspectiva transcendente e transformadora sobreviveu à Revolução Russa na forma de uma literatura subterrânea de resistência encabeçada por Boris Pasternak – culminando no romance experimental e extremamente importante *O Arquipélago Gulag*, de Soljenítsin.

## REDIMINDO DISSIDENTES: BORIS PASTERNAK E ALEKSANDR SOLJENÍTSIN

> O Cristianismo de Pasternak é algo muito simples, muito rudimentar, profundamente sincero, absolutamente pessoal e, a despeito de todas as suas expressões questionáveis, obviamente impregnado pelo verdadeiro espírito dos Evangelhos e da Liturgia.
> *Thomas Merton*, The Literary Essays.[22]

> Maiakóvski agiu sobre nós; Pasternak, dentro de nós. Pasternak não é lido por nós: ele se realiza em nós.
> *Marina Tsvetaeva*, Art in the Light of Conscience.[23]

Certa vez, Boris Pasternak descreveu a si mesmo como um ateu que havia perdido a fé no ateísmo. Nascido judeu, ele foi criado pela avó na fé Russa Ortodoxa. Mas, jovem, ele se tornou um cético e apoiou a Revolução de Outubro como a melhor chance que a Rússia tinha para virar a mesa da história e corrigir os erros de seu passado tirânico. Quando a revolução azedou e seu idealismo foi traído, Pasternak perdeu sua fé na falta de fé e se tornou um "exilado interno",

---

[22] Thomas Merton, *Literary Essays* [Ensaios Literários]. Nova York: New Directions, 1981, p. 43.

[23] Marina Tsvetaeva, *Art in the Light of Conscience* [Arte à Luz da Consciência], trad.: Angela Livingstone. Cambridge: Harvard University Press, 1992, p. 109.

vivendo em silencioso protesto contra o novo estado totalitário, discretamente traduzindo *Hamlet* e *Fausto* e, junto com Anna Akhmátova, Marina Tsvetaeva e Mandelstam, lançando uma defesa radical da imaginação poética por meio de leituras clandestinas e edições privadas que reverberariam no mundo inteiro como uma das maiores defesas da consciência em toda a história da literatura.

Durante esse período de perseguição, ele nos conta, "vim a entender a Bíblia não como um livro de texto duro e ligeiro, mas como o caderno de apontamentos da humanidade e uma chave para tudo o que é eterno".[24] Embora não houvesse chance de que as obras dissidentes de Pasternak fossem publicadas pela imprensa controlada pelo partido, ele continuou a escrever sobre as dificuldades de sua vida e das vidas de seus compatriotas sob Stálin, com frequência compartilhando seus poemas oralmente, uma vez que um registro escrito poderia ser perigoso tanto para o poeta quanto para o leitor.

Pasternak capturou a coragem de seus companheiros poetas em seu poema sobre o anonimato exigido daqueles que se recusavam a seguir a linha do partido:

> O fim da arte é doar somente
> Não são os louros nem as loas.
> [...]
> Cumpre viver sem impostura
> Viver até os últimos passos
> Aprender a amar os espaços
> E ouvir o som da voz futura
> [...]
> Apagar-se no anonimato,
> Ocultando nossa passagem
> [...]

---

[24] Boris Pasternak, *Safe Conduct* [Salvo-Conduto], citado em *Pasternak: Prose & Poems*, editado por Stefan Schimanski. Londres: E. Benn, 1959, p. 87.

Não deves renunciar a mínimo
pedaço do teu ser,
Só estar vivo e permanecer
Vivo, e viver até o fim.[25]

Pasternak escreveu apenas um romance, mas ele o considerava sua obra-prima e a soma do trabalho de sua vida. *Doutor Jivago* é uma "história interior" da Rússia do século XX que contrasta as experiências privadas de seus melhores cidadãos com as mudanças tumultuadas da história mundial. O crítico Nicola Chiaromonte descreveu a obra como "uma meditação sobre a distância infinita que separa a consciência humana da violência da história e permite ao homem continuar sendo um homem e redescobrir o caminho da verdade que todo o turbilhão de eventos continuamente anula e confunde".[26] A chave para redescobrir o caminho da verdade jaz na capacidade do

---

[25] Inchausti cita versos esparsos desse poema que não tem título no original russo, mas foi batizado como "To be famous" ["Ser famoso"] na tradução em inglês usada pelo autor (do livro *Silver and Steel: 20th Century Russian Poetry – An Anthology*, ed. Yevgeny Yevtuschenko, vários tradutores – Nova York: Doubleday, 1994; p. 213-14). Recorri à tradução de Augusto de Campos, que deu o título "Contra a fama" ao poema (em *Poesia da Recusa*. São Paulo: Editora Perspectiva, 2006). Eis o poema completo na tradução de Campos: "Ser famoso não é bonito./ Não nos torna mais criativos./ São dispensáveis os arquivos./ Um manuscrito é só um escrito.// O fim da arte é doar somente./ Não são os louros nem as loas./ Constrange a nós, pobres pessoas,/ Estar na boca de toda a gente.// Cumpre viver sem impostura./ Viver até os últimos passos./ Aprender a amar os espaços/ E a ouvir o som da voz futura.// Convém deixar brancos à beira/ Não do papel, mas do destino,/ E nesses vãos deixar inscritos/ Capítulos da vida inteira.// Apagar-se no anonimato,/ Ocultando nossa passagem/ Pela vida, como à paisagem/ Oculta a nuvem com recato.// Alguns seguirão, passo a passo,/ As pegadas do teu passar,/ Porém não deves separar/ Teu sucesso de teu fracasso.// Não deves renunciar a um mín-/ Imo pedaço do teu ser,/ Só estar vivo e permanecer/ Vivo, e viver até o fim". (N. T.)

[26] Nicola Chiaromonte, "The Paradox of History" ["O Paradoxo da História"], em *Pasternak: Modern Judgments* (Juízos Modernos], ed. Donald Davie e Angela Livingstone. Londres: Macmillan, 1969, p. 234.

amor para buscar aquilo que existe além de si e, no processo, transformar todas as coisas em sinais e símbolos do transcendente.

O livro é com frequência mal interpretado, pois é um romance escrito por um poeta, um trabalho simbólico, não uma ficção realista na tradição de Turguêniev ou Tolstói, e porque foi publicado no Ocidente durante a Guerra Fria, após ser rejeitado por editoras soviéticas. Quando Pasternak ganhou o Nobel de Literatura, em 1958, os soviéticos viram o prêmio como uma tentativa propagandista do Ocidente de elevar um romancista de segunda categoria e anti-URSS ao primeiro nível da literatura mundial e, assim, proibiram-no de aceitar o prêmio. Os críticos soviéticos criticaram *Jivago* como um exemplar fracassado do realismo socialista, incompreendendo sua forma, subestimando seu lirismo e ignorando totalmente o seu caráter simbólico, ao passo que muitos leitores ocidentais erroneamente se apropriaram do livro como um tratado anticomunista, simplificando sua complexa mensagem, subavaliando sua integridade artística e não enxergando sua espiritualidade ascética. "O que Pasternak contrapõe ao comunismo", escreveu o monge trapista e escritor espiritualista Thomas Merton, "não é uma defesa da democracia ocidental, não é uma plataforma política alternativa, não é uma religião formal, mas a *própria vida*, e nos deixa ponderando sobre as consequências".[27]

O romance (também terrivelmente deturpado pelo filme de David Lean, que captura todas as suas imagens e nenhuma das suas ideias) ilustra o quão fácil é sucumbir à amoralidade em nome da necessidade histórica, e o quão fácil é para as pessoas interpretar papéis em um drama social que não compreendem, abandonando a integridade em função do drama maior de uma existência artificial. Iúri e Lara, como tantos outros homens e mulheres instruídos de sua geração, saudaram a revolução e, a despeito de serem atraiçoados, continuaram a fazer

---

[27] Thomas Merton, *Disputed Questions* ([Questões Controversas]. Nova York: Harcourt Brace Jovanovich, 1985, p. 13.

sacrifícios pela Rússia. Eles compreendiam seu lugar na história de forma bem diversa daqueles que os governavam, e então suas vidas testemunharam uma visão espiritual mais profunda, ainda vivendo em exílio interno no sistema soviético.

Russos honestos como Iúri e Lara saudaram a Segunda Guerra Mundial porque ela lhes deu a oportunidade de acabar com as mentiras da República do Povo. Mas, após a guerra, quando as coisas começaram a recair nas mesmas velhas distorções, uma sensação de ressentimento interior e traição começou a crescer. Nesse sentido, *Doutor Jivago* é uma enorme mandala de respostas psicológicas e filosóficas para a Revolução Russa e suas consequências – com Iúri e Lara em seu centro moral/intelectual, não convencidos pela ideologia soviética e permanecendo fiéis à promessa perdida da alta cultura modernista russa.

Contudo, foi Soljenítsin quem transformou essa determinação interior em rebelião exterior e, ao fazer isso, expôs as limitações do "não" literário de Pasternak ao poder pela adição de seu próprio "sim" à ativa não cooperação com o mal. A contribuição de Pasternak à história russa foi extirpar a colaboração inconsciente da Igreja Ortodoxa com Marx, e, embora ele talvez tenha ido longe demais em sua defesa de um isolamento necessário quase monástico dos poderes existentes, sua trágica visão cristã ajudou a pavimentar o caminho para a fé dissidente de Soljenítsin.

Em *O Carvalho e o Bezerro*, as memórias literárias de Soljenítsin, ele fala sobre a sua resposta à premiação de Pasternak com o Nobel em 1958. Na época, Soljenítsin ensinava Física em um colégio nos arredores da Sibéria, poucos anos depois de ser libertado dos campos de trabalhos forçados, e ainda enterrava seus romances inéditos no quintal, olhando furtivamente por sobre os ombros, temendo a KGB.

Soljenítsin assinala o quão profunda foi a inveja que sentiu da oportunidade que tinha Pasternak de viver o destino que ele havia traçado para si mesmo. Pasternak iria para Estocolmo para nunca mais voltar, mas, antes de se exilar, faria o discurso de aceitação do prêmio Nobel que acabaria com todos os discursos de aceitação do prêmio Nobel: corajosamente expondo as mentiras do Estado, arrancando as pernas da autoridade moral do império soviético pelos joelhos. Então, ele publicaria todas obras que teria enterrado no *seu* quintal – transformando a Rússia, transformando o mundo, e dando testemunho do poder da palavra sobre a tirania política e a injustiça.

Mas, claro, isso não aconteceu. Pasternak não aceitou o prêmio, não desafiou as autoridades, e morreu um ano depois. Descobriu-se que não havia nenhum manuscrito secreto e explosivo esperando para ser publicado, e Pasternak não era um ex-prisioneiro de Gulag pronto para enfrentar o regime em uma luta de vida ou morte, mas o último e delicado rebento de uma classe intelectual dizimada, como Iúri Jivago. Surpreende que ele tenha morrido um ano depois com o coração partido?

Mas Soljenítsin ficou mortificado com a falta de energia radical de Pasternak. Agora ele mesmo tinha que ganhar o prêmio Nobel e fazer o que Pasternak devia ter feito. Soljenítsin escreve:

> [...] Desde minha mocidade, sempre me pareceu imperdoável e incompreensível que as obrigações de fidelidade a uma nação se avantajassem ao dever; com muito maior razão para o *zek* [*prisioneiro*] em que eu me convertera. (Ninguém me teria enfiado na cabeça nesse momento que Pasternak já tivesse sido publicado, que ele já houvesse falado e que o seu discurso de Estocolmo se tivesse revelado tão pouco feroz quanto suas justificações nos jornais.
>
> Com tanto maior nitidez eu compreendia, decidia, sacava sobre o futuro: *eu* preciso desse prêmio! Como ponto de apoio em minha posição e como baluarte na batalha! E quanto mais cedo o obtiver, mais solidamente me estabelecerei e com maior força golpearei! Está claro que agirei exatamente ao contrário de Pasternak: *aceitarei* temerariamente, partirei temerariamente, pronunciarei o discurso mais temerário. Resultado: eles me barrarão o caminho de volta. Em compensação, publicarei *tudo*! Direi *tudo*! Toda a dinamite acumulada desde as cabinas de Lubianka, passando pelos apelos nos campos de concentração da

estepe em pleno inverno, em nome de todos os estrangulados, de todos os fuzilados, de todos os mortos de fome, de todos os mortos de frio! Alçar-me até a tribuna do Nobel – e deflagrar! Receber em troca de tudo isso o destino do proscrito não era pagar muito caro.[28]

A base da estética da resistência de Soljenítsin reside em sua concepção mitopoética plebeia do cristianismo como a prática da virtude (em oposição à concepção modernista de Marx do cristianismo como uma ideologia mistificada). Os plebeus, como os beatniks e os soldados não violentos da verdade, usam a transcendência como uma forma de dar sentido à sua própria resistência do mundo – não como um bálsamo para o sofrimento presente ou como um meio de se entregar ao irracional. Para os plebeus, crenças religiosas são técnicas de sobrevivência (necessidades), e a incrível premissa de um princípio originário é o seu trunfo contra todos os poderosos e darwinistas sociais deste mundo, que os definiriam conforme os seus próprios projetos, ambições e distorções ideológicas. É por isso que Soljenítsin encontra inspiração para sua resistência ao regime soviético nos prisioneiros (*zeks*) do Gulag, e não nos mestres do modernismo ocidental.[29]

Os modernistas ocidentais nem sempre partem da incrível premissa plebeia de uma ordem divina por trás do fluxo da experiência.

---

[28] Aleksandr Soljenítsin, *O Carvalho e o Bezerro*, trad.: Octavio Mendes Cajado. São Paulo/Rio de Janeiro: Difel, 1976, p. 348-49. (N. T.)

[29] Há uma pequena e maravilhosa nota de rodapé em *O Carvalho e o Bezerro* na qual Soljenítsin fala sobre um pedido de Jean-Paul Sartre para visitá-lo. Soljenítsin tinha acabado de ficar famoso, e todos queriam conhecer o autor de *Um Dia na Vida de Ivan Deníssovitch*. Soljenítsin recusa o pedido. Intelectuais ocidentais, ele nos diz, sobretudo ideólogos políticos como Sartre, usam seus encontros com escritores do leste para promover suas agendas políticas, enquanto a autoridade moral do sofrido escritor russo é explorada. Sartre poderia fazer a reunião da forma como quisesse, sem que Soljenítsin tivesse como responder. Soljenítsin assinala: "Se ao menos não fosse Sartre! [...] Na minha recusa de encontrar-me com ele, terá Sartre percebido quão profundamente nos continua estranho?" (145). O único escritor ocidental de quem Soljenítsin desgostava mais era Bertrand Russell.

A maioria deles se movimentava ainda mais no próprio fluxo para desestabilizar um *status quo* já cambaleante. Para Soljenítsin, essa estratégia, levada a cabo pelos filósofos do estado e pretensos tiranos, mostrou-se uma contramedida demasiado estreita para lidar de forma significativa com a realidade dos campos e o triunfo da dialética marxista. A magnitude do sofrimento exigia uma escrita que pudesse, de algum modo, penetrar tanto na impotência intelectual da ordem moribunda quanto no terror reducionista das novas metodologias em ascensão. O que se precisava era de uma nova expressão da presença moral e da esperança transcendente – uma nova visão escatológica do presente. Alguém precisava dar testemunho à realidade de algo externo à redefinição dialética e à mudança histórica para criar uma alavanca que nos puxasse do relativismo cultural e do novo niilismo ascendente.

Nos campos, Soljenítsin descobriu o absoluto sobre o qual repousava essa presença moral: a santidade da consciência individual. Mas, à diferença dos tempos pré-modernos, a integridade pessoal não era mais um direito nato e não se podia presumir que toda alma mortal a possuísse. No mundo pós-moderno de Soljenítsin, a integridade era algo que precisava ser recuperado, conquistado e recriado. A experiência nos campos trouxe essa chocante verdade para ele. Assim como Heidegger argumentou que o verdadeiro problema da modernidade não é que nós nos esquecemos da questão do Ser, mas que nos esquecemos de que nos esquecemos da questão do Ser, Soljenítsin chegou à conclusão igualmente surpreendente de que os modernos não perderam apenas seu centro moral, mas perderam a consciência de que perderam seu centro moral. Em outras palavras, a amoralidade foi estabelecida por meio do triunfo da dialética como uma forma de consciência superior, quando, na verdade, ela representa a morte da consciência intelectual. No Ocidente, muitos críticos presumiram que o modernismo tivesse triunfado sobre os positivismos do começo do século XX. Mas o próprio modernismo literário talvez tenha sido outra manifestação do desejo positivista de conquistar a vida através da teoria.

A esse respeito, Pasternak foi precursor de Soljenítsin. Ele entendeu que a história não era um relato sobre a ascensão e a queda de impérios, mas de destinos interligados, e que o objetivo da vida não é conquistar tudo, mas purificar o coração. Em uma passagem emocionante, ao final do primeiro volume do *Arquipélago Gulag*, Soljenítsin fala da vez em que estava em uma estação de trem, sentado em um banco entre dois guardas da KGB. O único momento em que se via entre pessoas livres era quando era transferido de um campo a outro. Enquanto estava ali sentado, ele refletiu sobre as preocupações mesquinhas das pessoas ao redor e o quanto ansiava por lhes contar a verdade.

> E como você faz com que eles compreendam? Por uma inspiração? Por uma visão? Um sonho? Irmãos! Pessoas! Por que a vida lhes foi dada? Na quietude profunda e surda da noite, as portas das celas da morte estão sendo abertas – e as pessoas de almas grandiosas estão sendo arrastadas para fora e fuziladas.[30,31]

Mas, então, Soljenítsin responde à própria pergunta. E, para a surpresa do leitor, ele o faz sem raiva ou ressentimento.

> Se você quiser, eu vou soletrar para você agora mesmo. Não persiga o que é ilusório – as posses e a posição social: tudo que é adquirido às custas dos seus nervos, década após década, e é confiscado em uma só noite. Viva com uma firme superioridade diante da vida – não tema

---

[30] Aleksandr Soljenítsin, *O Arquipélago Gulag: Volume Um*, trad.: Thomas P. Whitney. Nova York: Harper, 1975, p. 591.

[31] Há uma edição brasileira de *O Arquipélago Gulag*, lançada no Brasil em meados da década de 1970 pela Biblioteca do Exército Editora, com tradução de Francisco A. Ferreira, Maria M. Llistó e José A. Seabra. Embora alguns exemplares ainda sejam encontráveis em sebos, essa edição está há muito esgotada. Recentemente, a editora Carambaia anunciou que lançará uma nova tradução da obra. Originalmente, o livro tem três volumes. Segundo a editora, a nova tradução (direta do russo) corresponderá à versão final do livro, condensada pela esposa do autor, a pedido dele. Os trechos citados neste capítulo são traduções livres minhas, feitas a partir da versão em inglês citada por Inchausti. (N. T.)

os infortúnios e não anseie pela felicidade; pois, no fim das contas, dá no mesmo: o amargor nunca dura para sempre e a medida da doçura jamais é transbordante.[32]

Tal afirmação pode parecer estoica, mas Soljenítsin supera a resignação para chegar a uma identificação absoluta com seus inimigos, o que transforma sua heroica resistência em compaixão, sabedoria e perdão definitivo. Ele prossegue:

> Esfregue os olhos e purifique seu coração – e valorize acima de tudo no mundo aqueles que lhe amam e querem o seu bem. Não os magoe nem repreenda, nunca se despeça deles com raiva; afinal de contas, nunca se sabe: pode ser a última coisa que você faça antes de ser preso [...]. Mas os guardas da escolta acariciam os cabos negros das pistolas em seus bolsos. E aqui nos sentamos, os três juntos, companheiros sóbrios, amigos tranquilos.[33]

Soljenítsin não refuta o sistema que o encarcerou; ele destrói sua autoridade por completo, de dentro para fora, por meio de um ato de coragem moral e testemunho espiritual. É como escritor que Soljenítsin derrota o Gulag. E, embora ele seja rápido para salientar que palavras não são suficientes para derrotar a injustiça, seus livros e o impacto global que tiveram deixam claro que a autêntica expressão humana pode mudar a maneira como o mundo vê a si mesmo e, desta maneira, mudar a realidade.

Para Pasternak e Soljenítsin, as palavras ainda podem escapar das relações de poder e, nos termos de Foucault, adquirir "uma energia inversa – uma descarga" contra o dominante "regime da verdade". Esse discurso revolucionário é proferido de uma pessoa para outra, entre solidões. Suas fontes são almas individuais – de pessoas específicas, que respiram, trabalham, amam e sofrem. E, assim, para Soljenítsin, o artista tem um papel importante a desempenhar – não como a antena da raça, mas como seu fundamento moral. A tarefa

---

[32] Ibid.
[33] Ibid., p. 592.

não é forjar na alma de alguém a consciência não criada da raça, mas ressuscitar a consciência que nunca morreu.

O renascimento espiritual, contudo, era necessário nos dois lados da Cortina de Ferro, como Soljenítsin descobriu ao se mudar para os Estados Unidos, no final da década de 1970. Duas décadas antes, os escritores da Geração Beat, especialmente Jack Kerouac, abordaram o problema da anomia espiritual dos Estados Unidos, prefigurando um novo papel para a literatura americana como o contraponto espiritual de uma cultura de consumo cada vez mais cínica e satisfeita consigo mesma.

### JACK KEROUAC: "DEPOIS DE MIM, O DILÚVIO"

> Em fins da década de 1940, os Beats se viram do lado de fora da bolha econômica do pós-guerra, olhando não para seu interior, mas ainda mais para fora. Desiludidos com a decadência autoconsciente de seus amigos nova-iorquinos mais próximos, eles perceberam que não só as tendências literárias contemporâneas e as modas filosóficas, mas, também, o clima sociopolítico impedia uma conexão íntima com as leis universais do cosmos. Como resposta, eles erigiram uma teologia da experiência com os materiais culturais que tinham à disposição.
> *John Lardas*, The Bop Apocalypse.[34]

> A verdadeira obra é a nossa crença: crença verdadeira em um Deus imortal; a contínua luta humana contra a abstração linguística: reconhecimento da alma debaixo de todas as coisas, e humor. Esse é o retorno da vontade.
> *Jack Kerouac*, Caderno de rascunhos #3.[35]

Jack Kerouac certa vez chamou a si mesmo de um "católico estranho solitário louco e místico". Ginsberg disse que ele era aquele "Solitário Trompetista da Prosa Americana do bêbado Sagrado Coração

---

[34] John Lardas, *The Bop Apocalypse* (O Apocalipse Bop). Urbana: University of Illinois Press, 2001, p. 128.

[35] *Sketch Notebook* #3 ("caderno de rascunhos"), anotação feita em 31 out. 1952, citada em *Kerouac: The Word and the Way* [A Palavra e o Caminho]. Carbondale: Southern Illinois Press, 2000, p. 67.

de Buda" que embarcou em uma busca espiritual "pelo significado supremo da existência e do sofrimento, e pela celebração da felicidade enquanto não chegasse lá".[36] Sua vida e sua obra foram um longo e contínuo experimento na arte de unir a vida espiritual à forma literária. Ele acreditava que a literatura era "uma história contada por companheirismo e para ensinar algo religioso, ou reverência religiosa, sobre a vida real, nesse mundo".[37]

Seu estilo e sua visão de mundo se desenvolveram a partir de uma estética narrativa neorrealista inspirada em Joyce para uma espontânea prosódia *bop* por meio da qual ele tentava criar uma narrativa em versos corridos sobre as revelações sagradas que eram constantemente derramadas em sua mente. Em *Doctor Sax: Faust Part Three*, Kerouac compõe o retrato de um Fausto redimido, um mágico cujas ambições serviam aos inocentes, cuja mágica visava destruir a Serpente, e que procurava concretizar uma restauração da inocência à maneira de Blake, transformando a queda em graça. Ao final do romance, o Pássaro do Paraíso acaba com a Serpente e somos deixados a contemplar um cosmos que não se impressiona com a nossa "mágica", um cosmos que pode cuidar de si mesmo. Isso, para Kerouac, é a revelação religiosa pós-moderna a que todos devemos eventualmente chegar: Deus não se impressiona com a nossa mágica faustiana!

Em sua missão para nos contar tudo o que aconteceu para levá-lo a essa revelação, ele foi do lirismo romântico à alegria extática do puro ser, retornou à vacuidade do poço da Serpente do Grande Mundo, para a dor jubilosa do amor apaixonado, e, por fim, desceu *à* serenidade católico-budista do martírio penitencial. Por intermédio de sua escrita, comentou John Clellon Holmes, "um circuito aberto de sensações foi estabelecido entre sua consciência e o objeto do momento, e o resultado

---

[36] Allen Ginsberg, citado em *Kerouac: A Biography*, de Ann Charters. Nova York: St. Martin's Press, 1994, p. 9.

[37] Jack Kerouac, *Satori em Paris*, trad.: Lúcia Brito. Porto Alegre: L&PM, 2011, cap. 2. (N. T.)

foi tão impressionante quanto ser preso nos olhos de outro homem".[38] Mas vou além e afirmo que o resultado é tão impressionante quanto ver através dos nossos próprios olhos *pela primeiríssima vez*. Kerouac se propôs a fazer nada menos do que narrar as percepções da "alma" para uma classe média americana cada vez mais sem alma e faminta por revelações do esplendor sagrado da vida cotidiana.

"O talento de Kerouac como escritor", Ann Charters nos diz, "não estava em sua inventividade para com novos personagens e enredos, mas, sim, no poder de dramatizar o espírito de sua própria vida em uma fantasia romântica".[39] Essa habilidade de mistificar suas próprias experiências tornou-o suscetível à velha heresia antinomiana de que, enquanto artista, ele estava livre da moralidade ortodoxa. No entanto, como Blake e Joyce antes, Kerouac nunca se considerou "moralmente livre" do que quer que fosse. Sua vivência do pecado e da inadequação era, se tanto, mais acentuada do que a vivência das pessoas em geral; se o seu comportamento era muitas vezes não convencional ou flagrantemente amoral, ele nunca se considerou acima do julgamento de Deus ou melhor do que as outras pessoas. Certa vez, ele confessou: "posso transformar dor em felicidade na minha mente – e vice-versa. Faço isso há trinta anos (trinta anos transformando felicidade em dor)".[40] A vida literária não era uma licença para pecar; era, pelo contrário, a responsabilidade de arcar com a verdade acerca de si mesmo. Se Kerouac parece autoindulgente para almas menos experimentais, isso talvez seja mais um sintoma de sua honestidade pessoal do que qualquer heresia antinomiana.

Talvez seja também por isso que Kerouac é frequentemente mal interpretado por críticos conservadores como um sentimentalista

---

[38] John Clellon Holmes, "The Great Remember" ["A Grande Lembrança"], em *Nothing More to Declare* [Nada Mais a Declarar]. Nova York: Dutton, 1967 [1958], citado em *Jack Kerouac: On the Road – Text and Criticism* [Texto e Fortuna Crítica], ed. Scott Donaldson. Nova York: Penguin, 1979, p. 590.

[39] Charters, *Kerouac: A Biography*, p. 66-67.

[40] Jack Kerouac, *Some of the Dharma* [Parte do Darma]. Nova York: Penguin, 1997, p. 277.

mimado e ingrato, incapaz de registrar o papel histórico e global que os Estados Unidos suportaram durante a Guerra Fria. Eles o acusam de elevar a arte ao status de uma realidade alternativa em vez de usá-la para iluminar a realidade. Roger Kimball, por exemplo, acusou-o de ter uma "ânsia adolescente de se libertar das maneiras convencionais e dos padrões intelectuais", entregando-se a uma sexualidade polimorfa, ao narcisismo, ao consumo destrutivo de drogas, à criminalidade, ao irracionalismo, a um ingênuo radicalismo político, ao antiamericanismo, à pseudoespiritualidade, *à paixão* espúria pelas religiões orientais e à elevação da música popular a uma arma socioespiritual. Kimball resume sua queixa:

> Em suma, o estabelecimento da Igreja Beat foi importante por ser um capítulo da degradação moral e cultural da nossa sociedade. Visto como um fenômeno literário, contudo, o que os Beats produziram existe, sobretudo, como uma espécie de antimatéria artística. O que os Beats nos legaram é efetivamente ruim, um fenômeno tão corrupto quanto corruptor. Duas coisas têm mantido o que os Beats escreveram em circulação: a bocarra acadêmica, com seu apetite insaciável por qualquer tipo de ração verbal, *e a ânsia doentia por exemplos de psicopatologia, dos quais os Beats não são apenas exemplos como ajudaram a fomentar em seus trabalhos e em suas vidas*.[41]

Esse menosprezo comum pelos Beats é questionável por ser uma generalização, mas é particularmente equivocado quando aplicado a Kerouac, que, mais tarde em sua vida, distanciou-se publicamente dos hippies e ativistas da contracultura que o reivindicavam como um dos seus. Na verdade, Kerouac sempre se considerou um patriota convicto e um católico conservador cujo desvio de três anos pelo budismo apenas aprofundou sua fé em Cristo. Ainda em 1954, isto foi confirmado numa carta de William Burroughs, que dizia: "Buda deve ser estudado apenas historicamente no Ocidente, é um assunto a

---

[41] Roger Kimball, "A Gospel of Emancipation" ["Um Evangelho da Emancipação"], *New Criterion* 15, nº 2 (out. 1997), p. 8.

ser compreendido, e a Ioga pode ser utilizada de forma lucrativa para esse fim. Mas ele não é uma Resposta para o Ocidente, não é uma Solução. Nós devemos aprender agindo, experimentando e vivendo, ou seja, sobretudo pelo Amor e pelo Sofrimento".[42]

O que críticos como Roger Kimball não entendem sobre os Beats em geral e Kerouac em particular é que é tão possível ser infeliz em um ambiente maravilhoso quanto esperançoso em um ambiente difícil.[43] E que essa aptidão para a infelicidade em meio à grande fartura material não é necessariamente um sintoma de ingratidão para com as conquistas socioeconômicas, as liberdades políticas ou os milagres tecnológicos dos Estados Unidos. Seres humanos não são apenas organismos em ambientes ou sujeitos dentro da história, mas almas individuais trabalhando pela própria salvação em meio a grandes sofrimentos e injustiças mundanos. Todos nós, como Dostoiévski e Kierkegaard bem observaram, possuímos anseios transcendentes que são inerentemente "românticos" (com frequência, até mesmo antinomianos) e fazem da cultura, da linguagem e da expressão simbólica uma inerente "crítica da vida", não só uma iluminação da realidade.

A literatura, mesmo na melhor das épocas, jamais é apenas a expressão de verdades universais ou intuições morais; ela também é uma ferramenta para descerrar e desvendar as inexploradas possibilidades espirituais de seu tempo. Claro que também não se limita a isso – daí a necessidade de Kerouac se distanciar de seus pares "gnósticos" e do mundo acadêmico e literário empenhado em transformar sua arte em autoterapia.

No ensaio "After Me, the Deluge" ["Depois de Mim, o Dilúvio"], publicado no *Los Angeles Times*, em 1969, Kerouac critica os hippies

---

[42] Jack Kerouac, *Selected Letters: 1940-1956* [Cartas Selecionadas], ed. Ann Charters. Nova York: Penguin, 1996, p. 439.

[43] Eu me lembro de uma conversa que tive com um dos meus alunos que passou um ano trabalhando em um orfanato em um dos países mais pobres do mundo. Ele me disse: "Com todo o meu treinamento, eu estava pronto para qualquer coisa. Mas fui surpreendido pela felicidade".

e beatniks e então pergunta ao leitor: "Sempre olhe bem de perto para qualquer um e veja aquela paciência particularizada só deles, olhos escondidos, esperando com os lábios costurados que o tempo passe, que alguma coisa dê certo, que a longa noite da vida os pegue em seus braços e diga: 'Ah, Querubim, esse negócio bobo, estúpido... O que é isso, existência?'".[44] Aqueles atraídos pelo escândalo de Kerouac muitas vezes deixam escapar essa terna simpatia pelos "órfãos inconsoláveis".

"Quando James Joyce deu seu 'sim'", Kerouac nos lembra, "ele queria se tornar o Cavaleiro da Virgem Maria".[45] Então, se Kerouac encontra beleza no jazz, nos pervertidos, nas prostitutas, nos viciados, nos mendigos e em todos os outros lugares inesperados nos quais encontramos Cristo, nós não suspeitamos desde sempre que a beleza também poderia ser encontrada aí? Ocorre que nunca tivemos tempo (ou assumimos os riscos) de explorar esses outros mundos, e o fato de que Kerouac *fez* isso, que ele ousou procurar beleza e dignidade em toda parte e descrever seus contornos com atenção amorosa, é um convite para que façamos o mesmo.

Quando nós o lemos, fazemos nossas próprias jornadas espirituais e estéticas por aquela grande, vasta e suja pandemia americana com olhos igualmente amorosos. "Uma vez que tudo são ondas superficiais da manifestação, elas não permanecem no passado ou no futuro, mas em algum presente atemporal além do tempo do corpo e do cérebro que sonha – então eu tenho apenas UM LIVRO para escrever, em que tudo, passado, presente e futuro – tudo o que sei e tudo o que sabia e tudo o que saberei e que nunca soube e que nunca saberei é surpreendido como grãos de poeira pela luz do sol no quarto, brilhando imemorialmente no mar da essência da mente que é sua base e sua origem."[46]

---

[44] Jack Kerouac, *The Portable Jack Kerouac* [Jack Kerouac Portátil], ed. Ann Charters. Nova York: Penguin, 1996, p. 578.

[45] Kerouac, *Some of the Dharma*, p. 286.

[46] Kerouac, *Some of the Dharma*, p. 277.

Ele errou ao cometer essa indelicadeza literária? Seu entusiasmo indomável acabou por glorificar a feiura e macular o bem? Sua morte por alcoolismo foi a prova final de seu fracasso espiritual? Creio que, no fim das contas, essas são as perguntas erradas. A verdadeira questão que a obra de Kerouac coloca para nós é "até que ponto a vida pode ser vivida como uma revelação da simpatia sagrada bem no meio do sofrimento? Até que ponto podemos abrir a porta para a gentileza amorosa, a compaixão, a alegria e a equanimidade? E em que momento devemos fechá-la e nos defendermos da dor que o amor nos ordena suportar?". O êxtase da prosa de Kerouac é o êxtase do purgatório: viver tudo outra vez como arrependimento.

"Tudo o que quero fazer é amar", Kerouac escreveu. "Deus entrará em mim como uma luz dourada e fará áreas de ouro lavado acima dos meus olhos e penetrará no meu sono com Seu Bálsamo – Jesus, seu Filho, está em meu Coração Constantemente."[47]

## WALKER PERCY: ALÉM DO EXISTENCIALISMO

> Kierkegaard reconheceu o caráter único do evangelho cristão, mas, em vez de vê-lo como uma autêntica peça noticiosa entregue por um portador de notícias, embora fossem notícias de origem divina [...], ele se sentiu obrigado a colocá-lo contra o conhecimento como paradoxo [...]. Kierkegaard pode ter direcionado sua dialética contra o sistema hegeliano, mas ele continuou a apreciar o evangelho com a postura do cientista hegeliano – e pronunciou como absurdo que a eterna felicidade do homem deveria depender não de um conhecimento *sub specie aeternitatis*, mas de uma notícia d'além-mar.
> Walker Percy, The Message in the Bottle.[48]

---

[47] Kerouac, citado em *The Word and the Way*, p. 87, de Giamo, do Caderno de Rascunhos de Kerouac, p. 1952-53.

[48] *The Message in the Bottle* [A Mensagem na Garrafa]. Nova York: Farrar, Strauss & Giroux, 1975, p. 147, citado em *Walker Percy and the Old Modern Age* [Walker Percy e a Velha Era Moderna], de Patricia Lewis Poteat. Baton Rouge: Louisiana State University Press, 1985, p. 132.

Embora Walker Percy admirasse Kierkegaard, ele transformou o existencialismo do dinamarquês por meio de sua articulação de uma antropologia filosófica caseira. Pois Percy, como Kerouac, acreditava que Kierkegaard estava certo apenas em parte. Mover-se do estádio ético para o religioso não demandava um salto no irracional, mas, sim, uma longa e atenta olhada ao redor. Nós já estamos no interior do mistério. Nossos eus e nosso absurdo são, de fato, a mesmíssima coisa: um sintoma da inabilidade do eu pensante para compreender o contexto mais amplo de sua própria experiência no grande mar do amor.

Em seu último livro, *Lost in the Cosmos* [Perdido no Cosmos], Percy nos diz que, se alienígenas algum dia pousassem na Terra, nossa primeira pergunta para eles deveria ser: "Também aconteceu com vocês?". Com isso, Percy quer dizer: suas habilidades para calcular vieram junto com uma consciência do "eu" ou toda a sua inteligência é produto de um circuito inconsciente? Em outras palavras: vocês são apenas formigas altamente evoluídas ou possuem uma alma? Vocês são humanos ou máquinas?

Diferentemente das formigas, os seres humanos não agem como organismos vivendo em um ambiente, mas como "eus" operando em um "cosmos". A natureza trabalha dialeticamente por meio de estímulos e respostas e de objetos se chocando com outros objetos; a linguagem, contudo, funciona triadicamente mediante sinais e objetos mediados por "eus". Para ilustrar exatamente o que isso significa, Percy usa o relato de Helen Keller sobre sua descoberta da linguagem e, por conseguinte, de sua individualidade, dramatizada em *O Milagre de Anne Sullivan*[49] [*The Miracle Worker*], filme de Arthur Penn baseado na peça homônima, e vencedora do prêmio Pulitzer, de William Gibson.

Relembrando a cena: Anne Sullivan está sentada à mesa de jantar, celebrando o retorno de Helen à casa da família, depois que ela viveu em isolamento com Anne por duas semanas de intenso treinamento

---

[49] O título do filme (e o nome da personagem) às vezes é grafado como *O Milagre de Annie Sullivan*. (N. T.)

com a linguagem. O pai de Helen, um tradicional patriarca vitoriano, está em êxtase porque Anne foi bem-sucedida em ensinar à garota como se comportar à mesa. Mas Anne está frustrada porque a criança ainda não compreendeu a conexão simbólica fundamental entre signos e coisas, entre linguagem e realidade. Ela ainda não entrou na comunidade triádica e, por isso, ainda não é um ser humano.

Para ver se a disciplina rigorosa, estabelecida nas duas semanas anteriores, também se aplica à casa dos pais, Helen começa a esquecer as boas maneiras e derruba o guardanapo. A mãe não quer que essa indiscrição seja corrigida, mas Anne exige que Helen pegue o guardanapo. Helen varre a mesa com o braço, destruindo a porcelana chinesa e jogando o assado da mãe do outro lado da sala. Em seguida, ela pega um jarro e atira a água no rosto de Anne.

Anne arrasta Helen para fora e a obriga a encher o jarro na bomba d'água. Enquanto a menina faz isso, ela, pela milionésima vez, começa a sinalizar as palavras na mão de Helen e, em seguida, a colocar as mãos de Helen nos objetos assinalados.

– Bomba! – grita Anne e, levando as mãos de Helen até a manivela da bomba, sinaliza "B-O-M-B-A".

– *Água!* – ela grita, colocando as mãos de Helen sob a fria água corrente enquanto sinaliza *"Á-G-U-A"*.

Fica claro que Anne está fazendo isso não porque ache que Helen aprenderá dessa vez, mas simplesmente porque não sabe mais o que fazer. Helen continua a resistir – chorando, chutando, empurrando e se afastando.

Então, de forma tão repentina quanto começou, a birra de Helen *é interrompida*. Ela fica quieta, absorta, completamente parada. Com muita atenção, Helen finalmente faz a conexão entre palavras e coisas, signos e experiência, e pela primeira vez na vida compreende a ideia de que as coisas têm nomes! Helen sussurra *"ág, ág"* e, naquele momento, deixa de ser um organismo em um ambiente para se transformar em um eu no mundo, deixa de ser um animal para se tornar um ser humano.

Mas o que acontece a seguir *é tão emocionante quanto importante.* Ela rodopia pelo jardim tentando tocar tudo, sedenta por signos que descrevam seu mundo, pelos sinais que dão às coisas sua realidade humana.

– O que é isso? – Helen aponta, tocando em um poste. – E isso? E isso? E isso?

Anne chama os pais de Helen:

– Sr. e sra. Keller! Venham! Venham! Helen sabe. Ela *sabe*!

O que ela sabe? Ela sabe que os humanos compartilham a verdade por meio de signos, que não está sozinha em sua vida interior, que existe uma forma para a experiência humana, e que cada experiência sua tem uma palavra correspondente e, portanto, um *significado*. Esse conhecimento é, em essência, a consciência do que significa ser um humano. É a iniciação do indivíduo no cosmos humano.

Os pais emergem da sala de jantar e Helen toca suas faces e sinaliza seus nomes – reconhecendo-os como parte de seu mundo humano pela primeiríssima vez.

Então, ela para e toca o rosto de Anne.

Anne sinaliza a palavra "P-R-O-F-E-S-S-O-R-A", e Helen sabe quem foi que finalmente a tirou de seu isolamento espiritual.

Isso é o que se poderia chamar de um momento messiânico, pois, dali em diante, Anne e Helen compartilham uma intimidade muito mais profunda do que o mero sentimento ou anseio existencial compartilhado. Anne não é mais um mero obstáculo no mundo autocentrado de Helen, e tampouco é uma parente limitada pela pena. Ela é algo completamente diferente, um portal para o significado do universo. Ela é uma *professora*; é o que William Gibson chama de "fazedora de milagres".

Para Percy, a transformação de Helen de um animal fazedor-de-sinais em um ser humano reflexivo é uma parábola-chave para o que somos; não somos ausências existencialmente presentes, mas "eus" na fronteira entre dois mundos; entre o mundo animal diádico de estímulo-resposta e o mundo humano triádico da experiência mediada. O que Helen vivenciou ao fazer a conexão entre o signo e a coisa não foi *o signo* ou *a coisa*, mas a terceira realidade que os conecta, "o eu". Naquele momento, a água desapareceu de suas mãos e ela capturou uma imagem interna de um mundo compartilhado, conhecível e comunicável. E, então, ela se voltou para tudo o que já havia vivenciado para descobrir o nome de cada coisa.

O significado prático dessa revelação do homem como meio animal – intoxicado pelas experiências à sua frente e, ao mesmo tempo, abstraído delas – *é explorado em todos os romances de Percy na medida em que seus "heróis" entram e saem de toda sorte de relacionamentos. Em Lost in the Cosmos*, Percy pergunta:

> Por que as pessoas se sentem mal em bons ambientes e bem em ambientes ruins com tanta frequência? Por que Madre Teresa acha que os ocidentais ricos muitas vezes parecem mais pobres do que os miseráveis de Calcutá, os mais pobres dentre os pobres?
> O paradoxo acontece porque os empobrecimentos e enriquecimentos de um eu em um mundo não são, necessariamente, os empobrecimentos e enriquecimentos de um organismo em um ambiente. O organismo tem ou não necessidades conforme essas necessidades são ou não satisfeitas pelo seu ambiente. O eu em um mundo será rico ou pobre conforme for bem-sucedido em identificar seu eu que, de outro modo, seria indizível, por exemplo, miticamente, ao se identificar com um símbolo do mundo, como um totem; religiosamente, ao se identificar como uma criatura de Deus. Mas, em uma era científica, totens não funcionam porque ninguém acredita que seja possível, não importa o quanto se tente, "transformar-se" em um tigre ou um periquito (cf. a depressão de um tigre de Princeton ou de um buldogue de Yale[50] uma hora após o jogo).[51]

O "eu" pode ser transcendente e "feliz", ao passo que o "organismo" é imanente e "ansioso". O oposto também é verdade. Não

---

[50] Princeton Tigers e Yale Bulldogs são as equipes esportivas dessas universidades, cujos programas envolvem mais de trinta modalidades. (N. T.)
[51] Walker Percy, *Lost in the Cosmos*. Nova York: Picador, 1983, p. 121-23.

surpreende que não possamos compreender por que nos sentimos tão mal no melhor ambiente possível – "digamos, uma boa família e uma boa casa em uma boa vizinhança em East Orange, em uma agradável tarde de quarta-feira". Ou por que *nós* "secretamente apreciamos más notícias, assassinatos, desastres de avião e os infortúnios dos vizinhos"[52] – qualquer coisa para escapar do tédio da imanência. Percy explica:

> Em uma época como essa, o enriquecimento afigura-se tanto enriquecimento dentro da imanência, i.e., o consumo discriminado dos bens e serviços da sociedade, como os cursos de enriquecimento pessoal, brincadeiras criativas e autoaperfeiçoamento através da interação social, etc. – quanto por meio dos principais prazeres da época, a transcendência através da ciência e da arte. O prazer dessa transcendência deriva não do resgate do eu, mas da perda do eu. Transcendência científica e artística é um resgate parcial do Éden, o Éden semiótico, quando o eu explorava o mundo por meio de sinais antes de cair na autoconsciência.[53]

A antropologia moderna lida com o homem enquanto organismo físico e com os produtos do homem enquanto membro de uma cultura, mas não com o homem enquanto sujeito flutuante e sobrecarregado pela consciência.[54]

Se não podemos nomear uma coisa, não podemos conhecê-la, a não ser que ela tenha relação com nossa natureza instintual ou existência física.[55] Nomear é o ato que preenche a lacuna entre o "behaviorismo de Mead e o existencialismo de Marcel"[56] ao trazer os objetos para o nosso cosmos pessoal de significado,

---

[52] Ibid., p. 122.
[53] Ibid., p. 122-23.
[54] Percy, *Message in the Bottle*, p. 239.
[55] Walker Percy, *Signposts in a Strange Land*, [Placas (de sinalização) em uma Terra Estrangeira]. Nova York: Picador, 1991, p. 261, 274, 282.
[56] Percy, *Message in the Bottle*, p. 272.

transformando-os de coisas "lá fora" em objetos significantes "aqui dentro". Em outras palavras, nossa identidade como fazedores de símbolos fornece uma resposta ao problema mente-corpo de uma forma tal que o fisicalismo e o dualismo não conseguem. Ela dilui a distinção entre palavras e coisas na atividade de nomear. Ser é nomear. Nomeio, logo coexisto.

Para Percy, nosso uso dos símbolos não é um evento diádico estímulo-resposta, como entende a maioria dos semióticos e teóricos da linguagem. O comércio de símbolos não pode ser explicado pela teoria behaviorista ou como uma sucessão de estados de energia. Essa conquista, para Percy, despedaça

> o velho sonho do Iluminismo – de que uma ciência objetiva-explanatória-causal pode descobrir e categorizar todo o conhecimento de que o homem é capaz [...]. O homem não é apenas um organismo [puramente biológico] superior respondendo ao e controlando seu ambiente. Ele é, nas palavras de Heidegger, aquele ser no mundo cuja convocação é para encontrar um nome para o Ser, dar testemunho e fornecer um esclarecimento disso.[57]

Por que as teorias antropológicas e semióticas correntes fracassam em descrever adequadamente a natureza do homem? Simplesmente porque, embora consigam relatar adequadamente ações de causa e efeito, respostas a estímulos e comportamentos de sobrevivência e instintuais, elas não explicam o que é um símbolo, pois um símbolo não é uma parte de um evento diádico; ele só existe enquanto parte de uma relação em três vias, na qual se nomeia uma experiência e ela é, assim, compartilhada e intensificada. Em outras palavras, símbolos não são coisas e não são sensações, mas algo mais.

Quando os seres humanos usam palavras e frases, eles *não estão respondendo a estímulos; eles estão simbolizando*: compartilhando mundos. De algum modo, todos entendemos a piada de que

---

[57] Ibid., p. 158.

o nome é e não é a coisa ao mesmo tempo. Ele é a coisa no acordo da mente coletiva de chamar a coisa por aquele nome – mas *não é literalmente a coisa* em si mesma. Ele é a coisa somente enquanto ela existe no cosmos imaginário e humanamente compartilhado, criado pelo ato de nomear.

Essa "revelação" das simultâneas presença e ausência da linguagem abre as comportas para um mundo de significados que coexistem, mas não espelham, de fato, o mundo real, assim dando à luz a dualidade, a metafísica, a arte, a cultura, a civilização e a própria consciência. Os indivíduos adentram esse "cosmos" pela porta da revelação tornada possível pelos eventos triádicos que não são redutíveis à causa-efeito diádica. A linguagem é um fenômeno natural, não linear e não energético.

Percy chama esse evento de "o Fator Delta" (referindo-se ao triângulo em forma de delta criado quando você esquematiza esse fenômeno).[58]

(objeto)                              (signo)

(intérprete)

Nomear alguma coisa, ele nos diz, é, "*à primeira vista*, o evento mais corriqueiro, mas, na verdade, é o ato mais misterioso".[59] "Um organismo que usa signos só leva em conta aqueles elementos de seu ambiente que são relevantes biologicamente [...], mas um organismo que usa símbolos tem um mundo."[60] Um mundo acarreta "nomeações" e lamentos por eventos, pelo que aconteceu ontem, pelo que aconteceu "no começo", e não tem "lacunas". Um mundo tem mitos. "Galinhas não têm mitos", Percy explica.[61]

---

[58] Ibid., p. 39.
[59] Ibid., p. 254.
[60] Ibid., p. 202.
[61] Ibid.

> A maior diferença entre o ambiente (*Umwelt*) do organismo que usa signos e o mundo (*Welt*) do organismo falante é que há lacunas no primeiro, mas não no segundo. O organismo não falante só nota o que é biologicamente relevante; o organismo falante dispõe, simbolicamente, do horizonte inteiro. Lacunas que não podem ser fechadas pela percepção e pela razão são fechadas pela magia e pelo mito.[62]

Para Percy, a incapacidade de nomear é a verdadeira causa da ansiedade humana. Essa ansiedade pode abranger desde "um ligeiro desconforto até o terror em face do mistério".[63] O ato de comunicar fornece uma cura existencial, pois permite ao "eu" imaginário do falante se conectar com a realidade material e a comunidade humana. Ou seja, embora palavra e objeto não sejam realmente uma coisa só, embora a palavra institua um jogo na aproximação do objeto, a palavra permite uma compreensão e um entendimento do objeto como parte de um universo de significados (ou cosmos).[64] Daí a alegria da transformação espiritual que Helen Keller vivenciou ao entender a palavra água pela primeira vez.

Essa dinâmica é central para Percy porque a sociedade contemporânea está perdendo contato com seus mitos comunitários e unificadores. O "eu" só é rico na medida em que é bem-sucedido ao identificar seu lugar e seu propósito no mundo.[65] Por milhares de anos, o mito permitiu que encontrássemos a nós mesmos em um mundo, que soubéssemos quem somos e o que significa a nossa vida. O século XX, com seu ceticismo metafísico e sua ciência reducionista, cortou aquela conexão, e agora a humanidade, de acordo com Percy, está "perdida no cosmos".

---

[62] Ibid., p. 203.

[63] Ibid., p. 136.

[64] J. P. Telotte, "A Symbolic Structure for Walker Percy's Fiction" ["Uma Estrutura Simbólica para a Ficção de Walker Percy"], em *Critical Essays on Walker Percy* [Ensaios Críticos sobre Walker Percy], ed. Donald Crowley e Sue Mitchell Crowley. Boston: G. K. Hall, 1989, p. 172.

[65] Percy, *Lost in the Cosmos*, p. 122.

O problema da psiquiatria moderna e das tentativas filosóficas atuais de compreender a humanidade reside no fato de que elas tratam a humanidade como um organismo biológico com necessidades e impulsos instintivos, e pouco além disso. Essas disciplinas, Percy nos diz, não oferecem nenhuma "representação do homem como detentor de um destino único pelo qual é orientado em uma direção completamente diferente" e, como resultado, "essas áreas não têm quase nada a dizer sobre os grandes temas de que têm se ocupado os críticos existenciais da sociedade moderna, de Søren Kierkegaard a Gabriel Marcel".[66] Como Percy, afirmou em seu discurso de aceitação do National Book Award, "o homem é mais do que um organismo em um ambiente, mais do que uma personalidade integrada, mais até mesmo do que um indivíduo maduro e criativo, como se diz. Ele é um viajante e um peregrino".[67] Em outras palavras, um apanhador de significados, um construtor de pontes metafísicas, um "eu".

Em seus romances, Percy narra os infindáveis paradoxos e contradições que a experiência da "individualidade" nos impõe – explorando as dinâmicas da vida interior em um mundo pós-existencial onde os significados privados e os eventos públicos colidem em toda parte. Em seu primeiro romance, *The Moviegoer* [O Frequentador de Cinema], o herói de Percy, Binx Bolling, decide viver com o mesmo tipo de intensidade e significância que só encontra nos filmes. Binx afirma: "Tornar-se consciente da possibilidade da busca é estar em busca de algo. Não estar em busca de algo *é estar em desespero*".[68] Ele sente que está vivendo entre pessoas mortas, "autômatos que não têm escolha quanto ao que dizem", e tenta encontrar para si uma forma de transformar o mundano em algo significativo.[69] Embora o roman-

---

[66] Percy, *Signposts*, p. 252.
[67] Ibid., p. 246.
[68] Walker Percy, *The Moviegoer*. Nova York: Vintage, 1998 [1961]), p. 13.
[69] Ibid., p. 100.

ce termine em um tom esperançoso, é somente nas obras posteriores, como *The Second Coming* [A Segunda Vinda] e *Love in the Ruins* [Amor nas Ruínas], que Percy de fato descobre "o Fator Delta" e deixa claro que a revelação está à espera em toda parte, ao nosso redor.

Esses romances posteriores dramatizam a busca por significado do "eu" pós-moderno e espelham a dor dos nossos anseios incessantes por completude espiritual em um mundo no qual essa necessidade jamais será suprida por completo. Essa tensão irresolvível é especialmente aguda na esfera política, onde as profundezas insondáveis do eu mergulham de cabeça nos problemas dos "organismos em ambientes", envolvendo aqueles que estão "em busca de algo" em um atoleiro de contradições, no qual eles devem lutar para reconciliar as exigências do momento com os sonhos de possibilidades visionárias.

Capítulo 3 | Política Antipolítica

> Vivemos em uma época em que é mais difícil para um homem livre encontrar um lar do que era para um ascético medieval se virar sem um.
> G. K. Chesterton, Outline of Sanity.[1]

> Qual é a expressão exigida pela época? A época não exige expressão alguma. Já vimos fotografias de mães asiáticas enlutadas. Não estamos interessados na agonia dos seus órgãos desarranjados. Não há nada que você possa estampar no seu rosto que dê conta do horror dessa época. Nem tente. Você só vai se expor ao escárnio daqueles que sentiram as coisas mais profundamente. Já vimos noticiários com seres humanos nos extremos da dor e do deslocamento. Todo mundo sabe que você come bem e está até sendo pago para ficar aí em pé desse jeito. Você está atuando para pessoas que vivenciaram uma catástrofe. Isso deve fazer com que você seja bem discreto. Diga as palavras, transmita as informações e dê o fora. Todo mundo sabe que você está sofrendo. Você não pode contar à plateia tudo o que sabe sobre o amor a cada verso de amor que disser. Dê o fora e eles saberão o que você sabe porque eles já sabem. Você não tem nada a ensinar para eles. Você não é mais bonito do que eles. Você não é mais esperto. Não grite com eles.
> Leonard Cohen, "Como dizer poesia".[2]

Os romancistas modernos talvez tenham diagnosticado a nossa atual situação espiritual com clareza e força, mas suas visões devem ser colocadas em prática se nós realmente quisermos testar seu valor como críticas da vida. Os ativistas sociais cristãos examinados neste capítulo oferecem padrões visionários para suportar as realidades sociais de suas épocas. Cada um deles defende o que Václav Havel chama de "política antipolítica", política *não como uma arte da manipulação ou o domínio sobre os outros,* mas como uma forma de alcançarmos vidas significativas juntos, política como "moralidade prática, à

---
[1] G. K. Chesterton, *Outline of Sanity*. Londres: Methuen, 1928, p. 119.
[2] Leonard Cohen, "How to Speak Poetry", *Stranger Music* [Música Estranha]. Nova York: Vintage, 1993, p. 287-88.

serviço da verdade, como cuidado essencialmente humano e humanamente medido dos nossos companheiros humanos".[3] Seu trabalho coletivo constitui o início de uma frente unificada contra a "política política" tanto das ideologias à esquerda quanto à direita, levando as noções de Chesterton de descentralização e "distributismo" para o século XXI. À primeira vista, essa estrada não trafegada talvez pareça um pouco anacrônica e nostálgica, mas, para os que ainda consideram as bem-aventuranças a palavra final em termos de ética social, ela talvez mereça uma segunda olhada, mais próxima e atenta.

De acordo com esses teórico-práticos religiosos, a principal ameaça à autonomia humana não mais advém da "natureza" ou dos "tiranos", mas dos sistemas econômicos, políticos e sociais que nós mesmos fizemos e que se tornam cada vez mais poderosos, cada vez mais autossustentados e cada vez mais fora de controle. Os homens e mulheres que gerenciam esses sistemas se beneficiam deles e os defendem com suas vidas, mas não compreendem realmente o impacto que eles têm em outros indivíduos ou culturas. E, mesmo que compreendessem, não poderiam fazer muito a respeito, dadas as complexidades dos sistemas aos quais servem e a enormidade dos problemas que enfrentam.

Por conseguinte, nossos líderes confiam em especialistas para lhes dizer quais alavancas da máquina governamental devem puxar e quais engrenagens do motor econômico devem acionar, sem que eles próprios compreendam por completo os efeitos de suas ações. E, assim, esses líderes acabam por perpetuar – a despeito de quaisquer boas intenções que talvez possuam – as mesmas injustiças, desigualdades e misérias que alegam estar tentando eliminar.

Os norte-americanos, em particular, têm sido vítimas do mito da "excepcionalidade" nacional, o qual é usado de novo e de novo para promover políticas que têm o impacto imediato de alijar os indivíduos

---

[3] Václav Havel, "Politics and Conscience" ["Política e Consciência"], citado em *Václav Havel: Living in Truth* [Vivendo na Verdade], ed. Jan Vladislav. Londres: Faber, 1989, p. 155.

de sua terra e seu capital. Entre 1983 e 1998, a riqueza dos que estão entre os 1% mais ricos da população aumentou 42,2%, ao passo que a riqueza dos 40% mais pobres diminuiu 76,3%. Em outras palavras, os 40% mais pobres dos Estados Unidos perderam três quartos da riqueza familiar no decorrer dos últimos vinte anos.[4]

Em 1998, a parcela de 1% dos americanos mais ricos detinha 95% dos ativos do país, e os 60% mais ricos possuíam 99,8% da riqueza nacional.[5] A despeito da afirmação de que um plano 401(k)[6] consiste em propriedade corporativa para as massas, a posse de fundos mútuos na verdade coloca as pessoas comuns mais à mercê das

---

[4] Esses números constam de "Recent Trends in Wealth Ownership" ["Tendências Recentes da Propriedade da Riqueza"], artigo de Edward N. Wolff escrito para a conferência sobre os "Benefícios e Mecanismos para Difundir a Propriedade de Ativos nos Estados Unidos" ["Benefits and Mechanisms for Spreading Asset Ownership in the United States"], na Universidade de Nova York, ocorrida entre 10 e 12 de dezembro de 1998. As principais áreas de pesquisa de Edward N. Wolff são crescimento de produtividade e distribuição de renda e riqueza, e ele está atualmente engajado em um projeto chamado "The Long-Term Effects of Technological Change and Information Technology on Earnings, Inequality, and Labor Demand" [Os Efeitos de Longo Prazo da Transformação Tecnológica e da Tecnologia da Informação sobre os Ganhos, a Desigualdade e a Demanda de Trabalho]. O projeto explora algumas das implicações a longo prazo das transformações tecnológicas e da tecnologia da informação na estrutura da demanda de trabalho e dos ganhos. Ele é professor de economia na Universidade de Nova York e autor de vários livros, incluindo *Top Heavy: A Study of the Increasing Inequality of Wealth in America* ["Desequilíbrio: Um Estudo sobre o Aumento da Desigualdade Econômica na América"]. Nova York: New Press, 2002.

[5] Ibid.

[6] 401(k) é uma espécie de plano de previdência muito comum nos Estados Unidos e em outros países. Trata-se de um plano patrocinado pelo empregador, que dispõe do montante que deveria ser retido na fonte para o imposto de renda e o utiliza em aplicações financeiras. Em alguns casos, os empregados têm a opção de adquirir ações da própria empresa em que trabalham, mas, em geral, ocorre a constituição de fundos mútuos e diversificados de investimento (mercado de ações, títulos da dívida pública etc.). O nome "401(k)" diz respeito à seção do Código Fiscal norte-americano que prevê esse tipo de coisa. (N. T.)

companhias do que se elas vivessem às custas do estado ou escondessem suas economias debaixo do colchão.

Na escala global, a transferência de capital para um número cada vez menor de mãos é ainda mais acentuada. De acordo com o Relatório de Desenvolvimento de 1999 das Nações Unidas, oitenta países têm renda per capita menor do que há uma década, e os bens das duzentas pessoas mais ricas do mundo somam mais do que o patrimônio combinado de 41% da população mundial – isso é mais do que a riqueza somada de 2 bilhões de pessoas.[7]

Como consequência, preocupações locais têm se tornado cada vez mais regionais, preocupações regionais têm se tornado cada vez mais nacionais, e preocupações nacionais têm se tornado cada vez mais internacionais. Isso tem como efeito tornar as pessoas não mais globalmente responsáveis, mas, sim, mais xenófobas e desconfiadas, sempre varrendo o horizonte à procura de ameaças iminentes e dos próximos desastres globais.

A alternativa proposta pelos críticos sociais cristãos a essa crescente ocupação pelas forças do capital internacional é que os cidadãos comuns reassumam a responsabilidade por seu próprio bem-estar material através de *mais capitalismo*, não menos; ou seja, por meio de *uma maior distribuição de capital* ao invés de uma maior centralização. Partindo do exemplo de Dorothy Day de fazendas autossustentáveis, negócios de família e comunidades e habitações economicamente autônomas, mais e mais indivíduos poderiam se proteger dos pretensos césares desse mundo, tornando possível uma verdadeira alternativa à organização hierárquica de cima para baixo dos empreendimentos humanos.

Para realizar esse reordenamento radical de prioridades, contudo, deve-se encorajar políticas que *aumentem a autonomia econômica*

---

[7] Esse relatório, bem como os mais recentes, está disponível online no site das Nações Unidas, www.undp.org.

das famílias e das pequenas comunidades. O capital deve ser redirecionado para projetos e coletividades ambientalmente sustentáveis. Nossa segurança nacional pode ser mantida por meio de descentralização, redes de energia menores e uma maior diversidade comercial. Isso é ainda mais verdadeiro em uma era de terrorismo. A solução cristã, como a exemplificada pelos pensadores-ativistas examinados aqui, defende unidades corporativas menores e maiores diversidade econômica, flexibilidade e segurança – não uma nova Cruzada em defesa do Império.

Talvez uma das razões pelas quais os escritos de Dorothy Day têm resistido melhor ao tempo do que os de seus camaradas comunistas dos anos 1930 – ou do que os escritos dos críticos capitalistas dos anos 1950 e 1960 – seja que o seu personalismo cristão lhe deu uma pista das falsas promessas da esquerda e da direita, de tal modo que suas reformas jamais expressaram a lógica revolucionária sentimental ou a ideologia do livre-mercado, mas, sim, o produto de percepções duramente alcançadas e concretas, nascidas do verdadeiro cuidado para com os pobres. Ela sabia o que Walker Percy compreendia tão bem, que os humanos não são apenas organismos em ambientes, mas seres em um cosmos.

Da mesma forma, as maiores contribuições de Martin Luther King para a nossa época foram seus movimentos populares pela correção de injustiças sociais específicas em nome do povo que as sofria verdadeiramente, não seu apoio a qualquer causa ou movimento abstrato. De fato, seu comedido comprometimento com o "personalismo" cristão e a "comunidade amorosa"[8] fez, na verdade, com

---

[8] No original, *beloved community*. É uma expressão usada por Martin Luther King em um discurso proferido em 4 de maio de 1966, intitulado "Nonviolence: the only road to freedom" ("Não violência: o único caminho para a liberdade"). Segue o trecho: "Devo prosseguir com fé ou é um fardo muito grande para suportar? E a violência, mesmo em autodefesa, cria mais problemas do que resolve. Só a recusa em odiar ou matar pode colocar um fim na cadeia de violência do mundo e nos levar a uma comunidade onde os homens

que perdesse influência política para os revolucionários e extremistas ideológicos – e mais fáceis de entender – do Black Power. E, mesmo assim, ele manteve sua posição, optando por um testemunho mais difícil, até mesmo "malsucedido", de não violência, em detrimento das vitórias imediatas, mas, no fim das contas, pírricas, de seus inimigos.

E. F. Schumacher e Wendell Berry, herdeiros de G. K. Chesterton e Dorothy Day, também recomendam um retorno aos valores das pequenas e autônomas vizinhanças e dos empreendimentos familiares como forma de fortalecer o "eu" cristão com seus anseios de completude metafísica e justiça social. Na verdade, o slogan de Schumacher, "Pense Globalmente, Aja Localmente", ajudou a remodelar o pensamento político insurgente do nosso tempo, distanciando-o da busca althusseriana por uma "teoria da libertação" e trazendo-o para uma tentativa viável de reformar as instituições e os governos existentes, um por um.

## DOROTHY DAY: SOBRE OS MISTÉRIOS DA POBREZA E DO ATIVISMO

Na *Cidade de Deus*, Santo Agostinho diz que Deus nunca quis que o homem dominasse seus semelhantes. Ele devia dominar os animais dos campos, as aves do céu, o que rasteja sobre a terra, mas os homens não deviam dominar uns aos outros. Ele preferia pastores a reis. Foi o próprio homem quem insistiu em ter um rei terreno, embora tivesse sido alertado sobre o que aconteceria com ele. Deus permitiu aos profetas que ungissem os reis e, uma vez que os homens tivessem aceito os reis, eles deveriam demonstrar respeito e obedecer à autoridade que eles tinham estabelecido. Obedecer, no caso, a tudo que não contrariasse a sua consciência. Uma autoridade legal ordenou a São Pedro que não pregasse em nome de Jesus, e ele disse que obedecia a Deus, não ao homem, deixou a prisão e voltou ao mercado para pregar o Evangelho. Por várias e várias vezes, os homens desobedeceram às autori-

---

possam viver juntos e sem medo. Nosso objetivo é criar uma comunidade amorosa, e isso exigirá uma mudança qualitativa em nossas almas, bem como uma mudança quantitativa em nossas vidas". O discurso foi publicado na edição de outubro de 1966 da revista *Ebony*, 27-34. (N. T.)

> dades legais e seguiram a voz de sua consciência. Essa obediência a Deus e desobediência ao Estado acontece repetidamente no decorrer da história. É chegada a hora de nos rebelarmos outra vez contra os nossos "líderes", de questionarmos se eles são ou não são, uma vez que não nos cabe dizer que eles são perversos, se eles são ou não são homens sãos.
> *Dorothy Day, "Os Líderes Estão Loucos?"*.[9]

Dorothy Day percorreu um longo caminho para solucionar o problema da alienação social por meio da desmistificação ativista do estado do bem-estar social, do capitalismo *laissez-faire* e do complexo militar-industrial. Suas reflexões sobre os mistérios da pobreza e da não violência começaram a cicatrizar a cisão entre a aquiescência cristã e as reformas sociais de maneiras novas e criativas. Para ela, a chave para resolver problemas sociais aparentemente insolúveis era simplesmente fazer perguntas diferentes. Para mudar sua vida, mude a maneira como você processa a experiência. E, para mudar a maneira como você processa a experiência, mude a maneira como você vive. Nós não pensamos sobre o caminho para uma nova vida, nós vivemos o nosso caminho para novos pensamentos. O fato de que ela não chegou a articular uma teologia socioeconômica completa faz com que seja ainda mais relevante para a nossa época do que muitos teólogos e teóricos sociais mais sistemáticos, pois ela intuiu os perigos inerentes a qualquer crítica ideológica radical das injustiças econômicas. Ela não era uma filósofa, mas uma discípula cristã vivenciando o mito e aprendendo política em primeira mão mediante sua tentativa descompromissada de viver uma vida cristã.

Talvez a coisa mais difícil para as pessoas entenderem em relação a Dorothy Day é que ela *não* era uma ideóloga política. Ela teria amado a frase de Jacques Ellul de que "o que marca constantemente a vida de Jesus não é a não violência, mas, em cada situação, a escolha

---

[9] Dorothy Day, "Are the Leaders Insane?". *Catholic Worker* (abr. 1954), p. 1, 6. Veja também os textos de Dorothy Day em www.catholicworker.org/dorothyday/.

de não usar a força. Isso é infinitamente diferente".¹⁰ As tentativas de sistematizar seu pensamento ficam inevitavelmente aquém de fazer justiça ao seu testemunho, pois ela não defendia qualquer espécie de síntese da política com a religião, mas explorava sua aparente incompatibilidade e sujeitava a erupção de violência global a uma crítica rigorosa baseada nas experiências que teve em primeira mão, vivendo com as vítimas da história e os excluídos da sociedade.

Seu "pacifismo" estava mais para uma tentativa de "dessacralizar" a guerra. A militarização do mundo e a produção de armas de destruição em massa estavam montando o palco para conflitos humanos ainda mais horrendos no futuro: tudo em nome da justiça, da lei e da ordem universais. Alguém, em algum lugar, precisava dizer "não", precisava enfrentar a "necessidade" histórica com a insensatez de Cristo – mesmo que seus poderes tenham sido ridicularizados, mesmo que a igreja tenha encolhido e o mundo tenha seguido alegremente em seu caminho rumo à era nuclear.

Ela escreveu:

> Quando dizem que nós perturbamos muito as pessoas com as palavras "pacifismo" e "anarquismo", só consigo pensar que as pessoas precisam ser perturbadas, que as consciências precisam ser acordadas, que elas precisam mesmo olhar para a sua obra e estudar novas técnicas de amor e pobreza e sofrimento uns para os outros. É claro que as soluções são drásticas, mas o mal é terrível e todos estamos envolvidos, todos somos culpados, e é quase certo que todos vamos sofrer. O fato de que temos "a fé", de que observamos os sacramentos, não é suficiente. "Cada vez que o fizestes a um desses meus irmãos mais pequeninos, a mim o fizestes"¹¹ com napalm, gases tóxicos, com nossa bomba de hidrogênio, com nosso "novo estilo".¹²

---

¹⁰ Jacques Ellul, *What I Believe* [Em Que Acredito], trad.: Geoffrey W. Bromiley. Grand Rapids: Eerdmans, 1989, p. 149.

¹¹ Evangelho de Mateus, 25,40. (N. T.)

¹² Ibid.

A acidez dessa afirmação mostra que Day era vanguardista em retórica e estilo, inovadora em sua análise das fontes da pobreza e do sofrimento em meio ao progresso, mas ortodoxa em seu comprometimento com a Igreja Católica e na defesa das bem-aventuranças. Como G. K. Chesterton e Hilaire Belloc, ela abraçou o "distributismo" como uma alternativa econômica para as novas éticas industriais dos comunistas e dos capitalistas. E como Berdiaev, ela desenvolveu uma crítica existencial da nova burguesia que expôs a adoração do ídolo do progresso pela nova classe média e pelos quadros revolucionários.

A essência do distributismo, como Chesterton explicou em seus livros *O Que Há de Errado com o Mundo* e *The Outline of Sanity*, era a noção de que todos *deviam* possuir propriedades privadas, que elas não deviam se concentrar nas mãos de uns poucos, e que as fazendas, negócios e propriedades familiares são as melhores opções contra as injustiças sociais e econômicas e os sistemas totalitários desumanizadores. O problema com o capitalismo não era a "propriedade privada", mas sua acumulação nas mãos de uns poucos – sua *distribuição* injusta.

Dorothy Day não era uma "anarquista" arrependida que, de algum modo, encontrou Deus, mas uma "distributista" católica que elaborava suas visões sobre o homem e a sociedade nas ruas e fazendas, por meio da ação direta. Ela nunca parou de pensar e escrever, revisando suas visões e refinando suas ideias. Ela queria que os trabalhadores tivessem os seus próprios negócios, abolindo, assim, a linha de montagem. Ela também queria descentralizar as fábricas para restabelecer o trabalho artesanal. Em outras palavras, ela imaginava comunidades no estilo dos monastérios, de famílias e amigos com ideias afins: vivendo juntos da terra, produzindo bens e serviços que ajudassem a construir a Cidade de Deus dentro da Cidade do Homem.

Não é porque os recursos são escassos que precisamos de economias e fábricas em grande escala, mas, sim, porque os nossos desejos são ilimitados. E os nossos desejos são ilimitados porque os nossos anseios modernos não refletem necessidades reais, mas são tentativas de obter privilégio e *status* por meio da aquisição do que nós pensamos que as outras pessoas querem possuir. Males econômicos não são inteiramente problemas de desenvolvimento material; a maioria deles apenas reflete uma falta de serenidade espiritual e de autoaceitação. Os pobres desse mundo estão sofrendo – não só pela carência de terras e capital, mas também pelo fracasso em compreender o que os faria felizes de verdade e, portanto, independentes dos poderes constituídos. Essa é a razão pela qual os Evangelhos são as "boas novas" para os pobres: eles revelam o vazio essencial do prestígio mundano e o substitui pela alegria verdadeira da comunidade amorosa.

Day afirmou: "Sob o capitalismo, a maioria não tem oportunidade de obter terra e capital em quantidades úteis e é obrigada, por necessidades materiais, a trabalhar para a minoria afortunada que possui aquelas coisas. Mas a teoria estava certa. Os distributistas querem salvar a teoria ao conformá-la à prática".[13] A posse disseminada das propriedades é o único controle que as democracias têm contra o estado centralizado e o monopólio capitalista, a única força social forte o bastante para apoiar os governos locais, preservar as tradições locais e manter as comunidades autossuficientes. Economias industriais de larga-escala trabalham contra a felicidade humana ao tornar todos economicamente dependentes de pessoas e forças que eles não conhecem e de poderes que não podem controlar. E, em nossa era de mercados globais, essa situação está se tornando ainda pior.

Para viver consigo mesmos, os ricos – cujas vidas são erigidas sobre a produção industrial de trabalhadores que eles nunca veem – necessitam de símbolos de seus benefícios pessoais, e isso é obtido por meio do consumo conspícuo de gramados, piscinas, empregadas, jardins e carros esportivos de luxo. "Todo *homem-do-mundo*", Leon

---

[13] Dorothy Day, *Catholic Worker*, jun. 1948. Veja os textos da Dorothy Day Library em www.catholicworker.org/dorothyday/.

Bloy observa, "quer ele saiba disso ou não, carrega em si um desprezo absoluto pela pobreza, e esse segredo profundo é a pedra angular das oligarquias".[14] Em outras palavras, o mundanismo é essencialmente a capacidade de ignorar a distribuição injusta da riqueza mundial a fim de reafirmar o direito aos seus espólios.

Eis por que as vidas dos ricos são muitas vezes limitadas a um jogo polido e decadente de ilusões de grandeza no qual eles identificam a sorte de seus interesses financeiros com a sorte da própria civilização. E, uma vez que não conseguem se imaginar vivendo em igualdade com aqueles que precisam vender seu suor no mercado de trabalho que transcenderam, os ricos tendem a apoiar "absolutamente nenhuma lei". A filosofia política dos ricos é o libertarianismo, flutuando mais e mais na direção da anarquia à medida que seu capital aumenta.

Mas não é *ser* rico que corrompe as pessoas; é que, em um mundo de distribuição desigual, os ricos se distanciam daqueles que sofrem. Não é que *ser* pobre torna necessariamente alguém eticamente superior, mas pode livrar o indivíduo de uma falsa identificação com os privilégios da civilização burguesa. Em termos práticos, isso significa que os Trabalhadores Católicos e os missionários protestantes, por viver com os pobres e não com os ricos, e por trabalhar na defesa dos pequenos negócios contra os grandes, e das fazendas familiares contra o agronegócio centralizado, fazem mais do que apenas manter viva uma visão social da justiça; eles também se purificam das ilusões materialistas, mantendo-se, assim, mais próximos da providência divina.

"Se realizei alguma coisa na minha vida", Day afirmou, "foi porque não tive vergonha de falar sobre Deus". Ao escrever com honestidade e integridade sobre seu trabalho social em termos teológicos, ela acabou narrando o épico tragicômico de sua própria e íntima jornada espiritual – articulando seus terrores e sua solidão,

---

[14] Leon Bloy, *The Pilgrim of the Absolute* [O Peregrino do Absoluto], ed. Raïssa Maritain, trad.: John Coleman e Harry Lorin Binsse. Londres: Eyre and Spottiswoode, 1947, p. 165.

suas vitórias e derrotas, paradoxos e ironias, livre de jargões, ideologias ou hipocrisias.

Ela nos lembra repetidas vezes que o primeiro elemento no Programa dos Trabalhadores Católicos era a "clarificação do pensamento", de tal modo que não poderia haver revolução sem uma teoria da revolução. Mas, por *teoria*, ela não quer dizer ideologia, mas a abertura para considerar o todo histórico em que o indivíduo vive, trabalha e luta. Ela nos lembra de que há uma coisa chamada heresia das boas ações – aquelas "ocupações malditas" que nos impedem de pensar. "Alimentar os famintos, vestir os desnudos e abrigar os desabrigados sem também tentar mudar a ordem social para que as pessoas possam comer, ter roupas e se abrigar é meramente aplicar paliativos. É demonstrar falta de fé no próximo e em suas responsabilidades como filhos de Deus e herdeiros do paraíso."[15]

Na década de 1960, os Trabalhadores Católicos protestaram contra a Guerra do Vietnã e se tornaram conselheiros do crescente movimento antiguerra – tendo aconselhado objetores de consciência durante a Guerra da Coreia e a Segunda Guerra Mundial. Eles também desempenharam um papel importante nos protestos de fazendeiros na Califórnia, e Day marchou com César Chávez e o United Farm Workers[16] muitas vezes. Isso fez com que os Trabalhadores Católicos fossem identificados com a contracultura, mas, a exemplo do que aconteceu com Kerouac, isso é uma leitura, de certa forma, incorreta de seu papel e da sua influência.

Para Dorothy Day, a injustiça social exige dissidência, e – dados os desafios e divisões políticas de sua época – o protesto político é algo que simplesmente faz parte do cristianismo. Sua disposição

---

[15] Dorothy Day, "More About Holy Poverty" ["Mais Sobre a Pobreza Sagrada"], *Catholic Worker*, fev. 1945, p. 1-2.

[16] O UFW é um sindicato de trabalhadores rurais fundado nos EUA em 1962 a partir da união de duas outras organizações: Agricultural Workers Organizing Comittee (AWOC) e National Farm Workers Association (NFWA). (N. T.)

para protestar nas ruas tem, para o bem e para o mal, inspirado militantes antiaborto e protestos contra a energia nuclear. Mas nenhum desses movimentos levou a sério suas admoestações sobre a construção de comunidades alternativas e o retorno à terra para combater a alienação social trazida tanto pelo comunismo quanto pelo capitalismo industrial.

Como aconteceu com Chesterton antes dela, e com Thomas Merton depois, as ideias de Day nunca foram refutadas, apenas deturpadas, exageradas e então deixadas para morrer *in media res*,[17] outra catedral deixada pela metade, sobrevivendo graças aos fios da memória e à solidez de discípulos e amigos comprometidos. Relendo-a hoje, não encontramos um mero programa de reforma social, mas uma crítica existencial da consciência tranquila. Dorothy Day não tinha todas as respostas, mas tinha todas as perguntas certas. Melhores do que qualquer pergunta que estamos fazendo no presente. Mas, nos dias de hoje, é difícil para nós apreciarmos uma visão tão antitriunfalista, pois a mídia descolore até mesmo o pensamento das almas mais esclarecidas, tingindo-as com deturpações, calúnias e inversões.

## "ME PERGUNTE SOBRE O MEU VOTO DE SILÊNCIO": THOMAS MERTON E SEU ATIVISMO SOCIAL DO CORAÇÃO

> O verdadeiro gênio não é mais do que a virtude sobrenatural da humildade no domínio do pensamento.
> Simone Weil, "Human Personality".[18]

Thomas Merton foi um católico ortodoxo durante toda a vida adulta, e um vanguardista enquanto estilista literário e pensador

---

[17] Em latim no original: "no meio das coisas". (N. T.)
[18] Simone Weil, "Human Personality", em *The Simone Weil Reader* [O Leitor de Simone Weil], ed. George A. Panichas. Nova York: McKay, 1977, p. 329.

social. Ele viveu em um monastério e, mais tarde, em um eremitério, mas, por meio de uma extensa correspondência, engatou várias conversas com uma infinidade de pensadores contemporâneos das mais diversas formações e tradições, de marxistas a sufis, de protestantes a ortodoxos russos, e até mesmo com ateus e mestres zen.

Como aspirante a poeta, ele se identificava com os Beats e os escritores experimentais de sua época, fundou um jornal de vanguarda literária, *Monk's Pond*, que se opunha publicamente à Guerra do Vietnã, e, pouco antes de morrer acidentalmente eletrocutado em 1968, fez um discurso em uma convenção monástica internacional na Tailândia. Embora estivesse explorando as semelhanças entre as tradições contemplativas ocidentais e orientais quando morreu, suspeito que, dado o tema de seu último discurso – "Marxismo e Perspectivas Monásticas" –, ele provavelmente estava mais próximo de se tornar um teólogo da libertação do que um budista.

As preocupações transculturais e ecumênicas de Merton não se baseavam em nenhuma teoria iluminista da cultura universal ou noção marxista da religião como "superestrutura", mas, como Dorothy Day, em uma profunda convicção de que, em nosso íntimo, todos nós já somos um, e que são os nossos "falsos eus" ou "identidades superficiais" que continuam a propagar os mitos de inferioridade, superioridade, nacionalismo e "diferença" ontológica. Essa é a razão pela qual Merton jamais pensou que sua decisão de fazer votos sagrados fosse uma retirada do mundo, mas, sim, uma recusa de participar de mentiras ou apoiar atitudes falsas. Ele escreveu:

> Até onde posso ver, o que abandonei quando "deixei o mundo" e vim para o monastério foi o entendimento de mim mesmo que desenvolvi no contexto da sociedade civil – minha identificação com o que pareciam ser os meus anseios. Por certo, concretamente, o "mundo" não significava para mim a riqueza (eu era pobre) ou uma vida luxuosa, e com certeza não significava a ambição de ser bem-sucedido nos negócios ou em nenhuma outra coisa, exceto na escrita. Mas ele significava um

determinado conjunto de coisas servis que eu não podia mais aceitar – servidão a certos padrões de valor que eram para mim idiotas e repugnantes, e ainda são. Muitos deles eram triviais, alguns eram onerosos, e todos eram intimamente ligados. A imagem de uma sociedade que é feliz porque bebe Coca-Cola ou Seagram's, ou ambos, e é protegida pela bomba. A sociedade que é espelhada nos meios de comunicação de massa e na publicidade, nos filmes, na TV, nos best-sellers, nos modismos, em todas as máscaras pomposas e insignificantes que escondem indiferença, sensualidade, hipocrisia, crueldade e medo.[19]

Após dez anos vivendo sob votos de silêncio, obediência e castidade, Merton publicou sua autobiografia, onde conta a história de sua conversão de cético moderno em monástico contemplativo. Os dez anos vivendo fora do mundo moderno, somados à sua formação escolástica e à sensibilidade existencial adquirida como jovem que chegou à maturidade nos tumultuados anos 1930, fizeram de seu livro uma das defesas mais eloquentes e originais da responsabilidade espiritual individual de todo o pós-guerra. *A Montanha dos Sete Patamares* rapidamente se tornou um best-seller internacional – catapultando Merton à celebridade instantânea e adicionando novas profundidade e rigor ao "*boom*" religioso do pós-guerra.

Suas palestras nos anos 1950 para os postulantes ao monastério em Gethsemani, no Kentucky, foram publicadas em uma série de livros que sinalizam sua transição do catolicismo maniqueísta expresso em *A Montanha dos Sete Patamares* para um novo entendimento, mais ecumênico, da fé. *Novas Sementes de Contemplação* e *Homem Algum é uma Ilha*[20] se tornaram clássicos devocionais.

Na década de 1960, ele aplicou sua perspectiva contemplativa aos problemas sociais e políticos contemporâneos em obras como

---

[19] Merton, *Conjectures of a Guilty Bystander*, p. 36, 37.

[20] *Novas Sementes de Contemplação* foi publicado no Brasil pela Editora Vozes (trad.: Ir. Maria Emmanuel de Souza e Silva, OSB). *Homem Algum é uma Ilha* foi lançado pela Agir e relançado pela Verus (trad.: D. Timóteo Amoroso Anastácio). (N. T.)

*Conjecutres of a Guilty Bystander* e *Seeds of Destruction*, que tirou a crítica social das dicotomias da guerra fria ideológica ao afastar os termos da batalha retórica entre progressistas e conservadores, buscando uma expressão unificada sobre o que poderia significar viver a vida de acordo com a consciência.

No decorrer dos vinte anos seguintes, Merton aprofundou suas críticas ao mundo moderno em uma série de comentários cada vez mais perspicazes sobre a vida contemporânea. Ele repudiou as acentuadas distinções morais de seus primeiros trabalhos, trazendo a sabedoria espiritual do cristianismo, do budismo e do sufismo para temas como a corrida armamentista, os direitos civis e a Guerra do Vietnã. "Parece-me", Merton escreveu:

> Que o problema mais fundamental não é político, mas apolítico e humano. Uma das coisas mais importantes a fazer é continuar atravessando deliberadamente as orientações e barreiras políticas e enfatizando o fato de que elas são, em grande parte, invenções, e que há uma outra dimensão, uma realidade genuína, totalmente oposta às ficções políticas, a dimensão humana em que os políticos fingem se ab-rogar por inteiro. Isso é possível?.[21]

Merton passou o resto da vida explorando essa possibilidade. Ele morreu ao ser acidentalmente eletrocutado, quando participava de uma conferência internacional sobre monasticismo em Bangkok, na Tailândia, em 1968 – o mesmíssimo ano em que Martin Luther King Jr. e Robert Kennedy foram assassinados. Isso colocou um ponto-final em uma das décadas mais espiritualmente carregadas da história americana, e, ainda assim, mesmo depois de sua morte, a obra de Merton continuou a ser publicada, pois estudiosos e leitores fiéis garimparam sua volumosa correspondência, seus diários e ensaios inéditos.

Resumindo sua vida e seu testemunho, Merton afirmou:

---

[21] Thomas Merton, *The Hidden Ground of Love* [O Terreno Oculto do Amor], ed. William H. Shannon. Nova York: Harcourt Brace Jovanovich, 1985, p. 272.

> Minha tarefa peculiar em minha Igreja e no meu mundo tem sido a do explorador solitário que, ao invés de pular em todas as tendências mais recentes de uma vez, está destinado a buscar as profundezas existenciais da fé em seus silêncios, suas ambiguidades e naquelas certezas que jazem mais fundo do que as profundezas da ansiedade. Nessas profundezas, não há respostas fáceis, não há soluções que deem conta de tudo. É uma espécie de vida submarina na qual, às vezes, a fé misteriosamente assume o aspecto da dúvida quando, na verdade, a pessoa tem de duvidar e rejeitar substitutos convencionais e supersticiosos que tomaram o lugar da fé. Nesse nível, a divisão entre Crente e Descrente deixa de ser tão cristalina. Não é que alguns estejam certos e outros, errados: todos, em honesta perplexidade, estão destinados a procurar. Todos são Descrentes em maior ou menor grau! Só quando esse fato é vivenciado por completo, aceito e vivido, é que a pessoa está pronta para ouvir a simples mensagem do Evangelho – ou qualquer outro ensinamento religioso.[22]

Para Merton, a crise espiritual moderna foi, em grande medida, uma crise de autenticidade. A enorme presença da esfera político-econômica leva as pessoas a se identificarem totalmente com seus eus sociais e mitos comunitários – tanto que elas não vivenciam mais a solidão necessária para um encontro com Deus em seus próprios e verdadeiros eus. O caminho de volta para uma vida espiritual exige a perda de todas as falsas identificações impostas a nós por nossas ambições, nossos amigos e familiares, políticos, publicitários e ideólogos religiosos. Em *Zen and the Birds of Appetite* [*Zen e os Pássaros do Apetite*], Merton coloca da seguinte forma:

> A raiz da personalidade deve ser procurada no "verdadeiro Eu" que se manifesta na unificação fundamental da consciência em que sujeito e objeto são um só. Daí que o bem mais elevado é "a fusão do eu com a realidade mais elevada". A personalidade humana é tida como a força que efetua essa fusão. As esperanças e desejos do eu externo, individual,

---

[22] Thomas Merton, *Faith and Violence* [Fé e Violência]. Notre Dame, Ind.: University of Notre Dame Press, 1968, p. 213.

são todas, na verdade, opostas a essa unidade mais elevada. Elas estão concentradas na afirmação do indivíduo. Somente no ponto em que as esperanças e os medos do eu individual são suprimidos e esquecidos é "que surge a verdadeira personalidade humana". Em resumo, a realização da personalidade humana no sentido espiritual mais elevado é, para nós, o bem em direção ao qual toda a vida deve ser orientada.[23]

Graças a essa visão sobre a natureza da realidade, Merton expôs os substitutos convencionais e supersticiosos para a fé a fim de trazer a perene sabedoria da tradição religiosa para suportar as crises da nossa época. Ele via o mundo moderno cada vez mais governado por um imperativo tecnológico – o princípio de que, se algo é tecnologicamente possível, ele deve ser feito. Essa renúncia da responsabilidade moral o impressionava como sintomática da nossa inabilidade de pensar racionalmente sobre as ferramentas que moldam as nossas vidas e revela o papel mítico que o determinismo tecnológico desempenha como um valor "religioso" substituto.

Merton não era contra a tecnologia, mas se preocupava com a tendência humana de exigir demais, de transformar os meios em fins e dádivas em ídolos, colocando, dessa forma, a tecnologia diretamente sob os valores de um falso eu. Ele também foi um dos primeiros pensadores religiosos a levar seriamente em conta os efeitos espirituais dos meios de comunicação de massa – em especial, os falsos ambientes psicológicos que eles criaram e os vícios e ilusões que alimentam. Ele escreveu:

> Nove entre dez notícias impressas nos jornais são pseudonotícias, ocorrências inventadas. Em alguns dias, dez entre dez. O transe ritual matutino, em que a pessoa varre as colunas do jornal, cria uma forma peculiar e generalizada de pseudoatenção a uma pseudorrealidade. Essa experiência é levada a sério. É a imersão cotidiana na "realidade". O alinhamento do indivíduo com o resto do mundo. A forma do

---

[23] Thomas Merton, *Zen and the Birds of Appetite*. Nova York: New Directions, 1968, p. 69. Na passagem, os trechos entre aspas são citações do filósofo Zen Kitaro Nishida.

indivíduo se tranquilizar de que não foi deixado para trás. De que ele ainda está aqui. De que ainda tem valor! A minha experiência é que a renúncia dessa auto-hipnose, dessa participação no inquieto transe universal, não é, de modo algum, um sacrifício da realidade. Nesse sentido, "ficar para trás" é sair da grande nuvem de poeira que todos estão levantando, respirar e enxergar com um pouco mais de clareza.[24]

E, ainda que ele frequentemente prescrevesse respostas diretas às muitas dificuldades da vida, Merton preconizava prece, silêncio, solidão e recolhimento como remédios para a modernidade e antídotos para as ilusões que a acompanham.

> Todas as preces, leituras, meditação, e todas as atividades da vida monástica são orientadas para a *pureza do coração*, uma rendição incondicional e totalmente humilde a Deus, a total aceitação de nós mesmos e da nossa situação como a vontade Dele. Isso significa a renúncia de todas as imagens ilusórias que temos de nós mesmos, todas as estimativas exageradas da nossa própria capacidade, a fim de obedecer à vontade de Deus como ela chegar a nós, em sua verdade exata, em meio às difíceis exigências da vida. *Pureza de coração* é, assim, correlata a uma nova identidade espiritual – o "eu" reconhecido no contexto das realidades da vontade de Deus. Pureza de coração é a consciência iluminada do novo homem, em oposição às complexas e talvez vergonhosas fantasias do "velho homem".[25]

Merton se preocupava que a sabedoria da não violência como articulada por Jesus, Gandhi e Martin Luther King pudesse ser vulgarizada – e não só por aqueles que se opõem a ela, mas também por aqueles que agem em seu nome. Então, ele procurou esclarecer seu real significado em vários ensaios e cartas. Para ele, era um erro grave considerar a não violência apenas como uma nova tática que permite ao homem sensível tomar parte das lutas do mundo sem se sujar com sangue. A não violência não é só uma maneira de alguém conseguir o que quer

---

[24] Merton, *Faith and Violence*, p. 151.

[25] Thomas Merton, *Contemplative Prayer* [Prece Contemplativa]. Garden City, N.Y.: Doubleday, 1971, p. 68. Os itálicos estão no original.

sem que isso implique um comportamento que possa ser considerado feio e perverso. Na verdade, praticar a não violência por uma razão puramente egoísta desacreditaria a verdade da resistência não violenta.

A esperança do cristão, Merton nos disse, deve ser como a esperança de uma criança, pura e cheia de confiança. O cristão, em sua humildade e em sua fé, deve estar tão completamente disponível para seu mundo quanto a criança. Mas ele não pode ver o mundo com inocência infantil e simplicidade a menos que sua memória seja limpa dos maus pretéritos por meio do perdão, e sua expectativa quanto ao futuro é livre de cálculo graças à da pureza da intenção. "A principal diferença entre não violência e violência", Merton explica, "é que a última depende por completo de seus cálculos. A primeira depende inteiramente de Deus e de Sua palavra".[26]

E assim chegamos mais uma vez à revelação religiosa de que uma mudança no eixo do entendimento deve ser alcançada, e que as preocupações epistemológicas da velha ciência devem dar lugar às revelações regeneradoras da mente contemplativa.

## FILÓSOFO KING[27]

> O novo mundo deve ser construído por homens resolutos que, "quando a esperança estiver morta, esperarão pela fé"; que não tentarão escapar prematuramente à culpa da história nem irão chamar o mal – que mancha todas as suas realizações – de bem. Não há escapatória da relação paradoxal da história com o reino de Deus. A história se move rumo à concretização do Reino, mas o julgamento de Deus recai sobre cada nova realização.
> *Reinhold Niebuhr*, The Nature and Destiny of Man.[28]

---

[26] Thomas Merton, *Passion for Peace: The Social Essays*. [Paixão pela Paz: Ensaios Sociais], ed. William H. Shannon. Nova York: Crossroad, 1995, p. 257-58.

[27] No original, "Philosopher King". Trata-se de um evidente trocadilho com a figura platônica do "Rei Filósofo". (N. T.)

[28] Reinhold Niebuhr, *The Nature and Destiny of Man* [A Natureza e o Destino do Homem], vol. 2. Nova York: Charles Scribner's Sons, 1945 [1943], p. 285-86.

> O cristianismo não deve dar um alerta para colocar o indivíduo contra este mundo, mas uma visão do valor e do significado do trabalho a ser realizado nesta vida.
> 
> Robert Roth, American Religious Philosophy.[29]

> O meio pelo qual os espíritos compreendem uns aos outros não é o ar que os cerca, mas a liberdade que eles possuem em comum.
> 
> Samuel Taylor Coleridge.[30]

Martin Luther King Jr. era um ministro batista teologicamente conservador que, no entanto, era vanguardista na aplicação dos princípios cristãos às injustiças sociais e econômicas de sua época. Seu testemunho profético, aliado à sua teologia neoplebeia, desafiou a complacência racial da igreja branca americana e as atitudes racistas residuais de toda a nação. Além disso, King rompeu a barreira do realismo cristão de Reinhold Niebuhr, organizando os pobres e inaugurando uma nova era de ativismo cristão que constituiu um contraste gritante com o extremismo militante dos defensores do Black Power, como Stokely Carmichael, e com o conformismo conservador da classe média do final dos anos 1950. Como consequência, a curta vida de King como testemunha cristã foi assolada por calúnias, perseguições do FBI e do IRS e violência, culminando com o seu assassinato.

Compreender sua contribuição única à nossa época sem sentimentalizar sua luta ou reduzi-la a clichês exige que consideremos a parcela de seu pensamento que ainda não foi digerida e absorvida. Se formos vê-lo como um herói cultural, devemos valorizar a natureza visionária de suas intenções e não a rapidez dos resultados, pois King, como Gandhi, via a si mesmo a serviço de algo maior do que a história. Chame de justiça, chame de Reino dos Céus, isso está acima e além da conveniência política em seu apelo às

---

[29] Robert J. Roth, S. J., *American Religious Philosophy* [Filosofia Religiosa Americana]. Nova York: Harcourt, Brace & World, 1967, p. 10.

[30] I. A. Richards, *Coleridge on Imagination* [Coleridge e a Imaginação]. Londres: Routledge & Kegan Paul, 1950, p. 98.

responsabilidades que transcendem os nossos anseios, necessidades e compromissos imediatos.

A vida de King foi shakespeariana – não só no sentido de que foi trágica e teatral, mas também porque, como Shakespeare, ele usou a tipologia e o Midrash para interpretar a Bíblia.[31] Quando tinha 26 anos, King disse aos que estavam reunidos no boicote dos ônibus em Montgomery:

> Se vocês protestarem corajosamente, com dignidade e amor cristão, quando os livros de história forem escritos nas gerações futuras, os historiadores terão de fazer uma pausa e dizer: 'Ali viveu um grande povo – um povo negro – que injetou um novo significado nas veias da civilização'. Esses são nosso desafio e nossa enorme responsabilidade.[32]

King acreditava que uma américa negra energizada e espiritualizada, em posse de seu amor-próprio, poderia curar a doença psíquica dos Estados Unidos nos níveis ontologicamente mais profundos e, ao fazer isso, abalar sua pretensões imperialistas do mesmo modo como os cristãos outrora abalaram Roma.

Para fazer isso, ele teria de encontrar a forma, a linguagem e a vontade para mobilizar essa sede por justiça – mesmo que a vasta maioria dos americanos se recusassem a reconhecer o testemunho dos negros dos EUA. King encontrou na não violência de Gandhi o método para essa luta; na Bíblia, a linguagem; e a vontade para concretizá-la na justa indignação dos negros americanos. Mas seu dom particular foi o de sintetizar esses três ingredientes em sua voz, uma voz que abalou as fundações da própria consciência americana e revelou uma borbulhante "política antipolítica" bem debaixo da superfície do cinismo americano do pós-guerra.

---

[31] Ver Steven Marx, *The Bible and Shakespeare* [A Bíblia e Shakespeare]. Nova York: Oxford University Press, 2000.

[32] Martin Luther King Jr., citado por Vincent Harding em "Getting Ready for the Hero".["Preparando-se para o Herói"], *Sojourners* 15, nº 1 (jan. 1986), p. 18.

No contexto do pós-guerra, os motes de King do poder redentor do ágape, da ecologia moral da providência divina, da sacralidade da personalidade humana e da obrigação moral de resistir às estruturas de opressão assumiram uma presciência peculiar. Foi como se o que antes parecia retrógrado e paroquial – o cristianismo negro rural – se tornasse algo maior do que qualquer um tivesse imaginado. Isso emergiu como um entendimento novo e profundo da vontade humana como um veículo para a mudança social.

Tais defesa e "expressão" do eu profundo – forjado nas lutas para redimir a vida cotidiana da barbárie inconsciente do racismo – acabou por se tornar o primeiro assalto público aos novos impulsos totalitários desencadeados no mundo como resultado da Segunda Guerra Mundial. Não que o racismo nos Estados Unidos fosse um fenômeno do pós-guerra – mas seus mecanismos, sua brutalidade sistemática e sua ideologia se revelaram como parte e parcela da praga fascista que havia profanado a Europa e agora ameaçava a União Soviética e os Estados Unidos.

Sendo um homem negro vivendo na América, King jamais poderia esquecer que todos nascemos em um povo, uma etnia, um momento histórico e, portanto, em um *destino*. Para ele, o que estava em jogo nas políticas sociais era muito mais do que o nosso estado de espírito nacional ou os interesses econômicos. Nosso caráter e nossas almas estão refletidos nas leis que escrevemos, defendemos e às quais obedecemos. E, assim, um homem público tem de viver em uma dívida de gratidão para com o povo do qual ele emergiu como ser humano. Ele não poderia simplesmente "fazer" política de acordo com seu próprio brilho intelectual – ou com o brilho dos melhores e mais inteligentes ao seu redor. Essa "usina de ideias" políticas poderia ser criativa, com frequência até mesmo brilhante, mas era inevitavelmente tênue e historicamente superficial.

Na luta do Ser para vir a ser, o indivíduo se vê escrito, digamos assim, ao longo do céu da mudança histórica. E, com a consciência disso, vem o reconhecimento de que a busca do indivíduo por significado e dignidade pode ser realizada apenas pelo acionamento da vontade contra a falta de vontade geral. Em outras palavras, contra a vida condicional e o tédio da boa mente que aquiesce com ela, fazer a vontade de Deus mantém a possibilidade incondicional contra a mente teológica que está sempre à procura da melhor resposta possível.

Reinhold Niebuhr criticou a tentativa de Gandhi de introduzir a religião na política argumentando que a não violência era ela própria coercitiva – que ela também poderia levar à violência –, e que qualquer tentativa de colapsar essas duas esferas era impossível e apenas inflacionava o poder de Gandhi sob o falso pretexto de uma moralidade desinteressada. Na política, Niebuhr argumentou, o "amor" não é possível, mas apenas o bem negativo da justiça – e o indivíduo tem que usar o poder e a coerção para colocá-lo em prática. A humanidade não pode ser persuadida a deixar de ser egoísta; seu egoísmo inato – enraizado como é nas coletividades hipócritas – só poderia ser fiscalizado por estruturas de poder.

A princípio, King aceitou essa visão e viu o uso dos boicotes e manifestações como um reconhecimento da necessidade de coerção para acompanhar a persuasão moral. Mas as experiências de King no movimento deram a ele um vislumbre de outras possibilidades humanas que o realismo de Niebuhr simplesmente não poderia explicar. King afirma:

> As experiências em Montgomery fizeram mais para esclarecer meu pensamento em relação à questão da não violência do que todos os livros que li. Com o passar dos dias, eu me tornei mais e mais convencido do poder da não violência. A não violência se tornou mais do que um método com o qual consenti intelectualmente; ela se tornou um compromisso com um modo de vida. Vários aspectos relacionados à não violência que eu não havia esclarecido intelectualmente foram resolvidos na esfera da ação prática.[33]

---

[33] *Strenght to Love* [Força para Amar]. Filadelfia: Fortress, 1986, p. 151-52.

Nesse comentário está embutida toda a profunda emoção dos acontecimentos daquela primeira campanha – lidar com o ódio, responder às dissimulações e táticas de pressão, ser preso, tornar-se uma figura nacional, ter a casa bombardeada e a vida ameaçada. Mesmo assim, King ia além da admissão de Niebuhr da inutilidade tática da não violência dentro de determinadas circunstâncias limitadas para abraçar a não violência *como um modo de vida*, como uma forma de se transfigurar e curar uma nação presa nos trágicos conflitos gerados pelo seu próprio passado racista.

Em 1965, numa entrevista concedida à revista *Playboy*, King mencionou como o atentado da bomba na Igreja Batista da Rua 16, em Birmingham, no qual quatro garotinhas foram mortas enquanto frequentavam a escola dominical, mais uma vez o confrontou com as questões: se os homens são assim tão bestiais, vale a pena fazer o que eu faço? Há alguma esperança? Existe uma saída? O entrevistador perguntou: "Você ainda se sente assim?". King respondeu:

> Não, o tempo curou as feridas – e me estimulou com a inspiração de outro momento do qual nunca me esquecerei: quando vi com meus próprios olhos mais de 3 mil garotas e garotos negros, totalmente desarmados, deixar a Igreja Batista da Rua 16, em Birmingham, para marchar rumo a um culto religioso – prontos para opor nada além do poder de seus corpos e almas contra os cachorros da polícia de Bull Connor, os clubes[34] e as mangueiras de incêndio. Quando eles se negaram a obedecer à ordem berrada por Connor para dar meia-volta, ele se virou e gritou para seus homens que ligassem as mangueiras. Foi um dos acontecimentos mais fantásticos na história de Birmingham que esses negros, muitos deles de joelhos, encararam sem medo, e imóveis, os homens de Connor com os bocais das mangueiras nas mãos. Então, lentamente, os negros se levantaram e avançaram, e os homens de Connor recuaram como se estivessem hipnotizados enquanto os

---

[34] No caso, King se refere às associações, sociedades ou agremiações racistas, das quais a mais célebre talvez seja a organização terrorista conhecida como Ku Klux Klan. (N. T.)

negros passavam marchando por eles rumo ao culto religioso. Eu vi ali, eu senti ali, pela primeira vez, o orgulho e a *força* da não violência.[35]

A não violência vai além da consciência trágica do realismo cristão para afirmar uma esfera epifânica na história, em que a vontade de Deus se revela em possibilidades novas, inimagináveis e nunca sonhadas. É como se, ao afirmar o embate paradoxal do homem moral com a sociedade imoral, King descobrisse o Deus da Esperança Apocalíptica. "EU SOU QUEM EU SEREI."[36]

Essa síntese da teologia essencialista com a dialética existencial acontece na rua, na prática, na própria luta. Não é, exatamente, o triunfo da razão prática sobre a teoria, mas o reconhecimento de que certas condições limites expostas por Niebuhr possam, às vezes, ser transcendidas por comunidades devotas resistindo à injustiça. Esses momentos não invalidam a noção de Niebuhr do paradoxo entre a alma incondicionada e as esferas condicionadas da história, mas eles, de fato, apontam o caminho para "a comunidade amorosa".

Além disso, uma coisa é argumentar que o indivíduo deve moderar seus anseios utópicos quando está resistindo a um movimento popular fanático como o fascismo ou o comunismo, mas expressar essas preocupações nos Estados Unidos dos anos 1950, quando não existiam movimentos populares que averiguassem o racismo sancionado pelo governo ou o direcionamento das prioridades públicas para fins populistas, é uma coisa inteiramente diferente. Niebuhr, que chegou à maioridade na década de 1930, apenas pressupôs a existência de uma tensão entre o povo e as estruturas governantes – uma cultura populista que defendia seus próprios interesses e os forçava nas costuras dos sistemas que a continham. Ele não levou em conta, em sua

---

[35] Martin Luther King, citado em *Testament of Hope* [Testamento da Esperança], ed. James M. Washington. São Francisco: Harper & Row, 1986, p. 347.

[36] Para a conexão dessa frase com a teologia da libertação, veja *Christian Realism and Liberation Theology* [Realismo Cristão e Teologia da Libertação], de Dennis P. McCann. Maryknoll, N. Y.: Orbis Books, 1982.

análise, o radical desequilíbrio de poder em função do qual as massas conformistas aquiesceram com a sua própria obsolescência política. Em tal contexto, o "realismo" cristão pode muito facilmente se tornar um pretexto para se colocar nas mãos dos outros.

Ativistas como Dorothy May e Martin Luther King Jr. compreenderam verdades espirituais que, muitas vezes, são reservadas apenas aos soldados, bombeiros e indivíduos fisicamente corajosos: a saber, aquela coragem que aprofunda o silêncio; que se colocar em risco pelo outro pode ser uma forma de prece; e que o risco compartilhado, como o sofrimento compartilhado, ensina-nos formas de humildade, amor e compaixão que amiúde são muito profundas para se colocar em palavras, incapazes de serem incorporadas por qualquer cálculo político racional ou campanha publicitária.

A primeira vez que Martin Luther King Jr. atravessou a ponte Edmund Pettus, em Selma, no Alabama, em 1965, contra os clubes e oficiais armados da polícia, ele – a exemplo de todos os que estavam na ponte naquele dia – caminhava com fé, e é impossível dizer exatamente o que ele aprendeu naquele dia sobre a política no sul, a não violência ou a via-crúcis. Suspeito que ele sequer conseguiria articular isso. Mas era possível ver o impacto na mudança qualitativa de sua convicção, no tom de sua voz no dia seguinte, na determinação de seu modo de andar e em seu destemor final diante da morte. Não é que tais experiências nos ensinem a ser heroicos, mas, sim, que elas nos confrontam com *aquilo que realmente tememos* – forçando-nos a lidar com nossos apegos e más interpretações acerca do que é que se trata realmente essa vida na Terra.

Taylor Branch afirma que King virou a filosofia de Niebuhr de ponta-cabeça. As doutrinas de Niebuhr argumentam que a virtude pessoal é possível, ao passo que a virtude pública é impossível; no entanto, a experiência de King em Montgomery lhe ensinou a lição contrária: ele havia realizado um milagre de virtude pública e, mesmo assim, tinha mais consciência do que nunca de sua própria capacidade pessoal de pecar. O mal individual parece mais intratável do que o mal social, contradizendo a principal tese de Niebuhr em *Moral Man and Immoral Society*.

O personalismo e o respeito de King pelo mistério religioso levaram-no a perceber as limitações de qualquer antropologia teológica essencialista – mesmo uma tão inteligente como a de Niebuhr. Qualquer visão de mundo que defina a humanidade sem levar em conta todas as evidências históricas é inerentemente suspeita. Para King, a procura por um método se transformou em um modo de vida não violento. Alienação é evidência de uma comunicação frustrada, o produto da segregação entre raças, entre culturas e até mesmo entre aspectos do eu. E o ágape não é uma experiência psicológica privada, mas uma forma de comunicação que não poderia existir isolada da comunidade. Ele encontra sua expressão mais elevada na hospitalidade e no ato de servir.

Os compromissos religiosos de King, assim como os de Dorothy Day, libertaram-no de qualquer "anseio hegeliano por um sistema". O fundamento de seu pensamento não era uma ideia, mas uma pessoa e um conjunto de imagens iniciando um diálogo com uma promessa incerta, misteriosa. As preocupações pragmáticas com táticas e resultados eram, para King, apenas mais indícios da análise filosófica incompleta nascida do modernismo – a tendência amoral de uma mente materialista amputada da experiência da luta humana e, assim, incapaz de compreender todas as implicações da Palavra tornada carne. Ao ligar o movimento dos direitos civis ao movimento pacifista, e o movimento pela paz à guerra contra a pobreza, King intuiu a possível emergência de um modo de vida espiritual para as massas que não mais se resignasse em servir às necessidades das estruturas sociais, comerciais ou governamentais existentes.

King acreditava que a civilização moderna havia arrastado o povo para longe de suas tradições, suas famílias e seus desejos espirituais. Assim, ao ligar o movimento dos direitos civis ao movimento pacifista e ao destino moral de todas as pessoas, ele buscava expor o abastardamento da cultura mundial que se escondia sob o nome de desenvolvimento econômico global.

O verdadeiro inimigo não eram os brancos racistas e ignorantes, mas o emergente sistema corporativo mundial e seu crescente menosprezo pela pessoa humana. Para lutar contra essa monstruosa hidra de muitas cabeças, King defendia uma vida interior bem-formada aliada ao ativismo gandhiano. Sua visão exigia uma vida não só engajada, mas militante, pois seu pressuposto fundamental era de que nossas vidas coletivas não se tornariam mais justas a menos que fossem compelidas a isso, e nossas vidas individuais não seriam humanas a menos que as purifiquemos desde o seu interior por meio de práticas espirituais transformadoras.

Não creio que seja uma coincidência que King planejasse um retiro com Thomas Merton no mesmo ano em que ambos morreram; esses dois homens sentiram necessidade de se conectar e pensar por meio da noção que compartilhavam de que os mais pobres eram os únicos com poder para curar o todo – não por meio de uma rebelião armada, mas com o seu poder de perdoar. Aqueles que estavam no poder precisavam encontrar a contrição no coração *para aceitar seu perdão*. Aqueles que lucravam com a injustiça deviam reconhecer sua conivência com o pecado e fazer penitência. Assim, ao se abrir para uma relação que negaram por muito tempo, os poderosos encontrariam orientação moral – talvez pela primeiríssima vez.

Essa superioridade dos oprimidos sobre os opressores não é uma forma de competição moral, mas, sim, uma intuição da verdade psicológica das coisas. Ela liga o revolucionário não violento a uma força maior do que ele, rompendo os grilhões de qualquer senso de inferioridade residual e, assim, tornando possível uma forma de autoafirmação mais poderosa, que una em vez de dividir. King explica: "Creio que a maior vitória dessa época seja algo interior. A verdadeira vitória foi o que essa época fez para a psicologia do homem negro.

A grandiosidade dessa época foi que nós nos armamos com dignidade e respeito próprio. A grandiosidade dessa época foi que nós endireitamos a nossa postura. E um homem só pode ser cavalgado se as suas costas estiverem curvadas".[37]

O mal que o inimigo pode fazer não expressa tudo o que ele é. Essa antropologia da esperança é uma aposta não na bondade da humanidade, mas em sua infinita complexidade. Ela afirma que nas profundezas e no tumulto da vida interior – a esfera da vontade que, por definição, está dividida contra si mesma – residem mistérios e potencialidades que vão além das nossas autodescrições. Novas regiões no interior do inimigo podem ser reclamadas – e podem se tornar campos de batalha para o bem. Tristeza e arrependimento podem abrir novos espaços no coração – novas avenidas de reconciliação. Assim é a geografia expansiva da vida espiritual, e a frente não violenta abrange todo o terreno.

Ao procurar redimir o inimigo em vez de derrotá-lo, King vai além dos conceitos épicos das mitologias guerreiras, rumo a uma crítica cristã da mitologia triunfalista do eu-sobre-os-outros. Ecoando a análise de Simone Weil acerca de *Ilíada*, ele afirma que somente aqueles que conhecem a glória do combate violento e *não se impressionam com ela* podem verdadeiramente gerar uma nova ética no outro extremo do individualismo heroico.

Mas, com frequência, o medo turva as nossas mentes e obscurece as nossas melhores intenções. Quando você é vítima de injustiça ou objeto de ódio, nem sempre é tão fácil relembrar as lições do passado ou mesmo se apegar ao bom senso.

Em seu sermão "The Answer to a Perplexing Question" [A Resposta para uma Questão Desconcertante], King aborda a questão sobre como o mal pode ser expulso das nossas vidas coletivas e individuais. Ele se

---

[37] Coretta Scott King, ed. *The Words of Martin Luther King Jr.* [As Palavras de Martin Luther King Jr.]. Nova York: Newmarket Press, 1987 [1983], p. 47.

recusa a esperar por Deus e rejeita tomar a história em nossas próprias mãos. Em vez disso, articula uma terceira possibilidade:

> Tanto o homem quanto Deus, tornados um em uma maravilhosa unidade de propósito por meio do amor transbordante como a dádiva gratuita de si mesmo da parte de Deus, e pelas perfeitas obediência e receptividade por parte do homem, podem transformar o velho em novo e expulsar o câncer mortal do pecado.[38]

Para mudar o mundo, devemos nos tornar receptáculos do amor, do entendimento e da boa vontade de Deus. Devemos ter fé, não apenas na mente, mas no coração que rende o homem por inteiro ao influxo divino. Isso é um afastamento do dualismo de Niebuhr, o qual admite uma metanoia da alma, mas não da comunidade: na perspectiva de King, a ação moral liga a salvação pessoal diretamente à responsabilidade social. Isso também é um afastamento do liberalismo progressista, pois estabelece limites divinos para a mudança e para a própria capacidade do indivíduo de efetuar mudanças. O objetivo não é a vitória – o objetivo é cumprir a vontade de Deus.

Alguém pode enxergar aqui todas as grandes questões da teologia da libertação – a primazia dos indivíduos sobre as estruturas, a preferência pelos pobres, a rejeição tanto do individualismo quanto do coletivismo para a participação na comunidade amorosa, e a obrigação moral de resistir ao mal coletivo. Mas também há algo que transcende até mesmo esses valores: a suspeita cristã de King de toda e qualquer empresa meramente humana, de sua corruptibilidade fácil e sua propensão extremamente humana para se transformar em sistemas e métodos.

Se King tivesse sobrevivido para testemunhar o assassinato de Robert Kennedy e as desilusões subsequentes de Watergate, Irã-Contras, Revolução de Reagan, Bush I, anos Clinton e Bush II, suspeito que ele

---

[38] Martin Luther King Jr., *Strength to Love*. Filadelfia: Fortress Press, 1986, p. 134.

não teria se desesperado, mas interpretado esses acontecimentos como o inevitável movimento do pêndulo da história de uma época revolucionária para uma era de retração conservadora, que exige ainda mais pressão popular contra a crescente marginalização das pessoas. Pois King sempre se inspirou na figura do apóstolo Paulo. Rejeitando a amargura, a resignação e o recuo, King nos aconselha a assumir o fardo dos nossos desapontamentos e, ao fazer isso, transformá-los em desafios. "Nossa aceitação voluntária de circunstâncias indesejadas e desafortunadas mesmo enquanto ainda nos apegamos à esperança radical, nossa aceitação do desapontamento finito enquanto ainda aderimos à esperança infinita. Isso não é a aceitação sombria e amargurada do fatalista, mas a realização do que encontramos nas palavras de Jeremias: 'É só isto o meu sofrimento? Eu o suportarei'."[39,40]

À medida que as nossas vidas coletivas reais murcham, a nossa imaginação se volta para o exótico e os meios de comunicação de massa se tornam ainda mais espetaculares e ilusórios. A classe média lê livros de autoajuda em um esforço para aprender como transformar de forma eficaz as suas vidas em mercadorias e também para superar qualquer traço residual de personalidade que a esteja impedindo de alcançar o sucesso. Os participantes de reality shows – determinados a "sobreviver" a qualquer custo – acabam por efetivamente se transformar em correlatos objetivos do novo darwinismo social. Nossa humanidade desapareceu e – como Allan Bloom certa vez afirmou – desapareceram as humanidades.[41,42] Ainda assim, King permanece como o sonhador, o contraexemplo.

---

[39] Ibid., p. 90.

[40] A citação bíblica é de Jeremias 10, 19. (N. T.)

[41] Ver *The Closing of the American Mind*, de Allan Bloom. Nova York: Simon & Schuster, 1988.

[42] O livro de Bloom citado na nota anterior foi publicado no Brasil com o título *O Declínio da Cultura Ocidental* (trad.: João Alves dos Santos. São Paulo: Editora Best-Seller, 1989). (N. T.)

A grande tragédia da vida de King foi ter morrido antes de levar a não violência ao estágio seguinte (uma tarefa que foi herdada por Thich Nhat Hanh, amigo de King, e pelo Dalai Lama). Mas ele fez algo que talvez seja ainda mais importante: recusou-se a deixar que o Sonho Transcendente Americano do individualismo democrático radical morresse – mesmo diante do militarismo da Guerra Fria e do comprometimento de Reinhold Niebuhr com o poder.

Muitas vezes me parece estranho que, embora os biógrafos consigam narrar cada hora da vida de King – onde ele estava e o que fez – e, às vezes, até mesmo especular sobre as dimensões totais de sua coragem, nós tenhamos tão poucos registros de suas alegrias espirituais. Seu amigo íntimo, o reverendo Abernathy, documentou seus defeitos, e sua esposa, Coretta, a felicidade familiar, mas, se os modernos romancistas cristãos nos ensinaram alguma coisa sobre a vida da alma é que ela não pode ser abrangida por essas realidades, descrições ou fatos cotidianos. A vida vive meio fora de si, olhando as coisas lá de cima, com e por meio de Deus.

Talvez o último discurso de King, mais do que qualquer outro que fez, revele para nós o que ele viu se desenrolar diante de si como seu destino. Mas, se for mesmo assim, então ele realmente nos deixou tendo vivido apenas uma meia vida e, portanto, uma meia profecia. Aqueles que desejarem se aproximar da visão de King terão de passar por seu próprio conjunto de exercícios espirituais e conviver por anos com os fatos contraditórios da vida dele. Só então é que talvez comecemos a compreender por que Deus exige sempre e apenas o impossível.

O fenômeno King – se é que podemos chamá-lo assim – foi um milagre da responsabilidade. Talvez ainda seja muito cedo para mensurar seu sucesso porque é algo ainda em andamento, mas não há dúvida de que ele provou ser possível reconquistar o sublime das nossas tradições religiosas sem abandonar a consciência, adquirida a duras penas, de suas limitações morais. Sua vida comprova que podemos renovar a escada do Ser sem capitular aos vícios pré-modernos da superstição, do sentimentalismo e do preconceito arrogante, ou aos vícios pós-modernos da indiferença, da superficialidade, do cinismo e da paralisia moral.

## O GUIA DE E. F. SCHUMACHER PARA OS PERPLEXOS

> A perda da ética clássica-cristã pelo mundo ocidental nos deixou como devotos empobrecidos da religião do crescimento econômico, rumo a toda espécie concebível de desastre mundial.
> *Victoria Brittain.*[43]

> O experimento moderno de viver sem religião fracassou, e, uma vez que tivermos entendido isso, saberemos quais são as nossas verdadeiras tarefas "pós-modernas".
> *E. F. Schumacher*, A Guide for the Perplexed.[44]

> E. F. Schumacher é um realmente um pregador apologético, membro de uma linhagem única, cuja experiência lhe possibilitou efetivamente empregar a linguagem e os conceitos econômicos como um meio para comunicar o que, em essência, é um sermão, um chamado para que os leitores se arrependam, creiam no Evangelho e reordenem suas vidas adequadamente. O próprio Schumacher insiste que o mais importante é esse fundamento "metaeconômico" de seu argumento, mais do que, por exemplo, seus ataques específicos contra o poder nuclear ou o uso de produtos químicos na agricultura. "As pessoas se perguntam em toda parte", ele escreve, "o que eu posso efetivamente fazer? A resposta é tão simples quanto desconcertante: nós podemos, cada um de nós, trabalhar para colocar a nossa própria casa interior em ordem".
> *Charles Fager*, The Christian Century.[45]

---

[43] Citada por Joseph Pearce em *Literary Converts: Spiritual Inspiration in an Age of Unbelief*, [Conversões Literárias: Inspiração Espiritual em uma Era de Descrença]. São Francisco: Ignatius Press, 1999, p. 376.

[44] E. F. Schumacher, *A Guide for the Perplexed* [Um Guia para os Perplexos]. Londres: J. Cape, 1977, p. 139.

[45] Charles Fager, "Small is Beautiful, and So Is Rome: Surprising Faith of E. F. Schumacher" ["O Pequeno é Bonito, e Roma Também: A Fé Surpreendente de E. F. Schumacher"], *Christian Century*, 6 abr. 1977, p. 375.

E. F. Schumacher se converteu ao catolicismo em 1971, dois anos antes da publicação de *Small is Beautiful*. O capítulo intitulado "Economia Budista" dá a impressão de que ele abraçou as religiões orientais, mas as fontes primárias de sua teoria metaeconômica foram o macro-historicismo de Tomás de Aquino, os ensaios de G. K. Chesterton sobre o distributismo e a encíclica social *Mater et Magistra*, do Papa João XXIII.[46] Para Schumacher, a economia era uma ciência derivada que seguia as instruções das mesmíssimas premissas filosóficas e culturais que moldaram a nossa vida social. Ele escolheu usar o budismo para seu modelo metaeconômico alternativo, mas sempre admitiu que os ensinamentos do cristianismo, islamismo ou judaísmo poderiam facilmente ser usados para ilustrar seu argumento de que, quando os pressupostos culturais mudam, mudam também as leis econômicas.[47] Por exemplo, o conceito de trabalho no Ocidente é de que ele se trata de um mal necessário – um dos "custos" da produção; ao passo que, na percepção budista, a subsistência honesta é um dos pilares do desenvolvimento espiritual. O trabalho não produz apenas bens; ele oferece ao indivíduo a chance de superar o egocentrismo beneficiando a humanidade. O trabalho degradante – não importa o quão rentável – é contraproducente do ponto de vista budista, e produz dificuldades sociais imprevisíveis.

Em sua palestra "The Insufficiency of Liberalism" (A Insuficiência do Liberalismo), de 1957, Schumacher argumentou que há três estágios no desenvolvimento humano: o primeiro foi a religiosidade primitiva; depois, veio o realismo científico. O terceiro estágio, que estamos adentrando agora, é a percepção de que há algo além do fato e da ciência.[48] O problema, ele explicou, é que os estágios um e três parecem ser a mesma coisa para quem está no estágio dois. Por

---

[46] Ibid., p. 366.
[47] Ibid., p. 365.
[48] Ibid., p. 366-67.

conseguinte, os que estão no estágio três são vistos como se tivessem recaído no pensamento mágico quando, na verdade, estão enxergando além das limitações do racionalismo. "Apenas aqueles que atravessaram o estágio dois", ele afirmou, "podem entender a diferença entre os estágios um e três".[49] Ou seja, somente aqueles que perceberam as limitações teóricas inerentes à lógica instrumental compreendem a necessidade de valores "metaeconômicos".

"Em se tratando de política", Schumacher insistiu, "não podemos mais adiar ou evitar a questão relativa à finalidade e ao propósito últimos do homem".[50] Se a pessoa crê em Deus, ela exercerá a política tendo consciência do eterno destino do homem e das verdades do Evangelho. Por outro lado, se a pessoa crê que não existem obrigações mais elevadas, será impossível para ela resistir ao apelo do maquiavelismo: a política definida como "a obtenção e a manutenção do poder de tal modo que você e seus amigos possam organizar o mundo como bem entender".[51]

O propósito da educação, de acordo com Schumacher, é ajudar a esclarecer para nós mesmos as ideias *com as quais pensamos*; ou seja, a educação deve nos tornar conscientes das nossas convicções e pressuposições, de tal forma que o significado das nossas experiências nos pareça menos turvo. Não pensamos *ideias*, ele nos diz; nós pensamos *por meio de ideias*. Conceitos são ferramentas que usamos para classificar, definir e compreender o significado dos eventos. As ideias *com as quais pensamos* são diferentes das ideias *que pensamos*. As ideias *com* as quais nós agora costumamos pensar nasceram, em grande parte, no século XIX e se manifestam em dois conjuntos de pressupostos igualmente questionáveis: 1) um positivismo científico que vê o nosso bem mais elevado na completa supressão da metafísica

---

[49] Ibid., p. 367.
[50] Ibid., p. 368.
[51] Ibid., p. 368-69.

a fim de adquirir know-how; e 2) a versão das "humanidades" do final do século XIX, oriunda de apropriações vulgares de Marx e Freud que reduzem todas as experiências humanas aos seus determinantes sociais e psicológicos. O que essas duas abordagens têm em comum é a negação de quaisquer diferenças qualitativas entre fatos ou entidades. Ambas fazem ruir as velhas hierarquias a fim de tornar a vida cognoscível a partir de seus elementos mais básicos.[52]

Schumacher argumenta que essa abordagem não esclarece nada: na verdade, ela constitui, como Blake apontou, uma autêntica "segunda queda da humanidade". Abordagens reducionistas negam a própria existência de uma hierarquia do Ser. Elas trabalham apenas com problemas que se rendem ao pensamento convergente – estratégias de solução de problemas construídas sobre a elaboração de sistemas. O pensamento convergente nos tira do mundo das complexas realidades interdependentes para uma ordem de pensamento simples, independente, em que a análise matemática possa prevalecer – aquilo que Walker Perry chamou de formas de racionalidade "diádicas" ou de "causa-e-efeito".

Aqui, o paradigma é a ciência natural, com suas definições específicas e hipóteses verificáveis. Os problemas advindos do "mundo real", afirma Schumacher, não se rendem a tal reducionismo. Em geral, eles exigem uma síntese de antinomias irresolvíveis de um ou outro tipo – como liberdade ou ordem ou segurança ou risco –, e isso requer *pensamento divergente*, ou seja, violar regras, recategorizar e renomear categorias processuais, de tal forma que possamos ascender a uma visão mais inclusiva, que sintetize oposições aparentemente

---

[52] Acho interessante que o falecido crítico literário francês Roland Barthes tenha descrito Marx e Freud como *estruturalistas* e salientado que eles passaram a ser escarnecidos por cada vez mais cientistas empíricos por não serem mais reducionistas ou materialistas. Para Barthes, isso apenas mostra que Marx e Freud eram, na verdade, *romancistas*! Daí sua permanente influência em nossa época, a despeito do fracasso de suas "ciências".

irreconciliáveis em uma unidade conceitual superior. O pensador divergente está sempre em processo de *"brainstorming"*.[53]

A expressão *pensamento divergente* foi cunhada por J. P. Guilford, um psicólogo bastante conhecido por suas pesquisas sobre criatividade.[54] Guilford postula que um dos componentes principais da criatividade é a sua capacidade de chegar a soluções únicas e originais ao ponderar sobre os problemas em termos de múltiplas soluções. O pensamento convergente limita todas as opções a uma solução; ele é sistemático, passo a passo e lógico. O pensamento divergente se apropria dos opostos. Conflitos entre liberdade e controle na política, por exemplo, só podem ser "resolvidos" pela consecução de um nível mais elevado de "justiça".

Na medida em que o pensamento moderno procurou eliminar a própria concepção de uma hierarquia do Ser pela redução de todas as coisas à sua materialidade, ele transformou o pensamento convergente em um absoluto, de forma a tornar os problemas éticos e filosóficos cada vez mais difíceis de resolver – adiando-os indefinidamente, até que se desenvolva uma nova ciência que reduza cada variável a elementos controláveis, atomizados e materiais.

A hierarquia do Ser, fundamental para toda e qualquer metafísica realista, é uma alternativa atraente para o reducionismo científico por não exigir nenhum salto de fé. Em termos clássicos, um ser "superior" é simplesmente uma entidade que inclui todos os atributos dos seres "abaixo", mas com um elemento adicional sintetizador. O reino mineral é sucedido pelo reino das plantas apenas porque os vegetais são matéria capaz de se reproduzir; o reino animal sucede a vida vegetal

---

[53] Entre aspas no original, daí eu ter optado por manter o termo original, muito utilizado em determinados meios, inclusive no Brasil. O mesmo ocorreu com a expressão know-how pouco antes. (N.T.)

[54] Veja o tópico "Divergent Thinking" ["Pensamento Divergente"] em *The Gale Encyclopedia of Childhood and Adolescence* [Enciclopédia Gale da Infância e da Adolescência], ed. Jerome Kagen. Detroit: Gale Research, 1998.

em virtude de sua consciência sintetizadora, e os humanos sucedem os animais por terem consciência de si mesmos como seres conscientes.

Ao negar as diferenças qualitativas, jogar fora a escada do Ser e reduzir todas as coisas ao seu menor denominador comum, você não consegue resolver problemas complexos – problemas gerados pela incompatibilidade de oposições binárias. Esses problemas têm de ser transcendidos por meio de uma "lógica" mais inclusiva. Talvez seja isso que Einstein quis dizer ao afirmar que nenhum problema científico pode ser resolvido no mesmo nível da consciência que o criou.

Nossos pressupostos "antimetafísicos" do século XIX alegam ter nos salvado da superstição, mas não fornecem soluções criativas para qualquer prática política ou problema social; em vez disso, despacham os problemas para diversas ciências divorciadas da vida prática, ciências comprometidas com a redução de todas as coisas às suas operações mais básicas. Então, dizem que esperemos até que os "cientistas" inventem a "pílula" que nos fará felizes ou a tecnologia que tornará o compromisso político desnecessário e obsoleto.

Schumacher vê esses mesmos adiamento e falta de eficácia na incapacidade da economia moderna de apresentar qualquer solução para a pobreza. Ela simplesmente não consegue computar a privação dos direitos políticos, a ignorância ou a disfunção cultural em suas equações materialistas baseadas na indústria. E, quando tenta, ela tem de abrir mão da pretensão de ser uma ciência dura.[55] Apenas quando se restringe ao cálculo de lucros e perdas é que a economia pode reivindicar qualquer precisão matemática; apenas quando ela ignora seus próprios compromissos metaeconômicos e se mantém próxima dos pressupostos que herdou do cientificismo do século XIX é que nós vemos algum autêntico processamento de números. A crítica de

---

[55] Em geral, são consideradas "ciências duras" as ciências naturais, ao passo que as ciências sociais são chamadas de "moles" ou "leves". A distinção, muito questionada, diz respeito ao rigor metodológico, que seria mais acentuado nas "ciências duras". (N. T.)

Schumacher ao pensamento moderno aplicado à economia expõe seus princípios reducionistas, sua questionável antropologia filosófica, sua metafísica materialista, seu atomismo, sua impotência diante dos problemas dos pobres, seu conluio com os modelos ocidentais de desenvolvimento industrial, sua cegueira para os problemas ecológicos e seus preconceitos em favor das economias de escala, políticas nacionalistas e globalização.

Em seu livro derradeiro, *A Guide for the Perplexed*, Schumacher estende sua crítica para a vida em geral, demonstrando a permanente utilidade da escada do Ser como um meio de fazer importantes distinções ontológicas e éticas. Sua análise guarda muitas semelhanças com a crítica da semiologia contemporânea de Walker Percy e com a análise do desejo mimético feita por René Girard (veja a última seção do quarto capítulo deste livro). Em todos esses casos, a causa-e-efeito é questionada por um terceiro elemento. A abordagem de Schumacher da economia ajuda a explicar o "salto" de Helen Keller para a linguagem como uma subida na escada do Ser. A consciência se torna "consciência" via metáfora, paradoxo e ironia, e um ser humano nasce ao participar dessa nomeação coletiva da realidade, por mais limitada e preconceituosa que possa ser essa "nomeação".

Schumacher resume bem a sua visão na conclusão de *A Guide for the Perplexed*:

1. A primeira tarefa do indivíduo é aprender com a sociedade e a tradição e encontrar uma felicidade temporária ao receber orientações dos outros.
2. A segunda tarefa do indivíduo é interiorizar o conhecimento que adquiriu, filtrá-lo e organizá-lo, mantendo o que é bom e descartando o que é ruim; esse processo pode ser chamado de "individuação", e o indivíduo se torna auto-orientado.
3. A terceira tarefa do indivíduo não pode ser abordada antes que ele conclua as duas primeiras, e é uma tarefa para a qual ele precisa da melhor ajuda que puder encontrar: trata-se de "morrer para si mesmo", para seus gostos e desgostos, para todas as suas preocupações egocêntricas.

Na medida em que o indivíduo for bem-sucedido nisso, ele deixará de ser orientado pelos outros e também de se auto-orientar. O indivíduo terá adquirido liberdade ou, pode-se dizer, será, então, orientado por Deus. Se ele for cristão, isso é precisamente o que ele esperaria poder dizer [...]. A fim de me tornar capaz de amar e ajudar o próximo bem como a mim mesmo, sou instado a "amar a Deus", ou seja, a tenaz e pacientemente manter a minha mente se esforçando e se estendendo na direção das coisas mais elevadas, para os Níveis do Ser acima do meu nível. Somente lá é que jaz o "bem" para mim.[56]

Eis aí a síntese de Schumacher do "distributismo" econômico de Chesterton e da visão do "eu" de Walker Percy. Nós crescemos espiritualmente como indivíduos e eticamente como cidadãos, ao ponto de dar boas-vindas aos problemas da vida cotidiana como oportunidades para superar falsas antinomias, subindo na escada do Ser.

Até o momento, as implicações culturais mais profundas do pensamento de Schumacher ainda não foram inteiramente apreciadas por aqueles que se concentram principalmente nas reformas sociais defendidas em *Small is Beautiful*. Mas é apenas questão de tempo para que as implicações de sua crítica cultural sejam reconhecidas e os ecologistas abracem a Grande Cadeia do Ser como uma ferramenta intelectual poderosa.

## WENDELL BERRY: "AGRÁRIO" RADICAL

> O industrialismo prescreve uma economia sem lugar fixo e deslocadora. Ele não distingue um lugar do outro. Ele aplica seus métodos e tecnologias de maneira indiscriminada no leste e no oeste americanos, nos Estados Unidos e na Índia. Portanto, ele dá prosseguimento à economia colonialista. A mudança do poder colonial da monarquia europeia para as corporações globais talvez seja o tema dominante na história moderna. Durante todo esse tempo, é sempre a mesma história de concentração de um poder econômico explorador nas mãos de poucas pessoas que são estranhas aos lugares e

---

[56] Schumacher, *Guide for the Perplexed*, p. 149-50.

> aos povos que exploram. Tal economia está fadada a destruir as economias agrárias localmente adaptadas em toda parte, simplesmente porque é ignorante demais para não fazer isso. E ela foi bem-sucedida precisamente na medida em que foi capaz de inculcar a mesma ignorância nos trabalhadores e consumidores.
>
> *Wendell Berry*, The Agrarian Standard.[57]

Wendell Berry é um escritor de vanguarda apenas no sentido de que seus valores rurais o mantiveram enraizado em uma crítica radical do industrialismo e da ciência modernos – uma crítica que se tornou mais e mais pertinente com o passar dos anos, quando os efeitos da modernidade se tornaram cada vez mais difíceis de ignorar. Como os profetas da antiguidade, Berry vê uma conexão direta entre a economia e o ânimo da nação. Você não pode substituir agricultores familiares por empregados do Wallmart sem aumentar a falta de propósito e o medo na sociedade.

Sua solução, como as de Schumacher, G. K. Chesterton, Dorothy Day e dos "distributistas", é trabalhar por uma maior distribuição da propriedade privada de maneira geral – encorajando as propriedades familiares de fazendas e pequenas empresas enquanto desencoraja a acumulação de vastas quantidades de propriedades e capitais nas mãos de uma minoria. Para Berry, isso não é só um programa econômico, mas um imperativo moral. A menos que sejam constrangidas por essa perspectiva moral, as instituições sempre se movimentarão na direção do poder e da autopreservação, sem princípios mais elevados.

O industrialismo, Berry acredita, é o principal culpado aqui. Ele começa com a invenção tecnológica, tornando a mudança em uma prioridade social, ao passo que o agrarianismo parte da terra, das plantas, dos animais, do clima e da fome, dando, assim, prioridade à estabilidade e à ordem civil.

---

[57] Wendell Berry, "The Agrarian Standard" ["O Padrão Agrário"], *Orion*, verão de 2002-3.

Os industrialistas estão sempre prontos para ignorar, vender ou destruir o passado a fim de conquistar saúde, conforto e felicidade sem precedentes e que, em tese, serão alcançados no futuro. Os fazendeiros agricultores sabem que a sua própria identidade depende de sua disposição para receber com gratidão, usar de forma responsável e passar adiante uma herança intacta, natural e cultural, do passado. A economia industrial é, portanto, intrinsecamente violenta. Ela empobrece um lugar para ser pródiga em outro, fiel à sua ambição colonialista. Uma parte do custo "exteriorizado" disso é uma guerra após a outra.[58]

Em outras palavras, os industrialistas vão do local em particular para o geral e abstrato, o que, para Berry, é o maior erro da civilização moderna. Ele abstrai os indivíduos de suas vidas e seus ambientes únicos e os divide em comunidades concorrentes, ao passo que o foco nas particularidades da vida – esse homem, essa mulher, essa terra e esse projeto – promove as economias locais e os valores de cada comunidade específica. Isso é mais eficaz em uma escala menor e leva à tolerância e à cooperação na escala maior. Uma economia comunitária não é uma economia na qual pessoas bem colocadas possam perpetrar uma matança, mas uma economia cujos objetivos são a generosidade e uma fartura bem distribuída e assegurada.

*Thoughts in the Presence of Fear* [Pensamentos na Presença do Medo], ensaio recente de Berry, contém vinte e sete observações ocasionadas pelos atentados terroristas contra os Estados Unidos. Ele afirma:

Logo virá o dia em que não seremos mais capazes de lembrarmos dos horrores do 11 de setembro sem também lembrar do inquestionável otimismo tecnológico e econômico que chegou ao fim daquele dia. Esse otimismo repousava na falsa premissa de que vivíamos em uma "nova ordem mundial" e em uma "nova economia" que "cresceria" mais e mais, alcançando uma prosperidade tal qual cada novo incremento seria "sem precedentes". Os principais políticos, agentes corporativos

---

[58] Wendell Berry, *Another Turn of the Crank* [Outra Volta da Manivela] (Nova York: Counterpoint, 1996), 19-21.

e investidores que acreditavam nessa proposição não admitiam que a prosperidade era limitada a uma pequena porcentagem da população mundial e a um número ainda menor de pessoas, até mesmo nos Estados Unidos; que ela se baseava no trabalho opressivo dos pobres em todo o mundo; e que seus custos tecnológicos ameaçavam cada vez mais todas as formas de vida, incluindo as vidas dos supostamente prósperos. As nações "desenvolvidas" concederam ao "livre mercado" o status de uma divindade e, em seu nome, sacrificaram fazendeiros, terras e comunidades, florestas, pântanos e pradarias, ecossistemas e bacias hidrográficas. Elas aceitaram a poluição universal e o aquecimento global como os custos normais dos negócios.[59,60]

Berry prossegue e faz uma exortação em nome da responsabilidade ecológica e da distribuição equilibrada de riqueza por meio da difusão da propriedade privada e comunitária de empresas e fazendas. Então, ele se dispõe a descrever o que enxerga como a encruzilhada socioeconômica e moral à qual chegamos.

> Temos agora uma escolha clara e inescapável a fazer. Podemos continuar promovendo um sistema econômico global de "livre comércio" ilimitado entre corporações, mantido por linhas de comunicação e abastecimento extensas e altamente vulneráveis, mas agora reconhecendo que esse sistema terá de ser protegido por uma força policial extremamente dispendiosa e presente em todo o mundo, sustentada por uma nação, por várias ou por todas, e essa força policial será eficaz precisamente na medida em que ignorar a liberdade e a privacidade dos cidadãos de todas as nações.
>
> Ou podemos promover uma economia global descentralizada que teria como objetivo assegurar a cada nação e região a autossuficiência em

---

[59] Wendell Berry, *Citizenship Papers* [Documentos de Cidadania ou Artigos Cidadãos, o título é propositalmente ambíguo]. Washington, D.C.: Shoemaker & Hoard, 2003, p. 17. "Thoughts in the Presence of Fear" foi primeiro publicado em OrionOnline.org em 24 set. 2001, na revista virtual *Orion*.

[60] Trechos do artigo ainda podem ser encontrados on-line, e ele também pode ser lido na íntegra (em inglês) no volume *In the Presence of Fear – Three Essays for a Changed World* [Na Presença do Medo – Três Ensaios para um Mundo Transformado]. Great Barrington, MA: Orion Society, 2001. (N. T.)

bens de primeira necessidade. Isso não eliminaria o comércio internacional, mas tenderia a um comércio de excedentes depois que as necessidades locais tivessem sido supridas.[61]

Berry diz que estamos em um momento decisivo da história, e qualquer caminho que escolhermos definirá nossas vidas daqui em diante. Pegaremos a estrada do império ou a estrada da democracia? Escolheremos liberdade para a minoria ou liberdade para a maioria? Tornaremos nossas vidas mais impessoais, globais, abstratas e artificiais, ou mais íntimas, locais, conectadas e autênticas? Depositaremos nossa confiança em máquinas ou nas pessoas? No cálculo ou na revelação? Defenderemos nossas famílias ou os poderes constituídos?

Em uma introdução recente para uma nova edição de *The Unsettling of America* [O Desconcerto da América], Berry expôs o conflito de uma maneira que torna o "industrialismo" tão vilanesco quanto era a "burguesia" para Berdiaev.

> Acredito que, agora, essa disputa entre industrialismo e agrarianismo define a diferença humana mais fundamental, pois ela separa não só dois conceitos quase opostos de agricultura e uso da terra, mas também duas maneiras quase opostas de entendermos a nós mesmos, nossos semelhantes e o nosso mundo. O caminho do industrialismo é o caminho da máquina. Para a mente industrial, a máquina não é apenas um instrumento de trabalho ou de entretenimento, ou para fazer guerra; é uma explicação do mundo e da vida. Porque o industrialismo não consegue entender as coisas vivas exceto como máquinas, e não pode lhes atribuir qualquer valor que não seja utilitário; ele concebe a agricultora e a silvicultura como formas de mineração; não consegue usar a terra sem abusar dela.[62]

Os pensadores "de ponta" na ciência, nos negócios, na educação e na política, Berry insiste, não têm interesse pelo conhecimento local que torna as pessoas nativas da terra e, assim, boas cuidadoras de

---

[61] Ibid., 19.
[62] Ibid., 144.

seus lugares singulares. Desde o começo, o industrialismo tirou as pessoas de suas casas, alterando a função econômica do lar, da produção de riqueza para a família para o consumo de bens comprados das corporações. Como consequência, problemas solucionáveis em uma pequena escala foram substituídos por problemas de grande escala para os quais não há soluções. Fazendeiros locais são forçados a se conformar com condições econômicas impostas por um mercado internacional que causa problemas nas escalas mais amplas possíveis, incluindo perda do solo, empobrecimento genético e poluição dos lençóis freáticos. Esses problemas podem ser eliminados por uma agricultura de pequenas fazendas localmente adaptadas, diversificadas e abastecidas por energia solar – uma correção que, após meio século de agricultura industrial, será difícil de fazer.

A economia mundial, Berry argumenta, está em um estado de crise permanente. Ela é ameaçada pelas superstições do *globalismo* e do "progresso", que reduzem as comunidades particulares a meros fatores em modelos políticos de grande escala. Os piores medos de Blake foram totalmente concretizados, as advertências de Goethe foram completamente ignoradas e as intuições de Chesterton se perderam nos "verdadeiros crentes" do progresso tecnológico que são, eles próprios, alegremente inconscientes das categorias hegelianas e kantianas que engoliram junto com seu café da Starbucks.

"A fé legítima na metodologia científica", Berry escreve, "parece ter degenerado em uma espécie de fé religiosa no poder da ciência para conhecer todas as coisas e resolver todos os problemas, a partir de que o cientista pode se tornar um evangelista e ir em frente para salvar o mundo."[63] Eles, então, reduzem tudo a um mecanismo que simplifica ao extremo e transforma todas as coisas em "conjuntos perfeitamente amorfos de 'ecossistemas', 'organismos', 'mecanismos' e afins". Uma

---

[63] Wendell Berry, *Life is a Miracle* [A Vida é um Milagre]. Washington D.C.: Counterpoint, 2000, 18.

visão moralmente complexa do mundo não pode sobreviver a tais simplificações abstratas. Para compreender seres humanos particulares em situações particulares, precisamos cultivar uma consciência da nossa ignorância do que é local. É perigoso agir sobre o pressuposto de que todas as pessoas e culturas são essencialmente a mesma coisa.

Berry estende suas críticas à esfera da política contemporânea, onde milhões de pessoas acabam sofrendo em função dos erros de cálculo da minoria. Há um tipo de cálculo econômico, invocado pelos apologistas da guerra, que equivale morte e pagamento. Eles nos dizem que os mortos da União pagaram o maior preço pela emancipação dos escravos e a preservação da União. E que há verdade na alegação de que a nossa liberdade foi "paga" pelos sacrifícios de outros, e seria errado se não ficássemos gratos por isso. Sacrifícios extremos devem ser feitos em nome da liberdade. Mas Berry suspeita da facilidade com que essa prestação de contas é sempre invocada.

> Para começo de conversa, ela é necessariamente feita pelos vivos em nome dos mortos. E eu penso que devemos ter cuidado ao aceitar com facilidade, ou sermos tão facilmente gratos, pelos sacrifícios feitos por outros, especialmente se nós mesmos não fizemos nenhum. Outro motivo é que, embora os nossos líderes na guerra sempre presumam que há um preço aceitável, jamais há um nível previamente estabelecido de aceitabilidade. O preço aceitável, afinal, é o que for pago. É fácil perceber a semelhança entre essa prestação de contas do custo da guerra e a nossa prestação de contas usual do "custo do progresso". Nós parecemos ter concordado que, o que quer que tenha sido (ou seja) pago pelo assim chamado progresso, é um preço aceitável. Se esse preço inclui a diminuição da privacidade e o aumento dos segredos governamentais, que seja. Se ele significa uma redução radical do número de pequenas empresas e a virtual destruição dos pequenos fazendeiros, que seja. Se ele significa a devastação de áreas inteiras pela indústria extrativista, que seja. Se ele significa que uns poucos devem possuir mais bilhões em riqueza do que todos os pobres do mundo somados, que seja.[64]

---

[64] Berry, *Citizenship Papers*, p. 26.

No lugar de aquiescer com tamanha injustiça em todo o mundo, Berry argumenta que a defesa nacional deveria ser baseada na independência econômica regional. Nós devíamos estar preparados para viver dos nossos próprios recursos – não depender de alianças instáveis, dos recursos ou do trabalho de outros países. Mas estamos desperdiçando nossos recursos naturais e humanos. Não há plano de longo prazo para a energia, a agricultura ou a preservação.

Berry desenvolveu dezessete regras para a preservação da diversidade, da integridade e da renovação ecológica, baseadas nos princípios ecológicos das comunidades locais:

1. Diante de qualquer proposta de mudança ou inovação, sempre pergunte: o que isso fará com a nossa comunidade? Como afetará a nossa riqueza comum?
2. Sempre inclua a natureza local – terra, água, ar e os seres nativos – entre os membros da comunidade.
3. Sempre pergunte como as necessidades locais podem ser atendidas a partir das fontes locais, inclusive por meio da ajuda mútua entre vizinhos.
4. Sempre atenda às necessidades locais primeiro (e só então considere exportar produtos – primeiro para cidades próximas, depois para as demais).
5. Compreenda a suprema insalubridade da doutrina industrial da "economia do trabalho" se ela implicar condições precárias de trabalho, desemprego ou qualquer espécie de poluição ou contaminação.
6. Desenvolva indústrias de produtos locais de valor agregado e dimensionadas adequadamente para assegurar que a comunidade não se torne uma mera colônia da economia nacional ou global.
7. Desenvolva indústrias e negócios em pequena escala para apoiar a economia agrícola e/ou silvícola local.
8. Esforce-se para atender o máximo possível das necessidades energéticas da comunidade.
9. Esforce-se para aumentar os ganhos (de qualquer espécie) dentro da comunidade o máximo possível antes que eles sejam distribuídos.

10. Assegure-se que o dinheiro ganho na economia local seja gasto dentro da comunidade e diminua os gastos feitos fora dali.
11. Torne a comunidade capaz de investir em si mesma, mantendo suas propriedades, permanecendo limpa (sem sujar outro lugar), cuidando dos mais velhos e educando as crianças.
12. Faça com os que velhos e os jovens tomem conta uns dos outros. Os mais jovens devem aprender com os mais velhos, não necessariamente, e nem sempre, na escola. Não deve haver "creches" e "asilos para velhos" institucionalizados. A comunidade conhece a si mesma e preserva a memória pela associação dos velhos com os jovens.
13. Preste contas dos gastos que hoje são convencionalmente escondidos ou "exteriorizados". Sempre que possível, eles devem ser debitados dos lucros.
14. Procure usos possíveis para a moeda local, programas de empréstimos comunitários, sistemas de permutas, e afins.
15. Sempre tenha consciência do valor econômico das atividades da boa vizinhança. Na nossa época, os custos de vida aumentam bastante em função da perda da vizinhança, deixando as pessoas sozinhas para enfrentar suas desgraças.
16. Uma comunidade rural sempre deve conhecer e se conectar de forma profunda com pessoas de espírito comunitário dos povoados e cidades vizinhos.
17. Uma economia rural sustentável sempre dependerá dos consumidores urbanos fieis aos produtos locais. Contudo, estamos falando de uma economia que sempre será mais cooperativa do que competitiva.[65]

Aqui vemos, em poucas palavras, a crítica de Berry às vacas sagradas do globalismo e do progresso: o globalismo é a popularização vulgar do universalismo filosófico do Iluminismo: a ambição inebriante de conquistar a própria vida através de múltiplas generalizações filosóficas: teorias universais da humanidade e do sistema de comércio global. O globalismo gera húbris intelectual, hierarquias

---

[65] Berry, *Another Turn of the Crank*, p. 19-22.

sociais, oligarquias e, por fim, guerra. O mito do "progresso" justifica essas coisas por meio da crença irracional de que elas são estágios necessários na criação de um mundo melhor. Isso nada mais é do que uma versão materialista de algo ilusório, inalcançável. O presente é sacrificado em nome do futuro, e a verdade do presente é substituída por uma fantasia utópica *tecnocientífica* que tem tanta chance de ser concretizada quanto o Reich de mil anos.

Essas críticas, é claro, não são formulações incrivelmente "originais", mas o que torna a crítica social de Berry única é que ele a elabora com um rigor e uma sofisticação que poucos ecologistas sociais podem igualar. Isso se deve, em parte, ao seu comprometimento cristão para com o particularismo e o localismo da encarnação. A sacralidade da vida é sempre a sacralidade *desta* vida, *deste* homem ou *desta* mulher – jamais da totalidade abstrata. Ele explica esse ponto repetidamente: o que nós realmente queremos não são equipamentos que melhorem a produtividade, mas um trabalho que faça sentido; o que nós realmente queremos não é o império, mas o autogoverno; não o conforto, mas a integridade; não o poder, mas liberdade e conexão; e o que irá realmente nos libertar não é a licença para fazermos o que quisermos, mas a autonomia dentro da comunidade. Para conquistar isso, não precisamos nos martirizar, mas vivermos e nos sacrificarmos por nossa família e por nossos amigos em uma simples harmonia com a natureza.

Por que isso é tão difícil?

## Capítulo 4 | Crítica Macro-Histórica

Depois de Hiroshima, ficou claro que a lealdade da ciência não era para com a humanidade, mas para com a verdade – sua própria verdade –, e que a lei da ciência não era a lei do bem [...] mas a lei do possível [...] o que for possível para a tecnologia fazer, a tecnologia terá feito.
*Archibald MacLeish*, "The Great American Frustration".[1]

Com o crescimento das sociedades populosas, da acumulação de riquezas, do desenvolvimento de grandes instituições políticas e religiosas e, acima de tudo, com a expansão da invenção e dos recursos para a guerra, a vida humana na Terra foi revolucionada. Essa revolução começou com o que chamamos de "história" e chegou ao clímax agora, em outra e ainda maior revolução que pode nos levar, de um jeito ou de outro, ao fim da história. Atingiremos esse fim pela destruição cataclísmica ou – como outros prometem afavelmente – em um "novo tribalismo", uma submersão da história no vasto complexo de relações midiatizadas que tornará o mundo inteiro uma cidade homogênea? Será ela a cidade puramente secular e tecnológica, na qual todas as relações serão culturais e a natureza terá sido absorvida pelas técnicas? Isso acontecerá na virada do milênio? Ou tudo não passará da trabalhosa instituição de uma nova espécie de selva, o labirinto eletrônico, em que tribos caçarão cabeças entre as antenas e saídas de incêndio até que, de algum modo, uma cultura pacifista escatológica emerja em algum lugar na estrutura turbulenta do artifício, da abstração e da violência, que se tornou a segunda natureza do homem?
*Thomas Merton*, Ishi Means Man.[2]

Os pensadores cristãos sempre defenderam narrativas macro-históricas como a Bíblia. Desde *Cidade de Deus*, de Agostinho, aos doze volumes de *Study of History*, de Arnold Toynbee, eles enfatizaram a incongruência entre os valores da civilização e os da comunidade amorosa. Observando padrões históricos mais amplos, eles veem uma série de estados evoluindo para repúblicas, e repúblicas se tornando

---

[1] Archibald MacLeish, "The Great American Frustration" ["A Grande Frustração Americana"], *Saturday Review*, 13 jul. 1968, p. 13-17.

[2] Thomas Merton, *Ishi Means Man* [Ishi significa "Homem"]. Greensboro, N.C.: Unicorn Press, 1976, p. 70-71.

impérios. Toynbee, por exemplo, viu o Ocidente se movendo rumo a um novo mundo globalizado, o qual seria apenas o veículo temporário para o desenvolvimento de uma espiritualidade mundial que sintetizasse o budismo e o cristianismo. Ele alertou que os cidadãos americanos abdicariam alegremente de sua república em nome da inebriante promessa de um império, e se preocupou com a ideia de que os próprios Estados Unidos seriam apenas um ponto de passagem no movimento rumo a uma nova ordem mundial que redefiniria toda oposição à sua hegemonia internacional como "irrelevante".

*Empire*, de Antonio Negri e Michael Hart, expressa essa mesma ideia, mas com a guinada marxista de que esse novo superestado é, na verdade, produto do idealismo descontrolado que precisa ser superado por um novo empirismo político. Os críticos sociais cristãos aqui analisados revertem esse procedimento, argumentando que o cristianismo tem sido desvirtuado e apropriado por forças que se colocam em uma defesa sóbria e estática das instituições existentes, hiper-espiritualizando sua mensagem e encorajando uma leitura abstrata, a-histórica e apocalíptica das Escrituras.

Nesse sentido, a religião organizada, como Jesus, Paulo e Blake sabiam tão bem, é muitas vezes a serviçal dos que estão no poder, ao passo que a revelação cristã anunciada nas epístolas paulinas e no Sermão da Montanha expõe esse conluio do estado com a superstição por meio da desconstrução da mitologia do bode expiatório em todos os seus disfarces. Czesław Miłosz, poeta agraciado com o prêmio Nobel, comparou o que aconteceu com o cristianismo no Ocidente com o ato de pegar o metrô errado em Nova York. "Você pode ir na direção errada, para algum lugar. Você vai para muito longe e não pode descer. Talvez estejamos no trem errado. Goethe intuiu que alguma coisa estava errada, que a ciência não devia ser separada da poesia e da imaginação. Blake também."[3]

---

[3] Nathan Gardels, "An Interview with Czesław Miłosz" ["Uma Entrevista com Czesław Miłosz"], *New York Review of Books 33* (27 fev. 1986), p. 35.

Talvez estejamos começando a retornar para uma época em que a poesia, a revelação e a imaginação podiam trabalhar junto com a ciência. Sozinha, a razão não define mais o horizonte do nosso conhecimento coletivo compartilhado, e nós viemos a aceitar o fato de que a crença, o compromisso, a revelação e até mesmo a prece têm o poder de moldar e reavivar as nossas vidas, e que não podemos prescindir da presença do "outro" em nossa busca pela verdade ou ignorar o "outro do outro" sem comprometer a objetividade das nossas análises. Deus voltou às nossas deliberações epistemológicas, para o bem ou para o mal. Os racionalistas não podem mais vacilar diante do argumento de Kierkegaard de que a fé exige "uma suspensão da ética", pois a ciência também exige isso, e também os negócios, assim como praticamente quaisquer outras disciplinas e práticas autônomas.

O que nós precisamos agora é de uma crítica que parta do interior dessas disciplinas, uma discordância interna não de *sua irracionalidade*, mas de seus equívocos, de sua falsa inclusão, de sua cegueira voluntária para os outros e seu foco estreito sobre o sistema. Isso nos foi parcialmente oferecido quando Soljenítsin triunfou sobre a *Crítica da Razão Dialética*, de Sartre, com o *Arquipélago Gulag*, e quando Auden fez a mesma coisa com o retorno de Heidegger à ontologia fundamental, por meio de seu regresso à profecia bíblica em *The Age of Anxiety* [A Era da Ansiedade]. A "nova" cultura cristã, em outras palavras, já está aqui – e está há muitos anos, mas oculta pela névoa da "religião" popular, com seus evangelistas capciosos, programas televisivos ruins, falsas controvérsias e não revivalismos cíclicos.

Para compreender por completo o significado desses desdobramentos, devemos restabelecer a distinção entre os nossos "eus" falsos e verdadeiros, entre nossas almas e nossas identidades sociais, entre a cultura cristã, que constitui a base metafísica da civilização na qual vivemos, e as várias distorções daquela tradição que compõe a fé popular. Nós devemos distinguir entre as realidades políticas que moldam as nossas vidas e a versão midiática das "políticas" que não são muito mais do que uma forma de entretenimento de massa e distração. Aconteceu muito mais conosco nos últimos vinte e cinco anos do que a ascensão do lobby dos negócios da Costa Oeste na década de 1980, o resgate do establishment da Costa Leste nos anos 1990 e os ataques terroristas de 11 de setembro. Mesmo assim, um público espantado não ouve muito mais do que isso enquanto assiste, impotente, aos pretensos césares desenvolverem novas tecnologias por dinheiro velho e acertarem contas antigas com sangue fresco.

## MARSHALL MCLUHAN: O CRISTÃO NA ERA ELETRÔNICA

> Quanto a Blake, McLuhan é seu sucessor de novo e de novo.
> *George Steiner*, McLuhan: Hot and Cool.[4]

> Não é de cérebros ou inteligência que precisamos para superar os problemas que Platão, Aristóteles e todos os seus predecessores e sucessores, até o presente, falharam em confrontar. O que precisamos é de disposição para subvalorizar o mundo por completo. Isso só é possível para um cristão. Todas as tecnologias e todas as culturas, antigas e modernas, são partes de nossa vastidão imediata. Há esperança nessa diversidade desde que ela crie novas e enormes possibilidades de desapego e diversão na credulidade humana e no autoengano. Não faz mal que nos lembremos de vez em quando que o "Príncipe deste Mundo" é um grande relações públicas, um grande vendedor de novos hardware e software, um grande engenheiro elétrico e um grande mestre da mídia. Sua cartada de mestre é não só ser matéria, mas invisível, pois a matéria é invencivelmente persuasiva quando ignorada.
> Marshall McLuhan.[5]

São bem poucos os leitores de Marshall McLuhan que percebem que toda a sua obra é construída sobre uma visão de mundo cristã

---

[4] Em *McLuhan: Hot and Cool*, ed. Gerald Emmanuel Stearn. Nova York: New American Library, 1967, p. 234.

[5] Marshall McLuhan, em carta a Robert J. Leuver, citada em *Marshall McLuhan: Escape into Understanding* [Fuga para o Entendimento], de W. Terrence Gordon. Nova York: Basic Books, 1997, p. 222-3.

contemplativa. Um católico convertido, McLuhan foi à missa todas as semanas de sua vida adulta e considerava que suas teorias radicais e "experimentos do pensamento" levaram o uso da ironia de Chesterton a níveis metafísicos superiores – transformando o paradoxo em "um autêntico instrumento poético para criar mundos de descobertas". Os mundos de descobertas que interessavam a McLuhan, contudo, eram mundos interiores, mudanças sensoriais e reajustamentos somáticos. Suas "sondagens"[6], como ele as chamava, eram incisivas, epigramáticas, "teorias em miniatura" concebidas para oferecer observações livres e independentes, libertas de cadeias causais de pensamentos ou argumentos lineares tradicionais. Ele via a si mesmo, no entanto, mais como um artista e teórico do que como um sistematizador intelectualizado.

McLuhan explica:

> Estou perfeitamente preparado para descartar qualquer afirmação minha sobre qualquer tema assim que eu descobrir que ela não está me levando ao problema. Não tenho qualquer devoção às minhas sondagens, como se elas fossem opiniões sagradas. Não tenho interesse proprietário por minhas ideias e nenhum orgulho autoral desse tipo. Você tem que empurrar qualquer ideia ao extremo, você tem que inquirir. O exagero, no sentido de uma hipérbole, é um grande instrumento artístico em todas as formas de arte. Nenhum pintor e nenhum músico jamais fizeram qualquer coisa sem chegar ao extremo uma forma ou um modo, até que tivessem extrapolado as qualidades que lhes interessavam. Wyndham Lewis disse: "Arte é a expressão de uma preferência colossal" por certas formas de ritmo, cor, pigmentação e estrutura. O artista exagera ferozmente a fim de registrar essa preferência em algum material. Você não pode construir um prédio sem um enorme exagero ou preferência por um certo tipo de espaço.[7]

McLuhan entendeu que nada é cognoscível sem o ambiente que lhe serve de campo. E todo meio, como toda forma, privilegia um

---

[6] "Probes", no original: "sondagens", "inquéritos", "investigações". (N. T.)
[7] Stearn, *McLuhan: Hot and Cool*, p. 277.

sentido, um espaço, uma cor, uma realidade em detrimento de outra, moldando, dessa forma, a nossa experiência do mundo em padrões muito específicos. A imprensa, por exemplo, traduz a experiência em classificações lineares que se fundem em um "ponto de vista".

Assim, em uma sociedade orientada pela imprensa, o pensamento é o ordenamento consistente das coisas, ao passo que, nas sociedades ágrafas moldadas pela oralidade, a experiência é traduzida em som e, então, as palavras coalescem na "presença" do orador. O "pensamento" em uma cultura oral não é tanto o ordenamento consistente das coisas, mas uma sabedoria nascida do ato poético de nomear. Por isso, quando a civilização ocidental passou de uma cultural oral para uma cultura impressa após a revolução de Gutenberg, a autoridade intelectual mudou do homem sábio, com experiência e caráter, para o homem especialista equipado com lógica e método. E ali, para McLuhan, reside o conflito essencial intrínseco à história intelectual do Ocidente nos últimos quatrocentos anos.

McLuhan acreditava que estávamos no centro de outra transição global, da imprensa para o meio eletrônico. Essa transição estava suscitando um retorno à cultura oral no exato momento em que os computadores transformavam a lógica linear e a razão computacional em um deus virtual, causando, assim, confusão em nosso entendimento de nós mesmos e na maneira como processamos informações. Um abismo geracional emergia em escala global enquanto as classes mais letradas e educadas entravam em conflito com os novos *tecnocaipiras* centrados na oralidade dos meios de comunicação de massa. Isso levou a uma crise, nas instituições existentes, entre o novo primitivismo e as velhas hierarquias. De um lado, a cultura visual e linear da imprensa constituía o "establishment" racional e baseado em regras; do outro, a nova cultura oral da experiência interior era a oposição emocional, a "contracultura" carismática.

A disposição de McLuhan para explorar o impacto dessas mudanças *psicoambientais* fez dele um dos poucos intelectuais cristãos modernos interessados nas novas formas culturais que emergiam entre os marginais e vanguardistas, não só quanto ao seu conteúdo religioso, mas também em relação aos campos psicológicos em deslocamento e às redes sensoriais que remodelavam a consciência humana ao redor do mundo. McLuhan sentiu que era importante que os estudiosos explorassem a dimensão formal da dissensão interna e da rebelião radical, uma vez que ninguém criado na "cultura do livro" parecia levar esses desdobramentos a sério. Ele previu, por exemplo, que as novas mídias ocasionariam um crescimento dos índices de analfabetismo e um aumento dos extremismos políticos e religiosos. Em geral, suas previsões foram motivo de piada na época, pois, então, os índices de analfabetismo vinham caindo havia mais de cinquenta anos e o terrorismo parecia uma tática que minguava em um cenário mundial cada vez mais esclarecido. Mas, olhando para trás, suas previsões não foram só precisas, mas proféticas.

Em seu livro *The Virtual McLuhan*, Donald Theall descreve o relacionamento ímpar de McLuhan com os desdobramentos culturais contemporâneos:

> McLuhan passou a explorar a tecnologia e a cultura por causa de seu comprometimento com a preservação de um mundo no qual homens de letras possam assumir uma posição de autoridade por meio de ensaios e livros que demonstram que a "mudança é perigosa e ameaçadora". Ao buscar a verdadeira relevância de McLuhan para o milênio digital, é preciso ter em mente sua orientação *multiesquizoide*, com seu desapreço pela tecnologia e pela mudança, seu lado nietzschiano, seu pietismo católico e sua compreensão penetrante sobre como o domínio tradicional do artista e das humanidades (em contradição com o humanista) foi o guia crucial para compreender a *tecnocultura*.[8]

O próprio McLuhan escreveu:

---

[8] Donald Theall, *The Virtual McLuhan* [O McLuhan Virtual]. Montreal e Kingston: McGill-Queens University Press, 2001, p. 50.

> Os Cavalos Selvagens da cultura tecnológica ainda não encontraram seus adestradores e donos. Eles só encontraram seus P. T. Barnums.[9] Os futuros senhores da tecnologia terão de ser despreocupados e inteligentes. A máquina domina facilmente os sinistros e os burros.[10]

Logo, embora fosse ortodoxo em suas crenças religiosas e tradicional em seu comprometimento humanista, McLuhan era vanguardista em sua compreensão da civilização contemporânea e experimental em seus métodos para desvendar as dinâmicas que remodelavam a civilização mundial. Nesse sentido, ele era, como muitos acusaram, um apologista cristão disfarçado de teórico da mídia, e sua ortodoxia pode ser percebida no olhar decididamente apocalíptico, mas despaixonado, que lançou sobre toda a extensão da história mundial.

Mas, diferentemente de Hegel e Marx, ele não via uma progressão, mas um panorama de tecnologias mutantes da consciência. Novas mídias criam novos ambientes psicossociais que moldam como vivemos, agimos e pensamos. Gêneros, estilos e todas as modalidades de formas literárias e culturais operam com esses diferentes modos de ser para criar mundos da percepção. "Mito", McLuhan explica, é "o modo de consciência simultânea de um conjunto complexo de causas e efeitos".[11] Ele molda a percepção, o significado e o sentido em uma única estrutura narrativa. Logo, a história intelectual, enquanto história da consciência, está constantemente se recalibrando, não só em termos de uma única marcha metanarrativa da "razão" e/ou "ciência", mas na evolução de suas formas míticas e sensoriais que geram mundos humanos dentro dos quais o significado e o propósito da vida adquirem forma.

---

[9] Phineas Taylor Barnum (1810-91) foi um *showman* e empresário do ramo de entretenimento, fundador do célebre circo Ringling. (N. T.)

[10] Marshall McLuhan, *Counter Blast* [Explosão Contrária ou Contraexplosão]. Nova York: Harcourt, Brace & World, 1969, p. 54-55.

[11] Marshall McLuhan e Quentin Fiore, *The Medium Is the Message* [*O Meio é a Mensagem*]. Nova York: Simon & Schuster, 1967, p. 114.

O significado de uma obra de arte tem a ver com a forma como ela age sobre você – a maneira como reestrutura a sua perspectiva e muda a sua atitude. Para McLuhan, as novas mídias eletrônicas eram formas complexas, daí que seus efeitos sobre nós eram efeitos formais, não conceituais. A mídia particular libera uma parte daquele depósito inexaurível de intuição analógica que constitui a capacidade imaginativa humana, ou seja, a televisão e o rádio liberaram uma enorme quantidade de experiências e assimilações que estiveram dormentes por séculos.

Diferentemente dos críticos sociologicamente orientados, contudo, McLuhan confiava nas ferramentas filológicas da etimologia e da exegese por acreditar que só poderíamos entender os produtos da nova e emergente cultura eletrônica ao compreendê-los como expressões de "novas linguagens". Para fazer isso, ele precisava desenvolver uma gramática das formas mediadas. Essa era a única maneira de articular o que nossas análises anteriores negligenciaram, a saber, *o campo mediado* no qual o "conteúdo" das nossas vidas é expresso. Para McLuhan, a suposta crise da fé provocada pela modernidade era, na verdade, o resultado de uma mudança na mídia primária, não uma grande calamidade epistemológica qualquer ou a "morte de Deus".

O alfabeto fonético, ele explica, havia libertado os gregos da magia acústica das sociedades tribais. A desconexão emocional criada pela página escrita deu a eles o poder da releitura e, portanto, a capacidade para refletir – libertando-os de uma existência acrítica e emocionalmente limitada. Esse mundo de intuição individual e existência privada interior está agora sendo destruído pela nova mídia eletrônica, onde "escutar é acreditar". E isso causa toda sorte de confusões, sobretudo nos países do Terceiro Mundo, os quais, em primeiro lugar, jamais vivenciaram a instrução, deparando-se com suas culturas partidas ao meio por uma "vanguarda" bárbara que sabe usar a mídia e é violenta, emocional, aural e mística, e uma hierarquia conservadora e tradicionalmente "educada" que é mais razoável, mas antiquada – ou seja, desprovida de carisma ou intensidade apaixonada.

Agora que todo mundo assiste a todo mundo instantaneamente, você não consegue diferenciar entre os atores e a audiência, os combatentes e os civis, a realidade e a simulação. De fato, McLuhan observa, todas as distinções desapareceram. Para nós que vivemos na velocidade da luz, a chave para entender a modernidade é perceber que, hoje, toda experiência se tornou simultânea e é apreendida pelo lado direito do nosso cérebro, ao passo que, antigamente, a experiência era sequencial e lógica, e apreendida pelo hemisfério esquerdo.

Por conseguinte, o universo religioso dos jovens (como o das sociedades iletradas ou ágrafas) é algo bastante diverso do universo da liderança letrada da Igreja. Hoje, todos nós estamos menos interessados em – ou somos confrontados por – discussões doutrinárias ou dogmáticas, e somos mais abertos aos elementos experimentais, mesmo místicos, da fé. Temos bem poucas dificuldades para imaginar realidades simultâneas e sobrepostas. A doutrina da Trindade, outrora um enigma, agora é facilmente compreendida e aceita sem questionamento.

Sob as condições eletrônicas, McLuhan nos diz que somos libertos da lei natural e encontramos nosso fundamento em leis e experiências sobrenaturais. Nós vivemos em uma aldeia global caracterizada pela desmistificação coletiva das mitologias de mundos conflitantes. As certezas do Iluminismo se foram, novas ciências radicais redefinem tudo, e os meios de comunicação de massa comercializam e eliminam nossas débeis ilusões românticas. O homem pós-letrado calhou de ser tão primitivo, tribal, confuso e reacionário quanto McLuhan previu que seria: "o Ocidente está indo para o Oriente – tribal e fechado – e o Oriente está se destribalizando – indo para o Ocidente e para fora – Todas as imagens identitárias, privadas e coletivas, dissolvem-se, e segue-se uma luta violenta para controlar essas imagens".[12]

---

[12] Marshall McLuhan, *Culture Is Our Business* [Cultura é o Nosso Negócio]. Nova York: McGraw Hill, 1970, p. 66.

Assim, a crise da civilização pós-moderna se manifesta como uma crise de identidade dos indivíduos nos dois lados do abismo geracional e da divisão histórico-mundial. No Ocidente, o ponto de fuga da pintura renascentista foi invertido e são os nossos aparelhos de televisão que agora olham para nós. *Camp*, *kitsch* e *dreck*[13] – outrora sintomas da decadência estética – agora se tornaram o conteúdo cotidiano da cultura popular: uma cultura que deixou para trás não só a realidade, mas a sua própria reflexão sobre a realidade. Recentemente, um dos concorrentes do programa de TV *Survivor* declarou que os quinze dias em que participou do programa foram "a experiência humana mais fundamental de sua vida", testando sua coragem e definindo a sua verdadeira natureza mais profundamente do que qualquer outra experiência.

McLuhan nos oferece uma teoria para entender como experiências "simuladas" podem assumir tamanho significado existencial. Hoje, todas as mitologias do mundo se revelam como produtos de um conjunto de modos sensoriais (logo, um conjunto de virtudes e percepções) sobre outro; a mídia eletrônica resgata certas energias perdidas, arcaicas, mas ameaça perder contato com aquelas energias trazidas ao primeiro plano pela civilização visual. A história agora se

---

[13] *Camp* é uma gíria que designa algo muito exagerado, afetado, artificial, e diz respeito a uma proposta que procura ironizar e ridicularizar elementos típicos da estética dominante. A esse respeito, sugiro a leitura de um célebre artigo de Susan Sontag intitulado "Notas sobre *Camp*", publicado na *Partisan Review* em 1964 e facilmente encontrável em português na internet. *Kitsch* diz respeito a objetos artísticos baratos e vulgares, que se apropriam de elementos da arte erudita, mas acabam por sentimentalizá-los, tornando-os bregas, toscos. Quanto ao termo *Dreck* ("porcaria"), podemos recorrer a Philip Stevick e seu ensaio "Prolegomena to the Study of Fictional *Dreck*" ["Introdução ao Estudo do *Dreck* na Ficção"] para esclarecê-lo: "o lixo da ficção atual representa uma nova forma de dar especificidade ficcional a uma vida qualitativamente sem sentido", o que é contrabalançado com "um senso sagaz e lúdico que torna aquela falta de sentido suportável e, com frequência, muito engraçada" (em *Comic Relief*, [Alívio Cômico], ed. S. B. Cohen — Urbana: University of Illinois Press, 1978, p. 275). Ou seja, os autores lançam mão de toda sorte de elementos da cultura de massa e, transformando-os, reprocessando-os, acabam por usá--los para esclarecer e satirizar aquela mesma cultura. (N. T.)

revela um multifacetado sistema de resgate de valores operando em um turbilhão de relações perceptivas que entram e saem uma das outras no decorrer do tempo, mas não chegam a lugar nenhum. *Cultura* se tornou uma palavra que os cientistas sociais usam para descrever a configuração mais recente dos míticos significados indígenas em uma específica localização geo-histórica, ao passo que *política* é a palavra que é usada para descrever a tentativa desesperançada de *remitologizar* as nossas vidas coletivas.

A publicação relativamente recente das cartas de McLuhan favoreceu a nossa compreensão da dimensão espiritual de seu pensamento.[14] Ele estava claramente tentando chegar a um nível filosófico superior em um ambiente cultural no qual grandes ideias tinham se tornado uma espécie em extinção. Ele pressentiu a onda anti-intelectual, mesmo anti-teórica, do futuro, e então concebeu suas sondagens como hipóteses poéticas: primeiros passos rumo a uma visão mais inclusiva do todo. Acrescente à sua obra as visões de outros pensadores cristãos da macro-história, como René Girard, Jacques Ellul e Ivan Illich, o foco é reforçado e as peculiaridades espirituais de nossa época são facilmente percebidas – preparando o caminho para uma antropologia cristã ainda mais inclusiva do que qualquer coisa que o próprio McLuhan tenha imaginado.

Em seu livro *Propaganda*, Jacques Ellul explicou que a doutrinação ideológica funciona melhor em uma população foneticamente instruída.[15] A capacidade de atenção dos indivíduos eletronicamente condicionados é insuficiente para uma completa transformação psicológica. Da mesma forma, a capacidade de retenção dos que foram criados eletronicamente também diminui. Portanto, simplesmente não pode ocorrer nenhum movimento cultural duradouro em um

---

[14] Marshall McLuhan, *Letters of Marshall McLuhan*, cartas compiladas e editadas por Matie Molinaro e William Toye. Toronto: Toronto University Press, 1987.

[15] Jacques Ellul, *Propaganda*. Nova York: Vintage Press, 1973, p. 2.

ambiente de mídia eletrônica. O fanatismo pós-moderno é, por sua própria natureza, instável, de curta duração e perigosamente fluido. Nós vivemos em uma era de paixões momentâneas, coletividades improvisadas, convicções do calor do momento contestadas por retrações do calor do momento.

Em um mundo assim, precisamos de uma estratégia que possa fundir os velhos e obliterados truísmos com as preocupações atuais – uma forma de unir o novo e surpreendente com o antigo e atemporal. Os cristãos contemporâneos não vivem em uma época de exílio, mas em um tempo de restauração imediata e perpétua. Desse modo, eles enfrentam o duplo problema de se desapegar do passado sem se perder nas instabilidades da nova civilização filisteia. Isso exige pensar além da relação entre a liturgia e a nova mídia.

A liturgia cristã, McLuhan explica, é uma forma de comunicação fundamentalmente diversa do drama ou da retórica, e, caso seja um ritual, é um ritual que transcende a si mesmo. Incorporar formas modernas de expressão, como filmes, vídeos ou rock n'roll, à sua estrutura exige uma compreensão profunda e ampla tanto do significado da liturgia quanto dessas novas formas. Não se pode simplesmente cantar a homília em rap e esperar que isso torne o seu sermão contemporâneo, assim como versões em ritmo de rock dos hinos não tornam a contemplação acessível para os adolescentes.

As mídias eletrônicas, segundo McLuhan, são "viagens interiores" e, portanto, tendem a favorecer um envolvimento mais profundo com as formas de meditação. Como resultado, alguém poderia esperar que os fiéis contemporâneos, educados pelas novas mídias, iriam preferir as preces e práticas contemplativas em vez dos sermões, como podemos verificar no surpreendente sucesso do movimento *Centering Prayer* e na nova atenção dada aos retiros e às orientações espirituais particulares. Além disso, à medida que o tempo e o espaço encolhem por conta da comunicação eletrônica, as denominações religiosas deixam de ser tão importantes, os lugares de adoração se tornam cada vez mais arbitrários e o ecumenismo se transforma em uma necessidade evidente. As discussões doutrinárias se tornam batalhas entre velhas e novas escolas, entre um passado letrado, racional e sem carisma e um "presente" emocional, intuitivo e voltado para o futuro. Claro que ambos os lados ignoram o quadro mais amplo da disputa midiática que constitui o verdadeiro conteúdo de suas discussões, de tal modo que nenhum deles está realmente correto: cada qual representa lógicas totalmente distintas, logo irreconciliáveis, e nenhuma delas é absoluta ou inclusiva.

Na antologia *The Medium and the Light*, Eric McLuhan e Jacek Szklarek compilaram as sondagens de McLuhan sobre a natureza da conversão, da igreja, da religião e das "máquinas de fazer deuses" do mundo moderno. Eles descrevem essas reflexões religiosas como um "fio de ouro" alinhando seus pronunciamentos públicos sobre a mídia e as mudanças sociais.

McLuhan argumenta que *a verdadeira mensagem da igreja* está nos efeitos colaterais da encarnação, ou seja, na entrada de Cristo em cada aspecto da existência humana. Para ele, a questão principal é: onde nós estamos em relação a essa realidade? A maioria das pessoas prefere evitar a questão. Elas se preocupam com o conteúdo do cristianismo, não com sua *mensagem*, que consiste em "estar conectado a uma pessoa".[16]

Quando os apologistas cristãos se concentram no conteúdo da fé, McLuhan sustenta, eles raramente vão além de sua causa eficiente. Mas é na causa formal que repousa o verdadeiro significado do cristianismo, isto é, onde *o modo de ser cristão* é comunicado. A doutrina cristã é apenas metade da fé – e não é a metade que opera com maior força em nossas vidas. Idealmente, McLuhan nos diz, esses dois aspectos do cristianismo deveriam estar unidos, pois é apenas no nível de um cristianismo vivo que o meio realmente *é* a mensagem.[17]

---

[16] McLuhan, *The Medium and the Light: Reflections of Religion*, ed. Eric McLuhan e Jacek Szklarek. Toronto: Stoddart, 1999, p. 55.

[17] Ibid., p. 55-56.

Quando perguntado se achava que a Igreja Católica americana havia se tornado demasiadamente complacente para com as necessidades dos membros do clero, McLuhan respondeu:

> Nunca fui à igreja como uma pessoa que estava sendo ensinada. Eu fui de joelhos. Essa é a *única maneira* de entrar ali. Quando as pessoas começam a rezar, elas precisam de verdades; isso é tudo. Você não vai à Igreja por causa de ideias e conceitos, e você não vai embora por mera discordância. Tem de ser por causa da perda da fé, da perda da participação. Você pode ver quando as pessoas deixam a Igreja: é quando elas param de rezar. O relacionamento ativo com as orações e sacramentos da Igreja não ocorre por meio de ideias. Hoje, qualquer católico que tenha uma discordância intelectual com a Igreja, tem uma ilusão. Você não pode ter uma discordância intelectual com a Igreja: isso não faz sentido. A Igreja não é uma instituição intelectual. Ela é uma instituição sobre-humana.[18]

Para McLuhan, a questão teológica mais premente do nosso tempo era o que fazer com a tradição greco-romana agora que ela se tornou a casca, e não o conteúdo da fé. Seria a empreitada greco-romana apenas "um bastião político que agora podemos deixar afundar sob as ondas elétricas que hoje cobrem o planeta? Quanto da mentalidade greco-romana a Igreja realmente precisa transmitir para a sociedade? Suas formas de experiência e expressão visuais podem ser abandonadas pelo homem acústico e elétrico? Agora a igreja pode ser introduzida diretamente nas vidas de todos os africanos, de todos os orientais, ao se entregar sem questionamentos à mentalidade elétrica?"[19]

Quando perguntado se não estava amedrontado pelas implicações de seus próprios questionamentos e teorias, McLuhan admitiu:

> Minha formação se deve inteiramente ao meu hemisfério cerebral esquerdo, que é o literário. Todos os meus valores foram, é claro,

---

[18] Marshall McLuhan, "Futurechurch: Edward Wakin Interviews Marshall McLuhan" (Igreja do Futuro: Edward Walken entrevista Marshall McLuhan), *U.S. Catholic* 42, nº 1 (jan. 1977, p. 6-11.

[19] McLuhan, *Medium and the Light*, 208-9.

alimentados pela civilização greco-romana. Então, você pode adivinhar facilmente o que estou sentindo. De certa forma, também penso que essa pode ser a época do Anticristo. Quando a eletricidade permite a simultaneidade de toda informação para qualquer ser humano, é a hora de Lúcifer. Ele é o maior engenheiro elétrico. Tecnicamente falando, a época na qual vivemos é certamente favorável para o Anticristo. Pense nisso: cada pessoa pode ser instantaneamente sintonizada a um "novo Cristo" e confundi-lo com o verdadeiro Cristo. Em tempos como esses, torna-se crucial ouvir bem e estar sintonizado à frequência correta.[20]

McLuhan esperava que, se pudesse descobrir o princípio da criatividade na moral, ele teria a chave-mestra para futuras associações interculturais. Confrontados pela sobrecarga de informações, ele afirmou, não temos alternativa exceto confiar no reconhecimento de padrões.

> Nós devemos substituir o interesse pela mídia pelo interesse anterior nos sujeitos. Essa é a resposta lógica ao fato de que a mídia substituiu o mundo antigo por si mesma. Mesmo se desejarmos resgatar aquele mundo antigo, só podemos fazer isso mediante um estudo intensivo da forma pela qual ele foi engolido pela mídia. E não importa quantos muros caíram, a cidadela da consciência individual não caiu e tampouco provável que caia. Por isso, ela não é acessível aos meios de comunicação de massa.[21]

Aqui podemos ver que McLuhan queria fazer pelos consumidores da mídia moderna o que Northrop Frye tentou fazer pelos leitores de literatura: torná-los os heróis de sua própria busca por significado e levá-los ao centro contemplativo da mente, onde a palavra se tornaria a Palavra e o meio, a mensagem.

De fato, seu slogan "o meio é a mensagem" é apenas outra maneira de dizer "a Palavra tornada carne". Para McLuhan, divindade e humanidade haviam se tornado uma em Cristo, assim como a forma

---

[20] Ibid.
[21] McLuhan, *Counter Blast*, 132-5.

e o conteúdo, o temporal e o eterno. Da perspectiva de McLuhan, a *Anatomia* de Frye era inerentemente incompleta porque o centro literário do mundo moderno havia sido ingerido pela nova mídia eletrônica. Retórica, ironia e mito não eram mais absolutos estéticos, mas perseguiam uns aos outros ao redor dos perímetros da nova sensibilidade via programas de rádio e shows televisivos.

Independentemente de McLuhan estar ou não certo quanto ao tipo móvel de Gutenberg ter causado a mudança para a consciência moderna, não há dúvida de que algum tipo de transformação ocorreu na forma como os modernos processam a informação e entendem a cultura. Suas explicações hiperbólicas tornam essa transformação grande o bastante para que a enxerguemos, e se ele está errado em alguns pormenores ou supervaloriza seu ponto de vista, é algo pequeno se comparado à enorme verdade que foi capaz de comunicar: nós somos muito diferentes dos antigos.

Menos um estudioso das comunicações e mais um historiador da consciência, McLuhan tornou o drama interior da nossa era mais inteligível – fornecendo uma visão do embate entre culturas e gerações que ocorre dentro do embate maior entre civilizações, expondo as guerras civis que se desenrolam entre gerações e sensações conflitantes. É aqui que a verdadeira batalha pelo futuro está tomando forma: nas guerras fenomenológicas dentro das civilizações que, se não forem negociadas de forma apropriada, poderão levar a guerras propriamente ditas entre elas.

Se a velha epistemologia se revelou infundada, e a escatologia ainda mais antiga é a única alternativa viável, então a visão do fim dos tempos se torna o lugar onde o pensamento começa. McLuhan nos conduziu por parte do caminho com sua recusa em jogar o velho jogo linear e fundacionalista[22]. Mas, talvez, haja menos na nova cultura eletrônica

---

[22] O fundacionalismo diz respeito a qualquer teoria epistemológica amparada em crenças básicas e tidas como seguras, a partir das quais o conhecimento é erigido. (N. T.)

do que ele imaginou e, a exemplo de tantos outros milenaristas, tenha confundido o fim de sua época com a vinda do Messias.

O apocalipse midiático de McLuhan, contudo, ainda tem muito a nos ensinar, pois ele olhou diretamente para o abismo da nossa época e, armado com a fé, não vacilou até descrever com precisão sua paisagem fria e lunar. Ele talvez tenha sido o maior dos críticos modernistas, pois enxergou a estrutura mais profunda e o significado filosófico das obras de Joyce e Eliot, convertendo-os em elementos de seu próprio trabalho – não se limitando a descrevê-los como artefatos culturais situados no espaço e no tempo.

McLuhan era um herói cultural nietzschiano de sabedoria jubilosa, e foi sua fé cristã que tornou isso possível, elevando-o acima e além das hipnotizantes arengas políticas e das confusões ideológicas de sua época para que pudesse ter uma visão do todo – subindo e descendo a escada do Ser em uma tentativa de trazer alguma clareza para a nossa moderna confusão das esferas. Era uma tática antiga: medieval, cristã, católica. Mas ela deu à luz uma matriz assombrosa de percepções sobre as nossas vidas pós-modernas.

## NORTHROP FRYE: O RETORNO DA "CAUSALIDADE REVERSA"

> Minha posição cristã é a posição de Blake reforçada por Emily Dickinson.
> *Northrop Frye.*[23]

> Uma vida humana séria, não importando qual religião seja invocada, dificilmente começa antes que enxerguemos um elemento de ilusão no que está realmente lá, e algo real nas fantasias sobre o que poderia estar lá em seu lugar.
> *Northrop Frye*, The Great Code.[24]

---

[23] Northrop Frye, *Notebooks* [Cadernos] 11h, 13: RF 12. Os arquivos de Frye estão na Biblioteca Pratt, da Universidade Victoria, no Canadá.

[24] Northrop Frye, *The Great Code: The Bible and Literature* [O Grande Código: a Bíblia e a Literatura]. Nova York: Harcourt Brace, 1982, p. 50.

> O mundo nos aconselha a ficarmos calados em tempos perversos, a fazer uso de nossa razão para nos defendermos de seu próprio terror e crueldade, a estudar as grandes disciplinas da arte e da ciência para o bem de nossas próprias agressões, do nosso desejo de não sermos o protetor do nosso irmão. Porque o mundo está aterrorizado de silêncio e estudo: ele sabe que na mente calma surge a presença: ela foge de ti guinchando, com todas as suas legiões de demônios. Mas nós sabemos que a vossa luz não pode ser dissimulada, que a vossa presença não está no trovão e no relâmpago e no fogo, mas na pequena e persistente voz da verdade, da paz e da sabedoria. Santificai nossos talentos e nossas mentes talvez reecoem vosso louvor que ressoa da beleza da natureza e das grandes obras do amor e do intelecto.
>
> Northrop Frye.[25]

Northrop Frye era um pastor ordenado na Igreja Unida do Canadá, ortodoxo em sua fé cristã, mas vanguardista em sua sistematização da estética moderna em uma grande ordem contemplativa da imaginação humana: estendendo o universalismo impessoal de Eliot para incluir toda a literatura ocidental. Tomando o exemplo de Blake, ele levantou a hipótese de que, no coração de toda atividade literária, está a busca por identidade, e expandiu essa ideia por meio de Spengler para uma visão enciclopédica da fantasmagoria da história humana. Seu trabalho posterior sobre a Bíblia aliou sua visão de mundo cristocêntrica às suas concepções da arte como essencialmente apocalíptica, e da crítica como alegoria. Ele acreditava que a Bíblia continha as formas e os gêneros mais significativos da ficção, antecipando e, na verdade, moldando as obras de todos os nossos maiores mestres literários – Chaucer, Milton, Blake, Eliot e Joyce –, mas indo além deles em sua defesa, manifesta de uma vida de contemplação contra-histórica e supraliterária. Para Frye, o leitor ideal da Bíblia e da literatura empreende uma viagem para o centro da mente para descobrir que, na verdade, ela não existe.

---

[25] Northrop Frye, *Northrop Frye on Religion* [Northrop Frye e a Religião], ed. Alvin A. Lee e Jean O'Grady. Toronto: University of Toronto Press, 2000, p. 381.

Sua grande contribuição para o pensamento contemporâneo foi sistematizar a poética ocidental em uma única, abrangente e contemplativa ordem da imaginação humana. Ele levantou a hipótese de que, no coração de toda atividade cultural, jazia uma revolta do finito contra o infinito. Nossas vidas começam e terminam, mas o tempo é eterno. Portanto, nós usamos signos, imagens, gestos, palavras e mitos para descrever momentos alternativos no tempo. Essas formas nos dão luz e trevas, verão e inverno, e todos os outros ritmos e contrastes.

Apanhando temas do Gênesis, Frye postula um tempo antes do mito, quando a vida ainda não havia se distinguido da natureza e o mito ainda não era "mito". Após a queda, a história de Deus só poderia ser encarada pela fé ou de forma irônica. Daí os dois polos da imaginação cultural: transcendência trágica ou imanência cômica.

A partir do momento em que o mito é visto como uma história, a consciência não é mais vivenciada em unidade com a natureza; então, o indivíduo deve embarcar em uma busca por identidade, pois a identidade que vem com o meio social e cultural do indivíduo é inerentemente pouco convincente e falsa. Frye coloca da seguinte maneira:

> Em cada época, há uma estrutura de ideias, imagens, crenças, pressupostos, ansiedades e esperanças que expressa a visão sobre a situação e o destino do homem tal como, em geral, é sustentada naquele dado momento. Chamo essa estrutura de mitologia e suas unidades, mitos. Um mito, nesse sentido, é uma expressão da preocupação do homem consigo mesmo, sobre seu lugar no esquema das coisas, sobre sua relação com a sociedade e Deus, sobre as origens primeiras e o destino final, de si mesmo ou da espécie humana em geral. Logo, uma mitologia é um produto da preocupação humana, do nosso envolvimento com nós mesmos, e sempre olha para o mundo do ponto de vista do homem. Os primeiros mitos, primitivos, eram histórias, sobretudo histórias sobre deuses, e suas unidades eram imagens físicas. Em sociedades superiormente estruturadas, os mitos se desenvolveram em duas direções diferentes, mas relacionadas. Em primeiro lugar, eles se

desenvolveram como as literaturas que nós conhecemos, primeiros em contos folclóricos e lendas de heróis, depois em tramas convencionais de ficção e nas metáforas da poesia. Em segundo lugar, eles se tornaram conceitualizados, e se tornaram os princípios informes do pensamento histórico e filosófico, assim como o mito da queda se tornou a ideia informe da história de Roma, de Gibbon, ou o mito da bela adormecida se tornou o mito de Rousseau da sociedade soterrada da natureza e da razão.[26]

Por conseguinte, o pensamento mitológico nunca é superado pela ciência, história, filosofia ou teologia, mas apenas transformado em princípios inconscientes mais amplos. Logo, para Frye, estamos todos em uma jornada das nossas próprias vidas pessoais para a ordem transpessoal do universalmente simbólico. Essa é uma jornada repleta dos perigos psicológicos da projeção, fusão e todo tipo de angústias da influência. Mas, se pudermos navegar por esses problemas de forma honesta, um "eu" mais livre emerge das estreitas identificações de raça, cultura e classe, e da participação mística de toda a humanidade. O "leitor ideal" está no centro de um "universo intertextual", no centro persistente da "ordem das palavras" em que compreendemos o todo e conhecemos a nós mesmos para sermos criadores e recipientes do nosso mundo *mitologizado*. Quando isso acontece, nós transcendemos as palavras e apreendemos a Palavra.

Frye vê o leitor ideal como alguém que morre na letra do texto (leitura literal) e renasce em seu espírito (leitura mítica). "Uma vida humana séria", Frye nos diz, "não importando qual religião seja invocada, dificilmente começa antes que enxerguemos um elemento de ilusão no que está realmente lá, e algo real nas fantasias sobre o que poderia estar lá em seu lugar."[27] "Na visão dupla de um mundo

---

[26] Northrop Frye, *The Modern Century: The Whidden Lectures* [O Século Moderno: As Conferências Whidden]. Toronto: Oxford University Press, 1967, p. 105-6.

[27] Frye, *Great Code*, p. 50.

espiritual e um mundo físico simultaneamente presentes, cada momento que vivemos é também um momento no qual morremos em outra ordem. Nossa vida na ressurreição, portanto, já está aqui, e esperando para ser reconhecida."[28]

Em uma passagem eloquente, Frye resume a relação entre literatura e religião:

> Nos últimos cinquenta anos, venho estudando literatura, na qual os princípios organizadores são os mitos, ou seja, história ou narrativa, e as metáforas, isto é, a linguagem figurada. Aqui estamos em um mundo completamente liberal, o mundo do livre movimento do espírito. Se lemos uma história, não há pressão para acreditarmos ou agirmos baseados nela; se encontramos metáforas na poesia, não precisamos nos preocupar com seu absurdo factual. A literatura incorpora nossas preocupações ideológicas, mas ela se devota sobretudo às preocupações primárias, tanto das formas físicas quanto espirituais: suas ficções mostram seres humanos nos espasmos primários de sobrevivência, amor, prosperidade e luta com as frustrações que bloqueiam essas coisas. Trata-se de um mundo de relaxamento, onde até mesmo as tragédias mais terríveis ainda são chamadas de peças, e um mundo de intensidade muito maior do que a oferecida pela vida ordinária. Em resumo, a literatura faz tudo o que pode ser feito pelas pessoas, exceto transformá-las. Ela cria um mundo no qual o espírito pode viver, mas não faz de nós seres espirituais. Seria absurdo encarar o Novo Testamento apenas como uma obra literária: no entanto, é de maior importância perceber que ele é escrito na linguagem da literatura, a linguagem do mito e da metáfora. Os Evangelhos nos oferecem a vida de Jesus em forma de mito; o que eles dizem é: "Isso é o que acontece quando o Messias vem ao mundo". Uma coisa que acontece quando o Messias vem ao mundo é que ele é desprezado e rejeitado, e procurar nos cantos e recantos do texto evangélico por um Jesus historicamente crível é apenas mais uma desculpa para desprezá-lo e rejeitá-lo. O mito não é histórico nem anti-histórico: ele é contra-histórico. Jesus não é apresentado como uma figura histórica, mas como uma figura que cai

---

[28] Frye, *Northrop Frye on Religion*, p. 235.

na história vinda de outra dimensão da realidade, e assim nos mostra quais são as limitações da perspectiva histórica.[29]

Para salvar a humanidade moderna de suas autodescrições arrogantes, redutoras e pseudocientíficas, devemos resgatar os mitos que fundamentam as nossas vidas em vez de fingir que os transcendemos em algum estado de consciência literal e "mais elevado", que é, em si, a expressão de uma mitologia inconsciente. Portanto, o centro do universo literário é qualquer obra que estejamos lendo no momento, assim como Deus está presente em qualquer pessoa com quem por acaso estejamos.

"Seres humanos vivem em um envelope construído chamado cultura ou civilização", Frye nos lembra.

> O que é genuinamente criativo perturba nossa realidade estabelecida, recuperando nosso passado social reprimido e *vislumbrando redentoramente uma sociedade ideal* em uma natureza totalmente humanizada. Os críticos literários não julgam o escritor, exceto incidentalmente: eles trabalham com o escritor no julgamento da condição humana.[30]

O que distingue a Bíblia do mito literário é a convocação para uma fé ativa, que é "uma sequência contínua de ações comprometidas e guiadas por uma visão".[31]

Em *The Great Code the Bible and Literature*, Frye escreve:

> O que a tipologia realmente é enquanto modo de pensamento, o que ela pressupõe e origina, é uma teoria da história ou, mais precisamente, do processo histórico: uma pressuposição de que há algum significado e sentido na história, e que cedo ou tarde algum evento ou alguns eventos ocorrerão e indicarão qual é aquele significado ou sentido, tornando-se, assim, o anti-tipo do que aconteceu anteriormente.[32]

---

[29] Ibid., p. 178.
[30] Ibid., p. 196. Grifos meus.
[31] Ibid., p. 356.
[32] Frye, *Great Code*, p. 80-81.

Então, quando um tropo literário é repetido ou um mito reencenado, não ocorre uma simples recapitulação, mas uma recriação que pode redimir e redespertar a própria experiência. *Os arquétipos literários funcionam como instâncias de "causalidade reversa", renovando a experiência com novos significados e significâncias.* A literatura e a linguagem renovam constantemente a Terra, sempre recapitulando em novos minidramas o desenrolar da vibração ontológica da experiência humana. Certa vez, Karl Marx fez sua célebre afirmação de que a história sempre repete a si mesma: "A primeira vez como tragédia, a segunda vez como farsa". Frye apenas acrescentaria: "e a terceira vez como romance, a quarta como comédia, a quinta como tragédia outra vez, e assim por diante, em um ciclo infinito e repetitivo até o fim dos tempos". Arte é revelação reciclada.

A igreja, Frye argumenta, deve parar de opor a literatura e a ciência obstinadamente, e, em vez disso, "apresentar sua fé como a emancipação e o cumprimento da razão".[33] Ao separar com firmeza o Evangelho da lei, a Igreja pode mediar entre eles. Ou seja, ao identificar os Evangelhos como uma expressão do mito da liberdade, Frye desconecta o cristianismo dos poderes constituídos e, como Blake, reconecta-o à soberania da imaginação humana.

Frye via as ideologias sectárias como a morte da cultura. A Bíblia pode superar a ideologia quando vista como uma fonte de reflexão metamitológica que aponta para o leitor o centro contemplativo de toda e qualquer estrutura simbólica. No Novo Testamento, a mitologia do Velho Testamento é transformada em literatura: rejeitada *e* afirmada, "desmascarada" e "realizada", exposta como fictícia e, ainda assim, reconhecida como anagógica. O pensamento secular moderno sente-se desconfortável com essa dupla visão apocalíptica. Nesse sentido, a *Anatomia da Crítica*, de Frye, é uma interpretação da fantasmagoria da imaginação humana para mentes seculares que sofrem de uma incapacidade de compreender o significado transcendente das figuras literárias,

---

[33] Ibid., p. 267.

e para mentes religiosas que precisam da literatura para descalcificar as formas fossilizadas inerentes às suas próprias doutrinas e dogmas.

E, embora alguns críticos rejeitem Frye como um humanista liberal, cuja abordagem crítica seria ineficaz para superar as injustiças políticas e a estagnação cultural do capitalismo industrial tardio, Frye poderia apontar o histórico igualmente sombrio dos críticos políticos em remover a complacência moral da mente burguesa contemporânea.[34] Da perspectiva de Frye, os teóricos precisam renovar suas próprias críticas por meio da imaginação anagógica.

Para ele, um dos principais propósitos da crítica literária é separar o poder renovador do mito da mistificação da ideologia. Para realizar isso, o crítico deve traduzir a mitologia que opera inconscientemente no texto em linguagem cotidiana, colocando, assim, a literatura em seu devido lugar – não como um veículo da ideologia, mas como um meio para a revelação humana, a fonte e a substância de todas as epifanias, idealizações e visões reveladoras. Somente depois de resgatarmos nossos mitos, ele argumenta, poderemos "passar de estado para comunidade, da exploração para o trabalho imaginativo, da cultura como privilégio de poucos para a cultura como a condição interior de todas as pessoas".[35]

A cultura "tende a criar, a partir da sociedade concreta, uma ordem ideal de liberdade, igualdade e fraternidade".[36] Para Frye, o poeta transcende a ideologia ao ligar a obra literária às tradições, convenções e estruturas metafóricas que vão além de sua condição social. O que liberta o artista é a reformulação de um arquétipo universal ou imagem que abre um cosmos inteiro de possibilidades humanas até

---

[34] Terry Eagleton, *Literary Theory* [Teoria Literária]. Minneapolis: University of Minnesota Press, 1983, p. 199.

[35] Northrop Frye, *Spiritus Mundi: Essays* [Espírito do Mundo: Ensaios)]. Bloomington: Indiana University Press, 1976, p. 110.

[36] Northrop Frye, *Stubborn Structure* [Estrutura Teimosa]. Ithaca, N.Y.: Cornell University Press, 1970, p. 254.

hoje "perdidas". Nesse sentido, a literatura não é só um eco passivo do ideal social de seu tempo, nem está completamente "embutida" em uma ideologia cultural inconsciente; de outro modo, ela jamais poderia ser original, transgeracional ou transcultural.[37]

Frye – como Blake, Dostoiévski e Berdiaev (para não mencionar T. S. Eliot e James Joyce) – vê a Bíblia como a formulação e a superestrutura da cultura na qual estamos inseridos: a cultura que eles trabalharam para renovar, fixando sua mitologia contra a ideologia em uma tentativa de dessacralizar as instituições seculares existentes e tornar sagrado um resto salvador de esperança apocalíptica.

Eis por que Frye acreditava que o estudo de "anagogias" – termo que ele posteriormente substituiu por "repetições arquetípicas" – forneceria "a peça que falta ao pensamento contemporâneo e que, quando disponibilizada, unificaria todo o padrão da existência contemporânea".[38] Ou seja, uma vez que olharmos através da húbris da nossa imaginação literal para as estruturas arquetípicas universais subjacentes, o poder delas sobre nós enquanto estruturas desaparecerá, e nos veremos no centro de uma visão contemplativa da história, livre das idolatrias e heresias inconscientes da nossa era.

## JACQUES ELLUL: PODER POLÍTICO, TECNOLOGIA E MÍDIA

> A palavra de Deus só pode ser proclamada por alguém que se coloca fora "do mundo" enquanto permanece no próprio âmago do questionamento que se desenrola dentro dele.
> Jacques Ellul, *Living Faith: Belief and Doubt in a Perilous World*.[39]

---

[37] Frye, *Great Code*, p. 108.

[38] Northrop Frye, *Fearful Symmetry: A Study of William Blake* [Terrível Simetria: Um Estudo sobre William Blake]. Princeton, N.J.: Princeton University Press, 1948, p. 424-25.

[39] Jacques Ellul, *Living Faith* [Fé Viva], Nova York: Harper & Brown, 1980, p. 276-77.

Jacques Ellul foi um protestante ortodoxo que escreveu críticas da tecnologia, da política moderna e dos meios de comunicação de massa, bem como livros sobre oração e anarquismo. Seu livro, expondo os lugares-comuns intelectuais da cultura contemporânea, é, ao mesmo tempo, uma denúncia vanguardista da mentalidade tecnocrata de rebanho da nova burguesia e uma defesa dos valores cristãos tradicionais. Certa vez, Ivan Illich comentou sobre a sua influência:

> Alguns de nós o leram (Ellul) como um grande comentador da Bíblia; outros, como um filósofo da tecnologia. Mas poucos o viram como o homem que desafiou simultaneamente as reflexões do filósofo e do crente. Ele lembra o filósofo da tecnologia, que estuda fenômenos patentes, observáveis, para estar consciente da possibilidade de seu tema ser terrível demais para ser compreendido apenas pela razão. E ele leva o crente a aprofundar sua fé bíblica e sua esperança escatológica em face de duas verdades desconfortáveis e perturbadoras [...] [da] técnica moderna e suas consequências maléficas [e da] subversão do Evangelho – sua transformação em uma ideologia chamada Cristianismo.[40]

Ellul, como outros macro-historiadores cristãos, vê a sociedade moderna dominada pela perseguição da eficiência econômica e tecnológica, o que leva à transformação de virtualmente todas as práticas e instituições humanas. Primeira Guerra Mundial, Segunda Guerra Mundial, Hiroshima, ascensão de ideologias e regimes totalitários, tudo isso são manifestações desse foco na eficiência e no controle para excluir virtualmente quaisquer outros valores. A fabricação de produtos e serviços se tornou mais importante do que a "vida civil", e a indústria do entretenimento – outrora vista como uma frívola procura por distração – efetivamente eclipsou a alta cultura como a fonte da socialização e da formação humana.

No entanto, os efeitos moralmente debilitantes dessas mudanças têm sido mascarados pelo ato de colocar a culpa pelos problemas

---

[40] Ivan Illich, "An Address to 'Master Jacques'" ["Um Discurso para 'Master Jacques'"], *Ellul Forum* 13 (jul. 1994), p. 16.

sociais decorrentes nos forasteiros, párias e viciados. De que outra forma podemos explicar a indiferença generalizada para com as enormes desigualdades de renda no mundo ou a persistente existência da pobreza e da miséria econômica, ambas sanáveis? De que outra forma podemos entender os crescentes narcisismo e egocentrismo daqueles que vivem nas sociedades economicamente mais bem-sucedidas de toda a história humana?

Na introdução para a edição americana revisada de *The Technological Society*, Ellul descreveu a sua própria relação com a cultura contemporânea:

> Não me limito a descrever meus sentimentos com fria objetividade à maneira do pesquisador relatando o que vê em um microscópio. Tenho profunda consciência de que estou envolvido na civilização tecnológica e que a história dela é também a minha própria história. Talvez, eu esteja mais próximo de um médico ou físico que descreva a situação de um grupo do qual ele mesmo faça parte. O médico em uma epidemia, o físico caso tenha sido exposto à radioatividade: em tais circunstâncias, a mente permanece calma e lúcida, e o método, objetivo, mas, inevitavelmente, ocorre uma tensão profunda em todo o ser.[41]

Ellul tornou-se marxista aos dezenove anos, e um cristão aos vinte e dois.[42] Sua fé religiosa evoluiu do movimento da morte de Deus para a resposta dos teólogos neo-ortodoxos Bultmann, Barth, Niebuhr e Tillich. De acordo com Darrel Fasching, a dialética barthiana, segundo a qual os Evangelhos julgam e renovam o mundo, ajudou a moldar a perspectiva teológica de Ellul.[43] Para ele, "aquilo que dessacraliza uma dada realidade se torna, por sua vez, uma nova

---

[41] Jacques Ellul, *The Technological Society* [A Sociedade Tecnológica], trad.: John Wilkinson. Nova York: Knopf, 1964, p. xvii-xviii.

[42] Darrel J. Fasching, *The Thought of Jacques Ellul: A Systematic Exposition* [O Pensamento de Jacques Ellul: Uma Exposição Sistemática]. Nova York: E. Mellen Press, 1981, p. 2.

[43] Ibid., p. 7.

realidade sagrada".[44] Ele aplicou essa leitura das Escrituras à emergente sociedade tecnológica – definindo a técnica como "a totalidade dos métodos obtidos de forma racional e que têm uma eficiência absoluta (para um determinado estágio de desenvolvimento) em todos os campos da atividade humana"[45] para, então, colocar a revelação bíblica do homem em oposição a isso.

Para Ellul, técnica não é apenas a sociedade das máquinas, mas toda a sociedade de técnicas eficientes.[46] Em outras palavras, a tecnologia moderna é um fenômeno total da civilização inteira, a força definidora de uma nova ordem social na qual eficiência não é só uma opção, mas uma necessidade imposta sobre todas as atividades humanas.[47] A propaganda seduz as pessoas a consentirem com isso; os meios de comunicação de massa são as ferramentas da propaganda – criando a ilusão de que as pessoas são livres e criativas quando, na verdade, elas são imbecilmente conformadas ao princípio do "ordenamento eficiente".[48]

A obra seminal de Ellul, *The Technological Society* (1964), originalmente se chamava *La Technique: l'enjen du siècle* (1954), "o desafio do século". Nela, ele argumenta que a racionalidade da técnica cria um sistema artificial que "elimina ou subordina o mundo natural".[49] As simulações substituíram a natureza, as políticas substituíram a teoria social, a administração pública substituiu as políticas, e as regras demográficas substituíram a administração pública; como consequência, a educação é reduzida à escolarização, as notícias são reduzidas à transmissão, os livros são reduzidos à publicação, os esportes ao espetáculo e as "pessoas" a problemas terapêuticos.

---

[44] Ibid., p. 35.
[45] Ibid., p. xxv.
[46] Ibid., p. 15.
[47] Ibid., p. 17.
[48] Ibid., p. 18.
[49] Ibid., p. 17.

Em outras palavras, a sociedade tecnológica transformou todo o ambiente no qual vivemos, e ainda assim não admitimos que não somos os mestres de nossas ferramentas e técnicas, que elas nos controlam, ou que nossas instituições moldam o nosso pensamento. Nós nos sentimos "livres" porque permanecemos alheios à natureza tecnologicamente "vinculada" da nossa própria existência. Todos nós nos tornamos fantasmas em uma máquina socioeconômica autônoma, envergonhados da nossa própria subjetividade particular, ou melhor, sobrecarregados por ela, cientes de que as nossas vidas interiores singulares são embaraçosamente desnecessárias para os grandes empreendimentos do nosso tempo. Jean Baudrillard, em seu livro *Esquecer Foucault*, descreve esses desenvolvimentos:

> Nos dias de hoje, ninguém mais diz: "Você tem uma alma e deve salvá-la", mas: "Você tem uma natureza sexual e deve descobrir como usá-la bem". "Você tem um inconsciente e deve descobrir como libertá-lo." "Você tem um corpo e deve descobrir como usufruir dele." "Você tem uma libido e deve saber como investi-la."[50,51]

Ellul culpa a nossa inabilidade para nos desembaraçarmos dessa situação, em parte, pela forma como usamos as palavras e caímos presas de imagens artificiais:

> Essa, então, é a nossa situação hoje: devido à erupção ilimitada de imagens artificiais, nós reduzimos a verdade à ordem da realidade e banimos a tímida e *efêmera* expressão da verdade [...]. Nós não somos mais cercados por campos, florestas e rios, mas por signos, sinais, anúncios, telas, rótulos e marcas registradas: esse é o nosso universo. E quando a tela nos mostra uma realidade viva, como os rostos de pessoas de outros países, isso ainda é uma ficção: é uma realidade construída e recombinada.[52]

---

[50] Jean Baudrillard, *Forget Foucault*. Nova York: Semiotexte, p. 24.

[51] Há uma edição brasileira desse livro de Baudrillard, esgotada, mas encontrável em sebos, com tradução de Cláudio Mesquita e Herbert Daniel (Rio de Janeiro: Rocco, 1984). A tradução do trecho citado é minha. (N. T.)

[52] Jacques Ellul, *The Humiliation of the Word* [A Humilhação da Palavra], trad.: Joyce Main Hanks. Grand Rapids: Eerdmans, 1985, p. 228.

Esse é um processo idêntico ao da idolatria nos tempos primitivos, mas seus objetos são diferentes porque os "ídolos" antigos não existem mais. Nós não fazemos mais a imagem de um touro poderoso para simbolizar a fertilidade: em vez disso, usamos a imagem para "anunciar" máquinas diversas e a eletricidade. Assim como, outrora, o rei tinha poderes mágicos, agora são as estrelas de cinema e os ditadores que os têm. A propaganda nos dá pessoas simbólicas, como a "Juventude Personificada" ou o "Terrorista", e até mesmo a "Mulher" está recuperando seu papel como ídolo por meio das imagens da mídia.[53] É por isso que Camille Paglia liga a cultura popular à pornografia e ao paganismo.[54]

Mas, diferentemente de Paglia e dos fãs ardorosos de Madonna, Marilyn Monroe e Elvis Presley, Ellul não enxerga a ascensão dos meios de comunicação de massa como um retorno libertador do que foi reprimido. Para ele, como para McLuhan, isso é um tipo de hipnotismo que só pode ser quebrado ouvindo a Deus. Sem nenhuma surpresa, Ellul enfatizou que a prece é uma maneira de enxergar através da névoa da cultura. Então, enquanto os críticos culturais procuram pelo significado dos nossos tempos nas profundezas da pré-história, Ellul se vira, em vez disso, para o fim dos tempos e a revelação.

> Deus deixa claro que lei não é justiça (a justiça que o próprio Deus define como tal), que a paz humana não é paz, que a virtude humana não é a benção que só Deus pode dar, que a comunidade humana não é comunhão com Deus, que o amor humano não é amor. Em outras palavras, religião e revelação cobrem o mesmo território, mas, enquanto a religião sacraliza e torna absoluto as realidades humanas, a revelação as dessacraliza e relativiza – o que é extremamente útil no que concerne aos seres humanos. Ainda assim, podemos sentir vontade de dizer: "Mas por que Deus não deixa que a gente resolva as coisas por

---

[53] Ibid., p. 229.

[54] Ver Camille Paglia, *Vamps and Tramps*. Nova York: Vintage Press, 1994, p. 260.

nossa própria conta? Por que não nos deixa organizar nossas pequenas sociedades e sair errando pelo mundo, coisa que fazemos muito bem? Por que Deus vem nos perturbar e causar confusão?". A razão é: precisamente pelo bem da humanidade, para que as pessoas não possam se colocar no lugar de Deus, com todas as consequências que vimos resultar disso. Se a nação não é um valor religioso, não mais do que a lei ou a ciência, se o indivíduo vive em um mundo relativista, onde tudo é constantemente relativizado, então a paz é infinitamente mais fácil, bem como o comprometimento e a reconciliação. Mas você não pode relativizar as coisas, exceto vis-à-vis um absoluto, e esse é um absoluto que se autorrevela. Que admirável decisão da parte de Deus: ele não se revela como um absoluto religioso, mas como amor, como impotência, como alguém que desce ao nosso nível e, assim, desvaloriza tudo o mais.[55]

Ao utilizar categorias sociológicas, Jacques Ellul expõe os ídolos da eficiência e do controle. Sem caducar em críticas ideológicas ou denúncias radicais, sua apreciação cheia de nuances da vida moderna – trágica, cristã e, ainda assim, ética e economicamente progressista – torna possível um testemunho profético ponderado de dentro da barriga da nossa "besta" pós-moderna e sócio-histórica.

A chave para a sua análise reside na crítica da "sacralização do secular" – a adoração do método e da técnica como as respostas para todos os problemas do mundo. Essa crença no progresso científico como o agente da salvação social tem o efeito paradoxal de nos tornar menos livres no exato momento em que nos torna mais poderosos. Essa perda de liberdade é encoberta pela propaganda que vende a ideia de um futuro utópico trazido pela obediência às novas "necessidades" da eficiência, do comando e do controle.

A televisão e o rádio são atraentes porque concentram a nossa atenção em uma experiência sensorial em particular, desconectando os outros sentidos e, portanto, também o nosso intelecto de um processamento sensorial efetivo. Uma suspensão da descrença ocorre

---

[55] Ellul, *Living Faith*, p. 143-4.

inconscientemente. Nós sabemos que não estamos assistindo à realidade, mas o fato de que *pensamos* já ter integrado aquele fato à nossa experiência nos predispõe a aceitar o que vemos como verdadeiro. O meio é a mensagem sempre aceita de antemão pela pessoa distraída com os supostos conteúdos da programação e com a sua própria "consciência crítica" desapercebida. Por conseguinte, a alienação se completa, a sujeição da audiência é reforçada e o poder da mídia é confirmado justamente no momento em que a pessoa critica o seu "conteúdo". Marshall McLuhan escreveu:

> Todas as novas mídias, incluindo a imprensa, são formas de arte que têm o poder de impor, como a poesia, seus próprios pressupostos. As novas mídias não são formas de nos relacionar com o velho mundo 'real': elas são o mundo real e remodelam o que restou do velho mundo como bem entendem.[56]

A fim de superar essa escravidão moral/intelectual, Ellul recomenda um esforço proativo e crítico para dessacralizar as instituições modernas. Isso só pode ser realizado por (1) uma minuciosa análise sociológica dos poderes constituídos, expondo suas idolatrias ocultas e falsos absolutos, de tal forma a abrir zonas de liberdade dentro da estrutura de poder, nas quais as relações humanas e a livre expressão possam florescer, e pelo (2) aprofundamento da nossa apreciação, compreensão e devoção a Deus e à humanidade. Nesse sentido, o cristão deve julgar e renovar o mundo – vê-lo como realmente é e, ainda assim, continuar a "tornar real o *eschaton*"[57] independentemente de qual seja a situação atual. Por "tornar real o *eschaton*", Ellul simplesmente quer dizer trazer o testemunho apocalíptico do Cristo liberto para as confusas realidades da vida.

Em 1966, Ellul publicou *A Critique of the New Commonplaces* [Uma Crítica dos Novos Lugares-Comuns], livro que expõe os

---

[56] McLuhan, *Counter Blast*, p. 52.

[57] *Êschaton* (grego), "último", relativo ao "fim do mundo" (daí o termo "escatologia"). (N. T.)

preconceitos dos modernos. A banalidade popular "nós devemos seguir o curso da história", ele argumenta, deveria ser substituída pela intuição crítica de que o mundo progride apenas por meio dos pensamentos daqueles que se opõem a ele. "O principal é ser sincero consigo mesmo" deveria ser substituído pela noção do quão difícil é ser sincero. E a ideia, reconhecida como um conceito grandioso, de que "as pessoas chegaram à maioridade" é contradita pela primeira página de praticamente todos os jornais do mundo.

E há mais: o truísmo segundo o qual "as mulheres encontram sua liberdade e dignidade no trabalho", ele argumenta, assegura que a cultura fará de tudo para colocar os dois sexos na vida profissional. Além disso, a noção de que "o lado espiritual da vida não pode ser desenvolvido até que se eleve o padrão de vida", reforçada pelo abastardamento da "hierarquia de necessidades" de Abraham Maslow pelos cursos de administração, serve como mais uma justificativa para o materialismo burguês quando já está mais do que estabelecido que a grandeza espiritual floresce, com frequência, sob as circunstâncias econômicas mais abjetas.

Hoje, alguns desses novos lugares-comuns não são tão populares quanto antes, e outros foram substituídos por despropósitos ainda mais odiosos, como "aparências *são* a realidade" e "é a economia, estúpido". Mas o que é válido notar aqui é o método retórico que Ellul emprega para conquistar um pequeno espaço para o pensamento original. Como Flaubert, que escreveu um dicionário satírico de ideias feitas, Ellul reconhece que, em primeiro lugar, devemos demolir as inverdades onipresentes que confundem nossas mentes antes de começarmos a procurar por alternativas. Milan Kundera chamou esse ambiente intelectual desordenado de "o não pensamento das ideias recebidas" e o via como a característica definidora da "modernização da estupidez".[58]

---

[58] Milan Kundera, *A Arte do Romance* (trad.: Teresa Bulhões Carvalho da Fonseca). São Paulo: Companhia das Letras, 2016, p. 163. (N. T.)

A oposição de Ellul ao não pensamento das ideias recebidas remonta à sua ação junto à Resistência Francesa, durante a Segunda Guerra Mundial, e à sua defesa daqueles acusados de traição pelo governo francês após a guerra. Essa inversão de papeis é típica do ceticismo de Ellul para com as instituições humanas: ele instintivamente se coloca do lado dos marginalizados, oprimidos, vítimas e acusados – e, não obstante isso, continua engajado na humaníssima busca por justiça em um mundo inclinado às concessões políticas e aos expedientes amorais. Em seu livro *The New Demons*, Ellul escreveu:

> Não é a tecnologia em si que nos escraviza, mas a transferência do sagrado para a tecnologia. É isso que sempre nos impede de exercitar a faculdade crítica e de fazer com que a tecnologia sirva ao desenvolvimento humano. Não é o estado que nos escraviza, nem mesmo um estado policial centralizado. É a transfiguração sacral [...] que faz com que direcionemos nossa adoração para esse conglomerado de escritórios [...]. O religioso, que homens em nossa situação estão destinados a produzir, é o agente mais garantido de sua alienação, de sua aceitação dos poderes que os escravizam.[59]

Portanto, a política de Ellul não é orientada por nenhum cálculo maquiavélico, mas por uma referência constante ao fim real das coisas, o triunfo apocalíptico do bem sobre o mal. A própria existência do estado está pressuposta na existência do caos: o estado é o anticaos humano sustentado pela propaganda a fim de parecer natural e justo. Desse modo, tanto o estado quanto a mídia negam Deus. E, ainda assim, Ellul insiste que o fim já está presente no mundo. "Ele já está aqui como uma força secreta, ao mesmo tempo evocando e provocando os nossos meios. Devemos ser obedientes ao fim, não como um objetivo a ser atingido e que talvez tenhamos, mas, também e ao mesmo tempo, como um fato determinado, algo que já está aqui, uma presença que também é ativa. A esperança é, então, uma

---

[59] Jacques Ellul, *The New Demons* [Os Novos Demônios]. Nova York: Seabury Press, 1975, 206-7.

realidade efetiva que torna a *ultimidade* presente e ativa. A esperança atualiza os últimos dias, o *escathon*."[60]

Por conseguinte, os cristãos são chamados para libertar a cidade de suas próprias e avassaladoras ambições, vivendo em esperança apocalíptica. Ao fazer isso, eles se tornam o instrumento de Deus para introduzir a liberdade na ordem política existente. Em seu brilhante resumo das ideias de Ellul, Darrell J. Fasching coloca da seguinte forma:

> Fica claro, então, que, para Ellul, a vocação cristã é um chamado para encarnar a liberdade de Deus com o propósito de abrir e sustentar a direção escatológica da criação e da história. Mas hoje, ele observa, a maioria dos cristãos se conforma com os valores sacros da sociedade tecnológica. Eles abriram mão de seu direito nato à liberdade por uma panela de sopa; por segurança, progresso e felicidade no mundo tecnológico da abundância. Como eles podem assumir sua vocação revolucionária para a liberdade? Para Ellul, a resposta é: por meio da esperança apocalíptica.[61]

É essa esperança que nos permite dar testemunho do reino de Deus em um mundo incompreensível, um mundo que pensa já ter absorvido a fé, as Escrituras e até mesmo a igreja e a oração em sua agenda mundana e utilitária. Mais uma vez, Ellul afirma isso de uma forma mais eloquente do que eu jamais conseguiria, dizendo:

> A eficácia que buscamos só pode ser aquela da alteração radical do mundo e da sociedade. É a eficácia do evento em oposição à instituição, da tensão contra o conformismo, do inconformismo. Em suma, é uma eficácia que se coloca em oposição à eficácia do mundo. Contudo, ela não é menos real. É a eficácia que despedaça a unanimidade, a eficácia dos heréticos e sectários. Tampouco é negativa, pois o positivo simplesmente não pode existir sem ela.[62]

---

[60] Jacques Ellul, *The Politics of God and the Politics of Man* [A Política de Deus e a Política do Homem]. Grand Rapids: Eerdmans, 1972, p. 136, citado por Fasching em *Thought of Jacques Ellul*, p. 95-96.

[61] Fasching, *Thought of Jacques Ellul*, p. 81.

[62] Ellul, *Politics of God*, p. 141.

Certa vez, dei um curso com o presidente da nossa universidade sobre o papel da educação superior no mundo contemporâneo. Foi um curso com discussões animadas, com vários palestrantes convidados e estudantes de todas as disciplinas. Um dos nossos convidados havia concebido um programa de realidade virtual que permitia aos arquitetos "passear" pelos prédios que projetaram em suas cabeças – inovação saudada como uma grande inovação para os projetistas, especialmente para os arquitetos deficientes e com dificuldades para caminhar pelas construções.

Perguntei ao nosso convidado se essa inovação oferecia mais ou menos liberdade para os arquitetos. Não seria melhor *não* passear pela simulação de seu próprio projeto, mas criá-lo inteiramente na esfera da pura possibilidade imaginativa, sem limitá-lo por quaisquer considerações práticas ou formas simuladas? Ele encarou minha pergunta como um insulto. Ao questionar o bem absoluto de sua realização, eu havia cometido uma heresia secular. E quando imprudentemente prossegui perguntando se havia considerado *qualquer* desvantagem em sua inovação, ele não conseguiu sequer compreender a minha pergunta.

Eu lidava ali com um verdadeiro crente da tecnologia, ungido pelo profissionalismo e consagrado pelos deuses do progresso. Foi uma surpresa que não tivessem me queimado em uma fogueira! Mas, se Ellul estiver certo, devemos encarar todas as conquistas tecnológicas, mesmo as geniais, com um pé atrás. Na realidade, nada constitui um ganho absoluto; nada nos livra por completo do nosso estado condicionado, e qualquer coisa que alegue fazê-lo é mais um mito do que uma realidade. Aplique esse pensamento contrariador aos lugares-comuns correntes da política, da cultura, da economia e da mídia contemporâneas e você terá a resposta profética de Ellul à sociedade atual, uma resposta feita sob medida para o martírio intelectual.

## IVAN ILLICH: NO ESPELHO DO PASSADO

> Sim, eu sei, eu sei muito bem que é loucura tentar fazer com que as águas do rio voltem à sua nascente, e é apenas o ignorante que procura encontrar no passado a cura para seus males presentes; mas eu também sei que qualquer um que lute por qualquer ideal, mesmo que seu ideal pareça repousar no passado, está dirigindo o mundo para o futuro, e que os únicos reacionários são aqueles que se sentem em casa no presente. Toda suposta restauração do passado é uma criação do futuro, e se o passado que se tenta restaurar é um sonho, algo imperfeitamente conhecido, tanto melhor. A marcha, como sempre, é rumo ao futuro, e aquele que marcha está chegando lá, mesmo que marche para trás. E quem sabe se esse não é o melhor caminho!
> 
> *Miguel de Unamuno*, Tragic Sense of Life.[63]

> A ideia de que, se não responder a [alguém] quando [eles] apelam à minha fidelidade, estou assim ofendendo pessoalmente a Deus, é fundamental para o [meu] entendimento [do] que é o cristianismo. E o mistério que estou interessado em contemplar [é] a consequência da perversão da fé através da história que nos assombra no final do século XX e [que] está precisamente relacionado com meu entendimento [desse] pecado.
> 
> *Ivan Illich*, The Corruption of Christianity.[64]

Padre católico que trabalhava com os pobres, Ivan Illich abordou os problemas sociais contemporâneos de uma perspectiva teológica e, embora sua opção preferencial pelos pobres dificilmente fosse vanguardista, suas opiniões contraculturais sobre como exatamente essa opção deveria ser exercida eram radicalmente plebeias e antimodernistas. Ele acreditava que o projeto iluminista de alcançar fins morais com ferramentas amorais havia claramente fracassado, e que as instituições que ainda incorporavam esse projeto não mereciam mais a nossa lealdade. O caminho para a frente era para trás, de volta às virtudes originais que precederam a modernidade que moldaram e definiram a civilização clássica.

---

[63] Miguel de Unamuno, *Tragic Sense of Life* [Sentido Trágico da Vida], trad.: J. E. Crawford Flitch. Nova York: Dover Publications, 1954, p. 321.

[64] Ivan Illich, *The Corruption of Christianity* [A Corrupção do Cristianismo]. Montreal: Canadian Broadcast Corporation, 2000, p. 9.

Em 1968, Ivan Illich foi chamado ao Vaticano para se apresentar à Congregação para a Doutrina da Fé. Como diretor do Centro para Documentação Intercultural em Cuernavaca, ele havia protestado publicamente contra os "Voluntários do Papa", versão católica do Corpo da Paz, porque os via como parte de uma agressão global contra as fazendas de subsistência. Ele alertou que a construção de escolas, hospitais e estradas em países pobres e agrários poderia produzir uma maior polarização social entre as classes e novas formas de pobreza e alienação, tornando as economias locais dependentes dos mercados globais e, assim, sujeitas a "soluções" militares que arruinariam o meio ambiente e acabariam por destruir o que ainda restasse de suas culturas indígenas.

Embora Illich insistisse que suas visões eram inteiramente ortodoxas e fieis aos ensinamentos da igreja, ele abandonou o sacerdócio um ano depois. Ele continuou a escrever sobre os efeitos do desenvolvimento e argumentou que a cultura contemporânea, incluindo o próprio cristianismo, estava sendo corrompida pela profissionalização da virtude. A ética do profissionalismo intrínseca à emergente economia global de serviços tinha o efeito paradoxal de transformar o mandamento espiritual de amar ao próximo em uma tentativa coletiva de eliminar sistematicamente o risco e a contingência dos assuntos humanos. Ele escreveu:

> Parte da genialidade das instituições modernas está no desenvolvimento de rituais que se dirigem a cada aspecto dos desejos das pessoas: à vaidade, ao amor, à beleza, à busca de lei e ordem, a todo prazer sensual e, fechando o círculo com as origens da humanidade, segundo a literatura científica, eles falam especialmente ao medo.[65]

Esses novos rituais constituíam, para Illich, uma forma de roubo da alma que substituiu o crescimento moral por regras e procedimentos

---

[65] Ivan Illich, *Tools for Conviviality* [Ferramentas para a Convivência]. Nova York: Harper & Row, 1973, p. 5.

desalentadores – colocando o poder nas mãos dos menos qualificados para exercê-lo e tirando-o justamente das pessoas que o sistema deveria servir. Apenas desescolarizando a sociedade e desprofissionalizando as profissões é que os valores morais nascidos autenticamente do risco e do sacrifício poderiam retornar ao nosso injusto e engenhosamente autoproclamado corpo político, no qual assistentes sociais internacionais ajudam os pobres a se certificar de que os rancheiros locais comprem suas propriedades e, depois, impedem que eles consigam trabalho na indústria de computadores.

Illich forçou a esquerda e a direita a questionarem os efeitos que seus próprios privilégios profissionais tinham sobre a qualidade de seu pensamento. Obviamente, o racionalismo iluminista não havia produzido as utopias prometidas: a perversidade e a violência humanas estavam se mostrando bestas bem mais intratáveis do que qualquer um imaginara. Mas Illich levou suas análises ainda mais a fundo na história do que McLuhan ou Ellul, de volta às transformações somáticas da existência perceptível na era da agricultura, examinando como as nossas palavras mudaram e como a nossa consciência refeita permitiu que suportássemos o sofrimento e a pobreza de tantas pessoas.

Em seu livro com Barry Sanders, *ABC: The Alphabetization of the Popular Mind* [ABC: A Alfabetização da Mente Popular], Illich investiga a etimologia de palavras-chave até seus usos medievais e clássicos a fim de esclarecer exatamente como o sistema educacional e os meios de comunicação de massa alteraram seus significados, e a mente popular ficou sob a influência de todo um novo jargão, como a "Novilíngua" e o "Uniquack"[66]. Esses jargões enchem a linguagem

---

[66] O termo "novilíngua" ou "novafala" ("newspeak") foi cunhado por George Orwell em seu clássico *1984* e diz respeito ao idioma engendrado pelo governo autoritário no romance. Tal idioma caracteriza-se pela eliminação e condensação de termos, expressões e sentidos, de tal forma a limitar o escopo e a liberdade do pensamento. Illich se apropria do termo e utiliza outro neologismo — *uniquak* — para ilustrá-lo. Não por acaso, o som dessa palavra remete ao grasnido de um pato, e ela diz respeito exatamente à utilização irrefletida de

com "palavras amebas" que arruínam os termos técnicos com tendências sociais a fim de gerar maneiras de enganar, mentir e falsear – reconstruindo o universo do discurso em uma rede maior de abstrações, não eventos e simulações de virtude.

Illich acredita que a maioria dos nossos problemas sociais atuais deriva da maneira como a linguagem foi transformada de um meio para a comunicação renovada e original em um objeto a ser manipulado. Vivemos em uma era de textos manufaturados, mensagens artificiais, blocos de discurso, downloads não lidos e metadiscursos ilegíveis. Tente falar com um administrador escolar sobre currículo ou com um político sobre legislação sem fazer uso do jargão. Não é possível. E essa é a razão pela qual as nossas escolas públicas estão fracassando, a nossa retórica política está se tornando mais e mais capciosa e a agitação do comércio e da publicidade está sufocando a nossa solidão.

Illich, por exemplo, examina a evolução da palavra *energia*, que originalmente denotava "vigor no discurso". No século XIX, ela foi usada como um termo técnico na física, e então adaptada para descrever o potencial mais geral da natureza. Ele afirma:

> Nos últimos cem anos, o termo tem sido usado na física para verbalizar uma energia alternativa ou necessidade energética cada vez mais abstrata. Nós sempre devemos ter consciência do fato de não sabermos o que essas palavras significam. Nós usamos as palavras como se fossem termos das Escrituras, como um presente recebido dos céus. Além disso, nós transferimos de bom grado o poder de definir seus significados para uma hierarquia de especialistas à qual não pertencemos. A palavra "energia", nesse contexto, não é usada conforme o senso comum ou

---

um jargão técnico ou tecnicista por parte dos "especialistas" que infestam os meios de comunicação de massa. As intervenções dessas pessoas muitas vezes carecem de fundamentos ou mesmo de sentido (elas grasnam e grasnam e grasnam), mas são encaradas por muitos com as mesmas reverência e atenção que um crente dedica a um texto sagrado. Pior, elas empobrecem o discurso, esvaziando seu significando e alienando as "pessoas comuns" (isto é, quem não é "especialista" nisso ou naquilo) dos termos e expressões inerentes à sua própria experiência. Ocorre, em suma, um abastardamento da linguagem. (N. T.)

com a precisão cega da ciência, mas quase como um grunhido sublinguístico – uma palavra absurda. Energia, como sexualidade, transporte, educação, comunicação, informação, crise, problema, solução, papel e dezenas de outras palavras, pertence, nesse sentido, à mesma classe.[67]

Todas essas palavras geram o mesmo tipo de confusão: uma Babel tão vasta que nem mesmo Wittgenstein poderia nos indicar a saída. Ainda assim, em vez de expor e resistir a essa fraude, as nossas melhores mentes e instituições mergulham de cabeça nela, adotando o "Uniquack" e a "Novilíngua" como suas línguas oficiais. E não é só o inglês que está sendo atropelado por esses tecno-hieróglifos, mas também o espanhol, o francês e o alemão modernos. Os profissionais de hoje não afirmam nem negam; eles dão sinais, produzem relatórios enormes e falam em código.[68]

Em uma palestra feita em Hanover, na Alemanha, intitulada "Health as One's Own Responsibility: No Thank You!" ["Saúde como responsabilidade do próprio indivíduo: não, obrigado!"], Illich salientou que a palavra *responsabilidade*, a exemplo de tantos outros termos morais em nossos dias, hoje significa o exato oposto de seu sentido original. *Responsabilidade* não significa mais "autolimitação", mas autorrealização e consumo. Para ser um pai "responsável", você deve oferecer todos os tipos de produtos e serviços para a sua criança, assim como ser um consumidor *responsável* significa planejar suas compras e pesquisar bem seus investimentos. Ser "responsável" pela própria saúde, ele argumentou, agora significa "a suave integração do nosso sistema imunológico a um sistema socioeconômico

---

[67] Ivan Illich, *ABC: The Alphabetization of the Popular Mind*. São Francisco: North Point Press, 1988, p. 106.

[68] Certa vez, fiz uma pequena pesquisa para descobrir por que as propostas em uma cédula de votação na Califórnia eram tão ilegíveis. Na verdade, eu falei com um dos autores dessas propostas e ele me disse que, na verdade, não tinha "escrito" a proposta, mas apenas copiado parte do texto de uma lei já existente em outro estado e combinado isso com algumas outras passagens enviadas a ele por um lobista. (A proposta foi "aprovada" pela esmagadora maioria.)

mundial" e "a interiorização dos sistemas globais pelo eu, à maneira de um imperativo categórico".[69]

Essas afirmações são ainda mais pungentes pelo fato de que, na época em que as fez, Illich sofria de câncer e havia recusado o tratamento. "Renúncia" se tornou, para ele, uma afirmação política e existencial, e mesmo assim, por causa de seu autossacrifício, ele foi acusado de "irresponsabilidade"! Isso o levou a questionar o léxico moderno por inteiro. Em uma entrevista concedida ao final de sua vida, ele afirmou:

> Não há saída desse mundo. Eu vivo em uma realidade fabricada cada vez mais distante da criação. E hoje eu sei o que isso significa, que horror ameaça cada um de nós. Há poucas décadas, eu ainda não sabia disso. Naquele tempo, parecia possível que eu compartilhasse a responsabilidade pela reconstrução desse mundo fabricado. Hoje, eu finalmente sei o que é a impotência. "Responsabilidade" é agora uma ilusão. Em um mundo desses, "estar saudável" é reduzido a uma combinação de técnicas, à proteção ao meio ambiente e à adaptação às consequências das técnicas, das quais todas as três são, inevitavelmente, privilégios.[70]

"Nós não temos mais uma palavra para a renúncia corajosa, disciplinada e autocrítica feita em comunidade", ele disse, "mas é disso que estou falando. Eu a chamo de *askesis*."[71] Por *askesis*, Illich não se refere a qualquer espécie de mortificação da carne ou autocomiseração, mas, antes, a uma "disciplina epistemológica" que nos purifica desses conceitos modernos que fazem os vícios parecerem virtudes e os não eventos parecerem reais.

O poder da resignação como uma espécie de abnegação é lindamente descrito por Karl Polanyi em *The Great Transformation* como um dos grandes motores do desenvolvimento cultural.

---

[69] Ivan Illich, *Ellul Studies Forum* 8 (jan. 1992), p. 4.
[70] Ibid.
[71] Ibid.

A resignação sempre foi a fonte da força e da nova esperança do homem. O homem aceitou a realidade da morte e elevou o significado de sua vida corpórea a partir disso. Ele renunciou à verdade de que tem uma alma a perder e que isso é pior do que a morte, e baseou sua liberdade nisso. Ele próprio renuncia, em nossa época, à realidade da sociedade, o que significa o fim daquela liberdade. Mas, outra vez, a vida nasce da resignação suprema. A aceitação possível da realidade da sociedade dá ao homem coragem indômita e força para eliminar a injustiça e a falta de liberdade. Enquanto ele for fiel à sua tarefa de criar mais liberdade abundante para todos, ele não precisa temer que o poder ou a planificação se voltará contra ele e destruirá a liberdade que constrói pela sua instrumentalidade. Esse é o significado da liberdade em uma sociedade complexa: ela nos dá toda a certeza de que precisamos.⁷²

Em outras palavras, a liberdade nasce de uma resignação à necessidade; mas, no mundo moderno, essa dinâmica se inverteu. "Resignação" é encarada como "irresponsabilidade". Nós estamos tão comprometidos com a vida ativa que não podemos mais sequer imaginar o que perdemos em nossos esforços frenéticos para refazer o mundo conforme os nossos próprios desejos.

Essa leitura da história moderna como a narrativa da morte da cultura contemplativa (e das virtudes ascéticas que vinham a reboque) é tornada um pouco mais clara pelas observações de Illich sobre como a mídia moderna e as nossas instituições educacionais arrancaram "o silêncio da linguagem". Eles fazem isso, Illich nos conta, ao dizer mais do que pode ser dito e pela exploração do poder hipnótico das sobrecargas sensoriais e informativas, a fim de manipular e subjugar. Políticos, publicitários, burocratas e profissionais de todos os tipos poluem nosso espaço social comum com suas "comunicações" sobredeterminadas em tal escala que não há mais qualquer bem comum democrático ou solidão compartilhada em nossas vidas. Illich explica:

---

⁷² Karl Polanyi, *The Great Transformation* [A Grande Transformação]. Boston: Beacon Press, 1964, p. 258.

Assim como o bem comum do espaço é vulnerável e pode ser destruído pela motorização do tráfego, o bem comum do discurso também é vulnerável e pode ser destruído pela ingerência dos modernos meios de comunicação. Assim, a questão que proponho discutir deveria ser clara: como conter a ingerência dos novos equipamentos e sistemas eletrônicos sobre os bens comuns que são mais sutis e próximos do nosso ser do que as paisagens envidraçadas ou as estradas – bens comuns que, no mínimo, são tão valiosos quanto o silêncio. O silêncio, de acordo com as tradições ocidentais e orientais, é necessário para a emergência das pessoas. Isso foi tirado de nós pelas máquinas que macaqueiam as pessoas. Nós poderíamos facilmente nos tornar cada vez mais dependentes das máquinas para falar e pensar, uma vez que já dependemos delas para nos movermos. Tal transformação do ambiente, de bem comum em recurso de produção, constitui a forma mais fundamental de degradação ambiental.[73]

Ao descrever a origem de sua infame reivindicação de que precisamos "desescolarizar" a sociedade, Illich deixa claro que o que o incomoda é a administração e a "profissionalização da aprendizagem" – não a *aprendizagem* em si.

> Quando [...] comecei a me dedicar a uma fenomenologia do ensino, primeiro perguntei a mim mesmo: o que estou estudando? Por certo, eu não estava estudando o que outras pessoa me disseram que isso era, a saber, o arranjo mais prático para disseminar a educação ou criar igualdade, porque eu vi que a maioria das pessoas que era estupidificada por esse procedimento ouvia que, na verdade, não poderia aprender por conta própria ou ficaria incapacitada e inválida. Em segundo lugar, eu tinha provas de que isso promovia um novo tipo de injustiça autoinfligida. Então, eu disse para mim mesmo: deixe-me definir o ensino como o comparecimento compulsório de grupos com não mais que cinquenta e não menos que quinze jovens coortes de idades específicas ao redor de uma pessoa chamada professor, que teria

---

[73] Ivan Illich, "Silence Is a Commons" ["Silêncio é um Bem Comum"], em *In the Mirror of the Past: Lectures and Address 1978-1990* [No Espelho do Passado: Conferências e Discursos]. Nova York: Marion Boyars, 1992, p. 53.

mais escolaridade do que eles. E então eu me perguntei: que espécie de liturgia é usada para gerar a crença de que isso é um empreendimento social com algum tipo de autonomia legal? Cheguei à conclusão de que isso era uma mistificação, um ritual mitopoético.[74]

Não é que as escolas tenham fracassado em cumprir seu encargo de "servir à sociedade"; é que, ao fazer isso, elas transformaram "aprendizado" em "conformismo", fornecendo às corporações internacionais e à indústria moderna consumidores alfabetizados, mas dóceis e acríticos, incapazes de compreender a estranheza de seu próprio e peculiar momento histórico. Illich procura expor essa fraude gigantesca nos oferecendo reavaliações históricas globais, transnacionais, de palavras, significados e instituições.

Aqui, eu me lembro das recentes reflexões de Jacques Derrida sobre o "perdão".[75] Ele argumenta que o perdão é impossível porque requer que se perdoe o imperdoável. Só é possível "perdoar" no sentido mais condicional, ao passar por processos políticos e psicológicos de reconciliação. Mas nunca se deve pensar que reconciliação e perdão são a mesma coisa, pois esse termo, *perdão*, se for para ter alguma utilidade para nós, deve sempre ser considerado "impossível".

Esse é o tipo de movimento filosófico que Illich faz o tempo todo – resgatar palavras perdidas, conceitos "impossíveis" e valores extraviados das deturpações modernas. Ninguém mais expõe de forma tão hábil os significados mutáveis da "linguagem vernacular", a falsa história moderna dos papéis dos gêneros e das relações raciais ou a deseducação proporcionada por nossas escolas.

Seu método singular de investigação intelectual (concentrado em sessões de *brainstorming* que se prolongavam por uma semana com estudiosos que tinham opiniões semelhantes) nos oferece um modelo

---

[74] David Cayley, *Ivan Illich in Conversation* [Conversas com Ivan Illich]. Ontário: Anasi Press, 1992), p. 65-66.

[75] Ver *On Cosmopolitanism and Forgiveness* [Sobre Cosmopolitismo e Perdão]. Nova York: Routledge, 2001.

funcional para uma forma educacional alternativa, dando uma alternativa para o sistema publique-ou-pereça das universidades, com seus "filósofos públicos" e "usinas de ideias", ideólogos mercenários e reacionários catedráticos.

Se há uma falha aqui, não se trata daquela pela qual muitas vezes o acusam: Ivan Illich não é um extremista. Quando muito, ele não leva suas críticas sociais e políticas *longe o bastante*. Ele jamais desmontou sistematicamente a instituição do "eu", daí que, diferentemente de Percy, Merton ou Kerouac, ele jamais nos ensinou como "despersonalizar"[76] a nós mesmos em um mundo de projeções psicológicas. Sua atenção se dirige quase que exclusivamente para as instituições e práticas sociais.

Como Dorothy Day, Illich sofreu por suas crenças e, como ela, sua obra levanta quase tantas perguntas quanto respostas. Mas ele, talvez mais do que qualquer outro crítico social cristão contemporâneo, expõe a consciência tranquila da nossa classe profissional e nos faz pensar duas vezes sobre o quão profundamente estamos impregnados das distorções autoengrandecedoras de nossa época ignóbil.

Restou a René Girard, contudo, levar adiante essa crítica da modernidade como parte de uma nova antropologia, indo às origens do mito do bode expiatório no nascimento da civilização e na emergência da vida interior.

## RENÉ GIRARD: NO FIM DE TODAS AS MITOLOGIAS DO MUNDO

> Heróis comuns que matam seus inimigos não são heróis de verdade, pois as pessoas que eles matam morreriam cedo ou tarde; na verdade, eles estão matando cadáveres. Mas quem luta contra as ilusões e é capaz de matar esse inimigo é um herói na verdadeira acepção da palavra.
> *Dalai Lama XIV*, O Caminho para a Liberdade.[77]

---

[76] "De-self", no original. (N. T.)

[77] *The Way to Freedom* [O Caminho para a Liberdade]. São Francisco: Harper, 1994, p. 130.

> Ninguém se dá ao trabalho em refletir de forma rigorosa sobre o enigma de uma situação histórica que não tem precedentes: a morte de todas as culturas.
>
> *René Girard,* Things Hidden since the Foundation of the World.[78]

René Girard começou como um crítico literário vanguardista que revelou as dinâmicas psicológicas do desejo mimético na ficção moderna. "Desejo mimético" é a noção de que os seres humanos têm um sentimento básico de falta existencial que os leva a procurar por um modelo que pareça ter uma maior plenitude do ser. Os desejos do modelo são imitados na esperança de adquirir uma plenitude existencial similar.

Girard observa:

> Quando os teóricos modernos encaram o homem como um ser que sabe o que quer, ou que ao menos possui um "inconsciente" que sabe por ele, talvez simplesmente não tenham conseguido perceber o domínio no qual a incerteza humana é mais extrema. Uma vez que suas necessidades básicas são satisfeitas (na verdade, mesmo antes disso), o homem se sujeita a desejos intensos, embora ele talvez não saiba exatamente pelo quê. A razão é que ele deseja *ser* algo que falta a si mesmo e que algumas outras pessoas parecem possuir. O sujeito, então, olha para essa outra pessoa para que ela lhe diga o que ele deve desejar a fim de adquirir aquele ser. Se o modelo, que aparentemente já é dotado de um ser superior, deseja algum objeto, esse objeto certamente deve ser capaz de conferir uma plenitude ainda maior do ser.[79,80]

Esse modelo da natureza humana explica por que muitas vezes uma criança não quer brincar com um brinquedo até que outra

---

[78] *Things Hidden since the Foundation of the World* [Coisas Ocultas desde a Fundação do Mundo], trad.: Stephen Bann e Michael Metteer. Stanford, Calif.: Stanford University Press, 1977, p. 441.

[79] Citado em *Violence and the Sacred*, trad.: Patrick Gregory. Baltimore: Johns Hopkins University Press, 1977, 145-6.

[80] Há uma edição brasileira de *A Violência e o Sagrado*, trad.: Martha Conceição Gambini. São Paulo: Paz e Terra/Unesp, 1990, esgotada há alguns anos. (N. T.)

criança expresse interesse por ele, e, em uma escala mais ampla, por que os indivíduos competem para possuir os mesmos símbolos de status e sucesso. Essa competição pode degenerar rapidamente em uma guerra de todos contra todos, pois a imitação dos desejos dos outros leva à rivalidade e, às vezes, até mesmo ao fratricídio.

Para Girard, tal crise é mitigada por meio da identificação e do assassinato de um bode expiatório. Em um determinado momento, em vez da violência ser dirigida a todos em geral e a ninguém em particular, ela é concentrada em uma vítima específica, escolhida por conta de alguma singularidade ou fraqueza. No assassinato coletivo dessa vítima, acaba a violência de todos contra todos e emerge uma comunidade humana.

A morte de uma única vítima escolhida proporciona os meios para a formação da coesão social. Os desejos pessoais são transformados em um anseio coletivo de derrotar o mal projetado, o que, então, é resolvido pela destruição de alguém designado como a fonte desse mal. Então, um "mito" é erigido para abençoar esse sacrifício como divino, e para legitimar a violência como um ato necessário e seus perpetradores como heróis. Para Girard, essa violência sagrada é a origem de todas as sociedades humanas e todas as mitologias culturais. Ela é, ao mesmo tempo, a ascensão e a queda do homem.

A comunidade procura, então, recriar esse sentimento de novo e de novo por meio da reencenação do assassinato original em rituais sagrados e pela substituição da primeira vítima por novas vítimas. A cada vez que o ritual é repetido, aumenta a distância do assassinato original, e os atos contemporâneos de perseguição se tornam mais difusos e simbólicos, até que um novo ato de violência sagrada é suscitado para reavivar a mitologia que desvanece e renova a autoridade "moral" do grupo.

A pesquisa de Girard sobre a natureza ubíqua do fenômeno do bode expiatório no mito e na literatura acabou por levá-lo a uma conversão religiosa quando ele chegou à conclusão de que a história do bode expiatório, recontada nos Evangelhos, desmistifica a justificativa religiosa para a perseguição. Os Evangelhos contam a história da violência contra o bode expiatório do ponto de vista da vítima. Ou seja, eles deixam claro que Deus está do lado dos vitimizados, não da comunidade hipócrita. Dessa forma, eles expõem os mitos que justificam a violência como fraudes piedosas.

Ao concentrar a atenção na vítima, a Bíblia mina o poder psicológico do mecanismo do bode expiatório. Como Girard coloca: "Uma vez compreendidos, os mecanismos não podem mais funcionar; nós acreditamos cada vez menos na culpabilidade das vítimas que eles exigem. Privadas do alimento que as sustenta, as instituições derivadas desses mecanismos desmoronam ao nosso redor, uma após a outra. Quer saibamos ou não, os Evangelhos são os responsáveis por esse desmoronamento."[81] Essa revelação – ou *kerygma* – ecoa e é confirmada pelos profetas do Antigo Testamento: a verdade não está do lado da multidão, mas do lado dos oprimidos, pobres, exilados e abandonados.

A diferença entre Girard e os tradicionais apologistas cristãos é que ele liga o desmascaramento do mito do bode expiatório pela crucificação de Cristo a uma antropologia filosófica da revelação que sintetiza sociologia, teologia e estudos culturais em uma única teoria global da natureza humana. Da perspectiva de Girard, contudo, o habitual entendimento cristão da cruz como uma expiação vicária é uma reversão do cristianismo ao pensamento sacrificial. Tal lapso foge das boas novas do Novo Testamento e transforma o cristianismo em apenas mais um mito do bode expiatório que justifica a violência sagrada em defesa da fé.

---

[81] Citado em Gerald J. Bieseker-Mast, "Reading René Girard's and Walter Wink's Religious Critiques of Violence as Radical Communication Ethics" ["Lendo as Críticas Religiosas de René Girard e Walter Wink da Violência como uma Ética Radical da Comunicação"], um discurso feito em 20 e 23 de novembro de 1997 no encontro anual da Communication Association. Disponível on-line em www.bluffton.edu/~mastg/Girard.htm.

No entanto, Girard não deseja transformar o próprio cristianismo histórico em um bode expiatório. Eu seu livro *The Self Between: From Freud to the New Social Psychology of France*, Eugene Webb descreve a perspectiva de Girard.

> Girard considera que, por mais equivocado que seja, o cristianismo histórico também desempenhou um papel necessário, talvez irônico, na preservação do evangelho de Cristo. Quando o cristianismo se espalhou pelo mundo antigo entre um vasto número de pessoas sem conhecimento aprofundado da tradição bíblica e da sua crítica avançada da violência sacrificial, a versão sacrificial do cristianismo serviu para torná-lo aceitável para elas e, desse modo, preservar, como uma capa protetora, os traços ocultos da verdadeira mensagem de Cristo até que chegasse o momento em que seu significado verdadeiro pudesse ser compreendido. Girard acredita que, com o desenvolvimento das intuições psicológicas e sociológicas modernas e a entrada contemporânea da história vivida nas condições apocalípticas, agora o tempo daquela revelação há muito aguardada chegou. O que será especificamente revelado, ele acredita, além dos mecanismos miméticos e de vitimização, é o verdadeiro significado do convite feito por Jesus. Isso é, acima de tudo, um convite para partilhar por inteiro da vida que Jesus compartilhou com o Pai, uma vida de amor não violento.[82]

Nesse sentido, Girard é tanto um profeta quanto um apologista, repensando a revelação cristã na linguagem das ciências sociais contemporâneas enquanto, ao mesmo tempo, articula os desafios que o pensamento cristão apresenta para as noções convencionais de desejo, violência e civilização. Sua obra tem inspirado pensadores em uma infinidade de disciplinas.

Em seu livro *Signs of Paradox: Irony, Resentment, and Other Mimetic Structures*, Eric Gans explica que todo o campo da antropologia generativa surgiu do entendimento de Girard acerca do humano. A antropologia generativa, Gans nos diz, não é uma metodologia,

---

[82] Eugene Webb, *The Self Between* [O Eu Intermediário]. Seattle: University of Washington Press, 1993, p. 187.

mas uma tentativa de entender a cultura enquanto permanece "sempre atenta ao humano, compreendido como a geração paradoxal do transcendente a partir do imanente, do vertical a partir do horizontal".[83] Ela é uma tentativa "de entender a origem humana como o evento crucial que inventa e descobre tanto a crise quanto o paradoxo, a crise como a concretização do paradoxo, o paradoxo como a solução para a crise".[84] Gans nos diz que a cultura humana no sentido girardiano é a suspensão da violência por meio da representação.[85]

Se Girard estiver certo, então a simbologia cristã é mais do que apenas outro sistema religioso; ela é a chave para expor a violência inerente a toda e qualquer mitologia do mundo e tem, portanto, o potencial para encerrar o ciclo de retribuição que anima a história mundial. Após a morte de Cristo na cruz, a humanidade não pode mais enganar a si mesma dizendo que o poder sobre os outros é divinamente justificado, e isso torna obsoletas todas as desculpas para o assassinato, a opressão e as injustas hierarquias sociais.

Se Girard estiver certo, se a sua antropologia filosófica do desejo mimético de fato refletir as dinâmicas da condição humana, então todos vivemos, neste exato momento, em uma era pós-girardiana, em uma civilização no ponto mais extremo de todas as mitologias do mundo. E, mesmo que o nosso comportamento e a nossa política, e até mesmo a nossa consciência, tenham de alcançar o que ele revelou, tudo o que fazemos, pensamos e acreditamos está sob seu julgamento.

Todas as vítimas são agora análogas a Cristo; todos os agressores representam Pilatos. Assim, a moralidade vê-se livre de sua ânsia por culpar e reconhece a nossa responsabilidade compartilhada na perpetuação social do mal. A dispersão do poder é tornada transparente sem estabelecer qualquer superioridade teológica ou utópica para

---

[83] Eric Gans, *Signs of Paradox* [Signos do Paradoxo]. Stanford, Calif.: Stanford University Press, 1997, p. 4.
[84] Ibid.
[85] Ibid., p. 5.

ninguém. A expiação é alcançada não por meio dos canais oficiais – seculares, religiosos ou outros –, mas mediante o reconhecimento de que ela já foi concretizada. O mal está sempre ampliando a adoração da humanidade pelo poder e pelo controle, ao passo que o bem está sempre ampliando seu apego à consciência, quaisquer que sejam as consequências "mundanas".

Eis por que, para Girard, a ressurreição do corpo representa uma contraimagem tanto para o espiritualismo sem amarras dos gnósticos quanto para a visão de mundo trágica dos estoicos, ambos os quais negam a efetividade social do dom recebido gratuitamente. É uma imagem que reconcilia o interior e o exterior, o "outro" e o "mesmo", e os vivos com os mortos, assim nos proporcionando uma imagem da superação histórica, do significado se espalhando por toda a criação e do poder arrancado das mãos da minoria e devolvido à maioria. A Trindade agora simboliza uma compreensão pós-dialética do Ser que não pode ser subsumida a qualquer sistema binário. Pura Dádiva. Amor Puro. Pura Presença. Relação absoluta.

Girard deixa claro que, uma vez que percebemos que as nossas autojustificativas e o nosso senso pessoal de moralidade são, em grande parte, manobras psicológicas para evitar essa grande responsabilidade e esse amor profundo – e uma vez que a ubíqua natureza do bode expiatório é revelada no coração de todas as sociedades, crenças e mitologias culturais –, nós jamais poderemos voltar a destruir de boa-fé um outro ser humano. Jamais o estado poderá voltar a camuflar a violência sob o falso manto da moralidade, e jamais o amor pela pátria ou pela revolução poderá voltar a justificar a violência. Nós ainda podemos escolher participar dessas coisas, mas Deus não pode.

Tornou-se clara a verdade do amor incondicional de Deus por toda a sua criação, e todos nós agora somos responsáveis perante Deus e acima e além das exigências da história ao mesmo tempo em que vivemos na história! Uma moralidade universal agora se coloca à nossa frente como o anjo no túmulo. E, embora essa consciência não vá acabar com a violência ou com a guerra, ou mesmo com os bodes expiatórios, ela não mais os sancionará moralmente, e isso é o começo do fim da escravidão inconsciente da humanidade pelo mal. Assim como Nietzsche expos a "Morte de Deus" antes que aqueles que viviam nela compreendessem sua crítica ou enxergassem através de seus próprios valores ilusórios, nós também estamos depois do fim de todas as mitologias do mundo, em parte ainda acreditando na possibilidade de autojustificação.

Mas, se Girard estiver certo, o jogo acabou e agora nós podemos começar a entender a bizarra história política do século XX reconhecendo que a "normalidade" é patológica – que uma doença profunda jaz intrínseca à própria estrutura da civilização. Nossos "eus" ordinários e a própria violência da sociedade se mostraram como sendo uma coisa só, e, na medida em que colocamos o amor pela família ou pela pátria ou mesmo a religião acima do amor pela verdade, nós continuaremos a frustrar a vontade divina até que a completa amoralidade das nossas ações nos condene perante o Deus pós-mitológico da atualidade, cujo Messias-vítima já deixou perfeitamente claro que tudo o que sempre precisamos para nos colocar em uma boa relação com ele é amar o próximo como a nós mesmos.

## Capítulo 5 | O Papel dos Mistérios Cristãos na Vida da Mente Moderna

> Virá um tempo em que a civilização terá de ser renovada pela descoberta de novos mistérios, pelo poder não democrático, mas soberano, da imaginação, pelo poder não democrático que faz dos poetas os legisladores não reconhecidos da humanidade, o poder que torna todas as coisas novas.
> *Norman O. Brown*, The Place of Mistery in the Life of the Mind.[1]

> Quando digo "eu acredito", não quero dizer que aceito o que a Igreja diz sobre essas questões (Deus, Trindade, Encarnação, Redenção e Eucaristia), mas que, por meio do Amor, eu agarro a verdade perfeita e inapreensível que esses mistérios contém e tento abrir a minha alma para ela, de tal forma que a luz possa penetrar em mim.
> *Simone Weil*, Gateway to God.[2]

O que vemos na vanguarda cristã contemporânea é o que sempre vimos nos pensadores cristãos: uma ação através de sua relação ambivalente com seu mundo, suas épocas e eles mesmos – aliado a um ceticismo radical para com as suas próprias capacidades humanas. Slavoj Žižek escreve:

> O cristianismo considera o ato mais elevado justamente aquilo que a sabedoria pagã condena como a fonte do Mal: o gesto de *separar*, de fazer uma distinção, de se agarrar a um elemento que perturba o equilíbrio do Todo. Portanto, a crítica pagã de que a intuição cristã não é "profunda o bastante", que ela falha em compreender o Uno primordial, ignora o essencial: o cristianismo *é* o evento milagroso que

---

[1] Norman O. Brown, "The Place of Mistery in the Life of the Mind" ["O Lugar do Mistério na Vida da Mente"], *Harper's Magazine*, maio 1961, p. 46-49.

[2] Simone Weil, *Gateway to God* [Portal para Deus]. Glasgow: Collins, 1974, p. 72.

perturba o equilíbrio do Uno; ele *é* precisamente a intrusão violenta da Diferença que tira dos trilhos o equilibrado circuito do universo.³

Em outras palavras, o pensamento cristão critica a cultura *mainstream*, mas também se vê sob julgamento; nossos melhores intelectuais cristãos modernos transformaram o pensamento contra si mesmos em uma verdadeira arte: de Blake a Dostoiévski, de Kierkegaard a Chesterton, e deles até Dorothy Day e Walker Percy, o modelo paradigmático do moderno pensamento cristão tem sido uma estrutura triádica de autorreflexão, paradoxo e ironia que inverte os valores desse mundo e a lógica de causa e efeito.

A diferença entre os mistérios ortodoxos e os mistérios gnósticos é que os ortodoxos não são realmente mistérios, mas doutrinas inacessíveis aos não iniciados, de tal forma que eles não possam distorcê-las ou reduzi-las a interpretações baratas. O cristianismo ortodoxo é um conjunto de ideias e postulados que precisa ser dominado, e o iniciado tem de se juntar à comunidade cristã se ele ou ela quiser realmente compreender a sabedoria vivencial que tal conjunto expressa.

A encarnação e a ressurreição são, como Blake nos lembrou, realidades visionárias não redutíveis às categorias de espaço e tempo. O que elas *significam* tem mais a ver com a onisciência, o amor e a transcendência de Deus do que com quaisquer ideias nas quais o indivíduo deve "acreditar". Elas são, em outras palavras, conceitos possibilitadores, não absolutos metafísicos positivistas.

Mas, uma vez que os cristãos são iniciados, Deus deixa de ser um conceito e reencarna como a consciência da sua consciência. E, quando o significado sobrenatural dos Evangelhos se torna transparente por meio de sua transformação, a razão não parece mais ser a inimiga da fé, mas sim a sua serva e guia.

---

³ Slavoj Žižek, *The Fragile Absolute, or, Why Is the Christian Legacy Worth Fighting For?* [O Frágil Absoluto, ou Por Que Vale a Pena Lutar pelo Legado Cristão?]. Londres e Nova York: Verso, 2000, p. 214.

Em nossa época, o cristianismo se tornou uma das antropologias filosóficas especulativas mais úteis; ele é espiritualidade, uma forma progressista de psicologia experimental, e é eclesiologia, um modelo de diplomacia redentora. Se a "dialética" eleva o pensamento ao segundo poder, levando a lógica do nosso raciocínio ao conteúdo dos pensamentos, então o cristianismo tem potencial para elevar o pensamento ao terceiro poder, não apenas considerando a relação do significado com o método, mas, também, a relação de significado e método para com a misteriosa entidade que os une: o pensador do pensamento, a alma do eu.

A razão pela qual Walker Percy, seguindo as ideias de Charles Sanders Peirce, contrastou as estruturas *triádicas* com as diádicas, e René Girard postulou uma relação *tri*partida no coração do desejo humano, é que ambos precisavam explicar, de alguma forma, a natureza radicalmente imprevisível da subjetividade humana. Ao postular um terceiro "jogador" e a existência de um "acoplador" invisível e imaterial que une signo e sentido, tornou-se possível pensar sobre a linguagem não ser só como uma forma de comportamento ou um sistema de signos condicionados por realidades históricas e econômicas, mas como uma expressão do "eu" e, portanto, um veículo não só para a informação, mas também de irracionalidade, anarquia, mentiras, ficções e mitos. A experiência de um modelo trinitário para a comunicação humana torna possível falar sistematicamente sobre contingência, angústia e confusão moral sem ter de explicá-los como meros epifenômenos ou estruturas simplificadas de causa e efeito.

Em seu livro *Intellectuals: From Marx and Tolstoy to Sartre and Chomsky* [Intelectuais: de Marx e Tolstói a Sartre e Chomsky], Paul Johnson expõe os problemas pessoais que vários pensadores modernos tiveram ao voltar do mundo diádico, das ideias abstratas e das relações de causa e efeito para as estruturas triádicas e as realidades imanentes de suas próprias vidas pessoais. Seu compromisso com as explicações científicas da realidade permite que eles façam descobertas no reino da ciência, mas não cai bem ao ser transferido para o âmbito triádico das relações interpessoais. Isso muitas vezes deixa as nossas maiores mentes frustradas com a existência comum e propensas à inflação psicológica, ao narcisismo, à megalomania, à boêmia e aos consolos do vício. A psicologia do Unabomber[4] talvez esteja mais próxima de um "tipo" universal do que muitos "intelectuais" gostariam de admitir.

Para ilustrar isso, Walker Percy usa o exemplo do cientista de Los Alamos[5] cuja esposa entrou com um processo de divórcio, alegando que, durante o dia, o cientista e seus colegas talvez investigassem os mistérios do universo natural conforme os protocolos mais refinados da ciência empírica, mas, à tardezinha, quando ia para casa, ele era mesquinho, autoindulgente e beligerante, e passava a noite bebendo cerveja e assistindo à televisão. Nada em seu treinamento científico contestava tal comportamento; na verdade, talvez ajudasse a explicá-lo como algo essencialmente irrelevante no grande esquema das coisas. No mundo do cientista, a subjetividade de sua esposa não era um

---

[4] Theodore John Kaczynski (1942) é um prodígio da matemática e ex-professor universitário que abandonou a carreira acadêmica e, isolado da vida social, tornou-se um dos terroristas mais procurados da história. Vivendo em uma cabana remota no interior do estado de Montana, ele iniciou uma campanha terrorista, fabricando e enviando bombas para pessoas ligadas à área da tecnologia. Três pessoas morreram e vinte e três se feriram nos atentados que Kaczynski perpetrou entre 1978 e 1995. Em 1995, menos de um ano antes de ser identificado e preso, ele conseguiu que os principais jornais norte-americanos publicassem, na íntegra, seu manifesto *A Sociedade Industrial e Seu Futuro*. Kaczynski foi condenado a oito penas de prisão perpétua por seus crimes. Ele continua a escrever na prisão; seu livro mais recente se chama *The Road for Revolution* [O Caminho para a Revolução] e foi lançado em 2005. (N. T.)

[5] Laboratório gerido pelo Departamento de Energia dos EUA (DOE) e pela Universidade da Califórnia, localizado em Los Alamos, Novo México. Dentre inúmeras outras pesquisas multidisciplinares, Los Alamos é um dos responsáveis pelos projetos de armas nucleares. (N. T.)

cosmos a ser pesquisado, mas um objeto como qualquer outro e com o qual precisava lidar.⁶

A ciência (ou qualquer outra disciplina autônoma) não soluciona os problemas do eu ou as charadas da vida. Na verdade, ela raramente reconhece a existência da subjetividade humana – exceto como o assustador "problema" da consciência. Não que os pensadores cristãos sejam imunes a qualquer um desses problemas. O pregador iludido e hipócrita também é um arquétipo ocidental. Mas, pelo menos, a compreensão triádica das dinâmicas da pessoa humana, implícita à visão de mundo cristã, reconhece a necessidade de uma terceira parte para mediar nossas experiências. E, embora os cristãos nem sempre reconheçam seu verdadeiro lugar no cosmos, eles são menos suscetíveis a abraçar a ilusão de que já transcenderam a existência convencional e, portanto, estão livres das obrigações "mesquinhas" e da moralidade comum. Em outras palavras, os cristãos não são melhores do que as outras pessoas, mas sua visão de mundo os encoraja a reconhecer esse fato.

Para os pensadores cristãos, a escatologia afirma um fim que ainda não chegou e, por isso, ainda não é compreensível. À diferença das teleologias de Hegel e Marx ou do infindável eterno retorno de Nietzsche, a imagem cristã do fim os desafia constantemente a repensar e reimaginar seu lugar no esquema final das coisas, e "que fim mais nosso que chegar ao reino que não terá fim".⁷

A promessa da ressureição do corpo força os cristãos a questionarem a metafísica reducionista e materialista ou qualquer perspectiva que anule o indivíduo. Ela os desafia a imaginar um cosmos onde os vivos estão com os mortos, o passado com o futuro, e o eterno com o temporal.

---

⁶ Walker Percy, *Lost in the Cosmos*, 124-26.

⁷ Da conclusão da *Cidade de Deus*, de Santo Agostinho (trad.: Oscar Paes Leme. Petrópolis, RJ: Vozes; São Paulo: Federação Agostiniana Brasileira; Bragança Paulista, SP: Editora Universidade São Francisco, 2012 – Vozes de Bolso). (N. T.)

Os pensadores cristãos, como os que analiso aqui, não estão tão interessados em defender sua fé quanto em se apoderar da realidade revelada em suas mais altas expectativa e tensão para com o futuro. Seu pensamento não é, a rigor, "apologético", mas algo mais engajado – uma tentativa de "dizer" como é o mundo quando visto por meio dos olhos transformados por um encontro com o Deus vivo. Em outras palavras, os estudiosos cristãos são *testemunhas* – não necessariamente das verdades doutrinárias ou dogmáticas, mas das realidades concretas tornadas visíveis por meio da crença. Isso é o produto de uma sensibilidade desligada das ambições mundanas e alimentada por uma liberdade intelectual que advém da gratuidade do amor.

Para eles, o reino já chegou, de tal forma que o lado sombrio das coisas – injustiças, perversidades, isto é, a implacável realidade do pecado em todas as suas infinitas variedades – não é algo com o que se preocupar para valer ou diante do que capitular. Eles não são partidários de uma "política guerreira" ou de um "*éthos* pagão", como o defendido por Robert D. Kaplan, que não vê nada de errado em explorar as fraquezas dos outros a fim de realizar "grandes coisas".[8] Como seus proféticos precursores romanos, "a vanguarda ortodoxa" quer dar esperança aos desesperançados e uma folga para os orgulhosos. No entanto, eles também suspeitam radicalmente de suas próprias motivações e pressuposições, suspeitando de si tanto quanto seus adversários, amando o próximo corrupto com seus corações também corruptos.

Theodor Adorno estava chegando a esse paradoxo quando observou que "apenas na medida em que a cultura se retira do Homem é que ela pode ser fiel a ele".[9] Ou seja, somente quando a cultura questiona

---

[8] Ver *Warrior Politics: Why Leadership Demands a Pagan Ethos* [Política Guerreira: Por que a Liderança Exige um Éthos Pagão]. Nova York: Random House, 2002.

[9] Theodor Adorno, *Politics and Aesthetics* [Política e Estética], trad.: Ronald Taylor. Londres: Verso, 1977, p. 23.

os nossos impulsos naturais, em vez de servir a eles, é que se torna útil para a humanidade. Mas o que separa os acadêmicos cristãos de Adorno é o seu compromisso *a priori* para com a mensagem do Evangelho de que o reino *já foi estabelecido* e o Senhor da verdade ressuscitou e está reinando sobre ele. Então, os acadêmicos cristãos simplesmente pressupõem a unidade da verdade, a bondade da criação, a origem divina de todas as coisas e a natureza ilusória de nossa "sentida" separação dos outros e de Deus. O heroísmo intelectual do pensamento religioso não vem de sua disposição para transcender imaginativamente a condição humana, mas de sua disposição para aceitar suas próprias limitações, sabendo muito bem que essas limitações são um sintoma da incapacidade humana, não da incapacidade de Deus.

Portanto, os mistérios cristãos contradizem e expõem os dogmas do modernismo de cinco importantes maneiras, pelo menos.

1. Eles põem em dúvida todas as explanações reducionistas da vida e do comportamento humanos – sobretudo o moderno dogma do "motivismo" psicológico, a ideia de que as ações humanas são motivadas por impulsos relativamente simples de autopreservação ou ganho pessoal de uma ou outra maneira. Os romancistas cristãos, em especial, enxergam isso como uma visão estreita e equivocada da natureza humana, e a questionam com uma antropologia filosófica oriunda dos Evangelhos e do Sermão da Montanha.

Nossos supostos "eus" motivados não são nossos *"eus" verdadeiros*, mas nossos *"eus" decaídos* ou *falsos* que espelham um entendimento incompleto da condição humana. Nós só podemos transcender essas identidades ilusórias por meio do arrependimento e da graça, mas isso nunca é algo que conseguimos controlar ou impor. Os termos são estabelecidos apenas por Deus. O significado das nossas ações e o conteúdo da nossa experiência não são definidos pela história material. Todos nós somos igualmente amados, igualmente perdidos e igualmente abertos à redenção no âmbito de uma realidade que transcende o tempo e a mudança.

2. Isso confirma a suspeita dos romancistas de que nós não estamos existencialmente isolados de todos e tudo o mais – afirmando a *boa nova* de que já somos Um. Nós ainda não compreendemos todas as implicações dessa revelação porque as nossas imaginações são dominadas por "diferenças" superficiais – um erro exacerbado pelas modernas ideologias políticas.

3. Isso desafia o pressuposto moderno de um universo livre de valores e propósitos e, em seu lugar, propõe um cosmos no auge de um embate profundamente sectário no qual o bem triunfa sobre o mal, a justiça sobre a injustiça e o amor sobre o ódio. Nós não vivemos em um vácuo moral, mas dentro de uma luta permanente para espiritualizar a existência. Os ativistas do coração analisados aqui, de Dorothy Day e Martin Luther King Jr. a Thomas Merton e Wendell Berry, trazem essa revelação na linha de frente de seu pensamento e desafiam todos a viver de acordo com a integralidade de suas implicações.

4. Mas, talvez, o desafio mais chocante para a imaginação moderna, alinhada com os mistérios cristãos, é a rejeição da ideia de que o método científico é a melhor e única forma de conhecimento. Isso é exposto com mais clareza pelos macro-historiadores cristãos que argumentam que, embora a ciência tenha exposto as distorções do "pensamento mágico" e da especulação metafísica infundada, sua busca pela "verdade" irrefutável e demonstrável muitas vezes leva a um desinteresse pelas "verdades" provisórias, refutáveis e existenciais sobre as quais comunidades, culturas e indivíduos precisam concordar todos os dias a fim de simplesmente existir.

Wayne C. Booth salienta que a luta para encontrar uma base de entendimento está dolorosamente ausente do mundo moderno, e ele contrasta essa procura por ideias e crenças compartilháveis – o que ele chama de "retórica da concordância" – com a epistemologia da ciência, sobretudo com a doutrina do "falseamento" de Karl Popper, segundo a qual a melhor forma de compreender o mundo é buscar ativamente por evidências que possam falsear nossas teorias na procura de uma visão irrefutável da realidade. Essa abordagem funciona muito bem na eliminação de atribuições fajutas de causa e efeito e no avanço das ciências naturais, mas não nos ajuda a realmente encontrar "razões" para trabalhar juntos ou chegar a um acordo comum quanto aos projetos e empreendimentos criativos relativamente arbitrários que constituem a maior parte das coisas que os seres humanos fazem todos os dias.[10]

Ao definir o pensamento como refutação, a ciência moderna refez a cultura moderna à sua própria e cética imagem, e isso se mostrou um problema, sobretudo nas sociedades democráticas, onde os especialistas substituíram os cidadãos como a autoridade pública definitiva.

Isso muda o foco do debate de quem somos nós, o que deveríamos querer e para onde deveríamos estar indo para o que nós podemos *saber* com certeza e o que nós podemos tornar realidade. Essas não são, em nenhuma circunstância, as questões mais importantes a serem respondidas. E, por certo, não são as questões levantadas por Marshall McLuhan para explicar os efeitos da mídia moderna em nossas vidas, ou por René Girard para explicar a propensão humana para a violência, ou por Jacques Ellul para explicar os impactos psicológicos e morais ocultos da tecnologia.

5. O último dogma moderno incompatível com os mistérios cristãos tem a ver com *as finalidades da cultura* e os propósitos do argumento. A ciência moderna nos dá poder sobre o mundo, ao passo que os mistérios cristãos nos mantêm responsáveis em nossa administração da Terra e em nossas tentativas de estabelecer "a comunidade amorosa". Ou seja, o cristianismo ensina que o propósito da vida e da razão é o amor, e não o poder.

Posso explicar melhor essa distinção com um exemplo. Há muitos anos, pouco depois que Madre Teresa foi agraciada com o Prêmio

---

[10] Confira a pequena e desconhecida obra-prima de Wayne C. Booth, *Modern Dogma and the Rhetoric of Assent* [O Dogma Moderno e a Retórica da Concordância]. Notre Dame, Ind.: Notre Dame University Press, 1974.

Nobel da Paz, ela participou de um programa canadense de entrevistas com um biólogo que também havia sido laureado com um Nobel. Durante a discussão, o biólogo começou a falar sobre a possibilidade de se criar vida eterna por meio da pesquisa com o DNA. Para agitar as coisas, o apresentador perguntou a Madre Teresa o que ela achava da possibilidade de uma "verdadeira" vida eterna, em vez da "ficção" criada pela igreja. Madre Teresa respondeu: "Eu acredito no amor e na compaixão". Foi um desses momentos em que as ambições estreitas, autocentradas, o orgulho e as ilusões da nossa civilização moderna foram expostos, e uma questão foi reformulada à luz de uma perspectiva transcendente que simplesmente ignora todos os dogmas, preconceitos e meias-verdades modernos. A vida eterna teria importância se vivêssemos em um mundo sem amor e compaixão?

Após o programa, o biólogo admitiu que o comentário de Madre Teresa o teria levado mais próximo do que ele jamais estivera de uma conversão religiosa.

# Conclusão

> Qual é a solução? Não há resposta para essa síndrome coletiva de toda uma cultura, essa fascinação, esse turbilhão demente de negação da alteridade, para toda essa estranheza, toda essa negatividade, esse repúdio do mal e essa reconciliação em torno do mesmo e de suas múltiplas figuras: incesto, autismo, gemelaridade, clonagem. Nós só podemos lembrar que a sedução reside na salvaguarda da condição de estrangeiro, na não reconciliação. O indivíduo não deveria se reconciliar com o próprio corpo ou consigo mesmo, o indivíduo não deveria se reconciliar com o outro, o indivíduo não deveria se reconciliar com a natureza, o indivíduo não deveria reconciliar macho e fêmea, ou o bem e o mal. Aí reside o segredo de uma estranha atração.
> *Jean Baudrillard.*[1]

> Você não entrará no paraíso amanhã, ou no dia seguinte, ou daqui a dez anos, você entra hoje, quando é pobre e crucificado.
> *Leon Bloy.*[2]

O ponto que muitos modernos não conseguem compreender sobre os pensadores cristãos é que eles têm pouco interesse em mudar o mundo. Eles apenas procuram ver as coisas claramente, à luz da lógica oculta do Senhor. E se, ao fazer isso, eles expõem o narcisismo de seus contemporâneos, os planos falsos de seus líderes e a pornografia didática de seus artistas e animadores de auditório – bem, isso

---

[1] Jean Baudrillard, *The Perfect Crime* [O Crime Perfeito], trad.: Chris Turner. Londres: Verso, 1996, p. 129-30.

[2] Bloy, *The Pilgrim of the Absolute*, p. 10.

só pode ser algo positivo. Mas, diferentemente de seus pares mais utilitaristas, eles desejam *viver na verdade* ainda mais do que desejam *ser eficientes no mundo*, e isso os coloca no outro extremo de uma divisão intelectual muito importante e muito profunda: isso os coloca no campo dos pobres estoicos, dos proscritos morais e dos párias políticos e literários.

Soluções para os dilemas da vida estão por aí aos montes, vendidas a preço de banana em cada esquina e proferidas por qualquer entendido, de Washington, D.C. aos subúrbios de Basra, no Iraque. Todos têm uma solução para os problemas do mundo, em geral às custas do derramamento de sangue de outras pessoas. Mas, para os críticos cristãos analisados aqui, a injustiça não é algo que possa ser derrotado. Ela deve ser constantemente combatida. Quando desaparece em algum lugar, ela reaparece em outro. Os abusos migram, disfarçados de virtude, e então seguem em frente. Nós jamais conseguiremos isolar o mal porque ele não é um sistema, uma pessoa ou um partido. Se fosse, poderíamos nos livrar dele de forma permanente – o que é o sonho de todo filósofo totalizante e de todo conquistador do mundo.

Mas o mal se manifesta mais na *ausência* de cuidado, na *ausência* de percepção e na negação do Ser do que na *presença* da estupidez, da violência ou mesmo do ódio. Na maioria das vezes, ele é uma espécie de insensatez – um compromisso com "virtudes" que não são realmente virtudes. E, assim, jamais um procedimento ou método poderá identificá-lo ou derrotá-lo de vez, pois ele se mascara sob o disfarce da bondade, da justiça, das reformas necessárias e até mesmo da objetividade científica. Ele veste um terno ou uniforme, agita uma bandeira, e tem credenciais. Eis por que a tarefa moral básica, de uma perspectiva cristã, é primeiro *perceber o mal*. E isso exige que o indivíduo veja o que não está lá e através das coisas que estão lá. Isso só é possível para alguém que suspeita da virtude e crê em uma realidade maior do que a sua própria.

O que os mistérios cristãos exigem de nós não é que construamos um mundo melhor, mas que amemos e sirvamos àquele que nos foi dado. Como escreveu um artista grafiteiro parisiense em 1968, "até aqui, os intelectuais apenas mudaram o mundo; a questão é entendê-lo". Essa é uma observação decididamente contemplativa, que confirma as suspeitas de Blake quanto ao novo ativismo e a opinião de Kierkegaard de que, hoje, se alguém pudesse falar a Palavra de Deus diretamente, ninguém no mundo moderno conseguiria escutar simplesmente porque há muito barulho e distração. A função do apóstolo moderno, portanto, é criar os espaços silenciosos e contemplativos nos quais os indivíduos possam vivenciar a verdade por si mesmos.

Tecnologia, ciência moderna, ativismo político, todos vão contra essa tradição contemplativa, pois não podem compreender que, justo quando o indivíduo é mais bem-sucedido e está no controle da própria vida, é que é mais provável que ele esteja nas garras de uma ilusão. O mal utiliza muito bem a mente humana porque a inteligência prática sempre se concentra em resultados, não em premissas iniciais ou fins últimos. Fazer da certeza o nosso padrão moral mais elevado ou medir as nossas ideias conforme seu sucesso é manter a sabedoria contrária ao coração e, assim, cegar a alma para as possibilidades alternativas e as constantes ironias da vida.

Os pensadores examinados neste livro – se não fizeram mais nada – mudaram o eixo do questionamento, tirando-o da procura pela certeza e devolvendo-o à busca por vibração ontológica e visão profética. Em suas obras, a crítica cultural superior oriunda do racionalismo ocidental encontra seu complemento e sua crítica na tradição profética judaico-cristã da visão poética e da dissensão social. Se julgarmos por critérios exclusivamente racionais, há muitas questões relativas à validade da filosofia de Kierkegaard, à fiabilidade das visões de Blake e até mesmo às habilidades literárias de Dostoiévski enquanto romancista. Mas, uma vez que a pessoa adota categorias e padrões proféticos e religiosos, a crítica de Kierkegaard à ontologia hegeliana é inquestionavelmente reveladora, a transcendência de Blake da estética "realista" é libertadora, e a transformação do romance em uma escritura secular por Dostoiévski é uma inovação moral, filosófica e literária.

Essa mudança de perspectiva, da certeza epistemológica para a revelação transformadora, inverte o jogo do modernismo e revela uma tradição alternativa dentro do pensamento ocidental: uma tradição baseada no que Boris Pasternak chamou de "a história dentro da história". Ou seja, ao reconcentrar as nossas preocupações nos destinos entrelaçados das vidas humanas individuais (em oposição às leis gerais e tendências coletivas), nós nos vemos como partes de um conjunto de empreendimentos muito pessoais e muito sagrados, não como átomos em um desumano processo evolucionário ou como peões em algum jogo de xadrez internacional. Essa tensão entre o eu sagrado e as circunstâncias históricas é justamente o tema e o conteúdo da Bíblia e está no coração do papel que os mistérios cristãos desempenham na vida da mente: eles colocam a consciência em primeiro plano e minimizam o mundanismo, admoestando-nos a atentar para o valor superior e a vocação das nossas vidas individuais ímpares, e não ao bem menor de obter o que pensamos que queremos.

Com este livro, eu originalmente planejava escrever uma pesquisa sobre a intelectualidade cristã e criativa contemporânea – o que chamei de "vanguarda ortodoxa". Meu objetivo era apenas demonstrar que é possível partir de premissas religiosas, *mesmo sectárias*, e ainda assim chegar a percepções apartidárias, mesmo universais, da condição humana. É necessário que uma visão de mundo religiosa – aliás, uma visão de mundo cristã – não cegue ninguém para as realidades contemporâneas; na verdade, ela deve conduzir a uma objetividade ainda maior e a um distanciamento crítico das modas, modismos e preconceitos do nosso tempo. Isso, por certo, era verdade para artistas e intelectuais inovadores como Andy Warhol, John Coltrane, Marshall McLuhan e Ivan Illich.

Mas, à medida em que prossegui na minha investigação, descobri uma antropologia cristã contemplativa ainda mais unificada do que jamais imaginei, encabeçada pela crítica de René Girard do bode expiatório e flanqueada por todo um grupo de críticos sociais religiosos do século XX, como Dorothy Day, Thomas Merton, Jacques Ellul e E. F. Schumacher, e por romancistas como Dostoiévski, Pasternak, Kerouac e Percy. Esse emergente contramodernismo religioso oferece uma alternativa explícita à religião, à ciência, à literatura e à ética positivistas, e propõe uma forma de resolver as antinomias clássicas que continuam a assolar o pensamento pós-moderno.

Agora sabemos que os chamados absolutos do cristianismo se situam fora de qualquer expressão cultural que lhes seja particular, no entanto, paradoxalmente, esses mesmíssimos "absolutos" só podem ser materializados por aquelas expressões relativas. Isso torna os modernos pensadores cristãos *paradoxalistas* por definição. Por um lado, eles veem todas as mitologias do mundo como produtos de lugares e épocas particulares, mas, ao mesmo tempo, reconhecem um absoluto transcultural que une toda a humanidade em uma participação compartilhada com o divino. Em outras palavras, os religiosos modernistas (ou pós-modernos, se preferir) nunca perdem de vista o fato de que estão *neste* mundo, mas não são *dele*; estão dentro de descrições predominantes da realidade, mas não definidos por elas. E essa compreensão torna possível um tipo bem diferente de crítica social – uma crítica cultural que tem consciência tanto de suas próprias e trágicas limitações quanto de seu poder de enxergar através das ilusões comuns.

As quatro questões de Kant – quem sou eu? O que posso saber? O que devo fazer? O que posso esperar? – refletem as preocupações do Iluminismo com a autoconcepção, a certeza, a vontade moral e a plenitude, preocupações que a nossa civilização continua levando a sério e coloca no centro de sua agenda política e cultural. Mas, em um contexto pós-kantiano, elas não são mais questões essenciais. E, assim, pouco importa se Hegel, Marx, Popper ou, nesse caso, Heidegger ou Wittgenstein as tenha *solucionado*. O desenvolvimento tecnológico mudou a pergunta ontológica para "quem sou eu *agora*?" e a pergunta epistemológica de "o que eu posso saber?" para "que mundo é esse?". A "velha" questão ética moderna "o que eu devo fazer?" se tornou "o que eu devo fazer *agora, nesse contexto*?". E a questão religiosa "o que eu posso esperar?" é, agora, "o que eu posso esperar *nesse mundo em particular*?".

A vida se tornou tão contextualizada histórica e culturalmente que é cada vez mais vivenciada como algo psicológica, linguística e até mesmo ontologicamente aleatório. Os pensadores cristãos contemplativos aqui analisados saem do universo do discurso filosófico kantiano (e, desse modo, da confusão contemporânea) e se voltam para uma consciência do Absoluto que é, em grande parte, impossível de ser verbalizada e antecede a experiência moderna da contingência, da relativização e da mobilidade radical. Assim, eles não estão particularmente preocupados em encontrar estabilidade ou estabelecer uma ordem social coerente, pois descobriram uma ordem divina que transcende os problemas desse mundo.

Se, em nossa época, a ontologia foi substituída pela psicologia transpessoal, a epistemologia pela sociologia do conhecimento, a ética pela dinâmica da autorrealização, e a religião pela política do significado, o novo humanismo cristão aqui examinado expõe todas essas mudanças como meias medidas. O velho "novo" mundo está desaparecendo e, no exato momento de seu eclipse, forma e campo trocaram de lugar. Assim como o "eu" clássico e atomizado foi devassado, uma nova interioridade emergiu e nossas tradições voltaram historicizadas e clarificadas para nós.

A tentação pós-moderna é de se identificar com a mente que escreveu essa crítica, mas esse "eu" é tão irreal quanto o antigo, outra ilusão produzida pela roda do tempo, com suas infindáveis alteridades entre signo e sistema, eu e cosmos. Os críticos contemplativos cristãos nos dizem que o nosso verdadeiro eu está além de tudo isso: naquele lugar onde somos um, o lugar onde ficam os macro-historiadores quando pesquisam o desenrolar da expansão do tempo humano, e onde os poetas e romancistas vão para escrever seus épicos dialógicos sobre as ironias do destino, e onde os nossos maiores ativistas sociais são martirizados.

Daqui a cinquenta anos, as questões pós-kantianas, que agora dominam essa geração de estudiosos, terão desaparecido junto com seu senso de urgência intelectual. Quem sabe o que irá substituí-las ou que espécie de "vida" e que espécie de "questões" serão dominantes nos anos que virão? Jean Baudrillard especula que (se o mundo continuar nesse caminho de ceticismo epistemológico e dúvida radical) os antropólogos do futuro talvez olhem para cada objeto comum de nossa era como se fossem um artefato religioso de um mundo que acreditava ser *real*. Eles ficarão maravilhados com a nossa credulidade, em como acreditávamos em superstições como o eu, nação, corpo, natureza, amor e história. É assim que o futuro vai nos dispensar, alterar a *vida*, descartar nossa experiência, e redefinirá a si mesmo como originário.

Mas os pensadores aqui examinados nos oferecem uma maneira de se safar dessa passagem só de ida para o esquecimento por meio de uma perspectiva escatológica sobre a existência (em oposição a uma perspectiva meramente evolucionária). Para eles, as últimas coisas são as primeiras, e as primeiras coisas são amor, esperança e caridade. A história secular humana é, em grande parte, o registro de seres parciais narrando seu próprio progresso ilusório rumo a uma autossuficiência imaginária. Mas a verdadeira vida não é contemplada por narrativas tão estreitas. Assim como a comunidade amorosa, ela só pode ser descoberta, não fabricada.

No exato momento em que civilizações parecem colidir, nossas vidas interiores iniciaram um retorno imprevisto às origens, ao silêncio, à humildade, ao ascetismo e à profunda escuta conhecida como contemplação. Para além dos impasses da teoria crítica, dentro dos paradoxos do real, na superfície dos simulacros e nos próprios limites da dialética negativa está a religião – insubmissa, mas incapaz de explicar como sobreviveu.

Nós estamos, e estamos há muitos anos, em uma mudança da ambição modernista para a contrição milenar. Todos os nossos conflitos com os outros e com nós mesmos são produto de nossos conflitos não reconhecidos com o Absoluto. Certa vez, Martin Heidegger definiu o ser como "a presença da ausência através do tempo". Essa é uma maneira assombrosamente poética de descrever a condição humana, mas precisamos voltar à cosmologia cristã para compreender isso. É verdade: nós somos *ausências* presentes em nós mesmos, o que Agostinho descreveu como recipientes vazios buscando ser preenchidos por Deus. A idolatria é apenas a tentativa de preencher esses recipientes com o que está à mão; é, se assim preferir, um desejo de ser completo antes de ter sido completado. E aqui está a reviravolta estranha e desafiadora da versão pós-moderna da revelação cristã: Deus não nos *preenche* consigo mesmo, porque Deus não é Ser, não é Essência, não é "coisa" alguma. Ele é *o que virá a Ser*; ou seja, Deus é *começo* ou Deus é *relação*. Você pode dizer isso de uma forma ou de outra.

A grande descoberta cristológica é que o falso "eu" busca significado em um crescimento perpétuo de si mesmo por meio de conquistas, aquisições e expressões da vontade, ao passo que o verdadeiro eu encontra consolo na estabilidade da verdade. A verdade não como poder sobre a natureza, mas como coerência, unidade e compreensão.

Nesse sentido, a fé é um cosmos, um espaço psicológico e espiritual para conhecer e vivenciar a Deus. Sem esse laboratório interior da oração ou a presença da nossa ausência no tempo, simplesmente não podemos vivenciar a nós mesmos como algo além de organismos que não duram muito nesse mundo. Mas, uma vez que reconhecemos a dádiva da "presença" e a compartilhamos com outras "ausências", nós nos tornamos não só curadores de feridas (como o padre Henri Nouwen certa vez descreveu o apostolado cristão), mas o que Rainer Rilke chamou de "abelhas do invisível", sentinelas espirituais vivendo nos limites da cultura, membros residentes da vanguarda ortodoxa inspecionando a geografia da alma em sua eterna expansão.

Visto dessa perspectiva, o crescimento espiritual é, em grande parte, um processo de desmonte das falsas identificações, distorções cognitivas e concepções idólatras. Nós, modernos – herdeiros de técnicas poderosas que conquistaram o mundo –, não somos particularmente bons nisso. Nós vivemos, em grande medida, na superfície das coisas, pragmáticos ao extremo e vivos sobretudo para as imagens que estão bem na nossa frente. Temos dificuldade para imaginar o lado espiritual da cultura, o qual ignora as ilusões e dispensa as falsas virtudes e meias-verdades socialmente vitoriosas. Encontrar uma forma de retornar a uma existência contemplativa talvez exija que sigamos os caminhos improváveis da imaginação literária e as tradições perdidas da oração.

Certa vez, Jean Baudrillard descreveu nossa situação contemporânea de uma forma que reflete o dissenso ontológico dos melhores pensadores religiosos:

> A existência é algo que não devemos aceitar. Ela nos foi dada como um prêmio de consolação, e não devemos acreditar nela. A vontade é algo que não devemos aceitar. Ela nos foi dada como a ilusão de um sujeito autônomo. Agora, se há algo pior do que se sujeitar à lei dos outros, certamente é estar sujeito à sua própria lei. O real é algo que não devemos aceitar. Ele nos foi dado como um simulacro, e a pior coisa é acreditar nele por falta de qualquer outra coisa. A única coisa que devemos aceitar é a lei. Mas, nesse caso, não nos referimos à lei do sujeito, mas à lei do caminho do mundo.[3]

---

[3] Baudrillard, *The Perfect Crime*, p.-11.

Os pensadores aqui examinados indubitavelmente concordariam com isso, mas eles apontariam que há uma outra lei: a Regra de São Bento. E que, na vida monástica, nós vemos uma síntese da economia distributista combinada com a crítica meta-histórica. Thomas Merton percorreu um longo caminho para trazer essa lei para dialogar com os nossos tempos, mas nós, cristãos seculares, devemos cruzar a ponte que ele construiu do lado secular do abismo. Isso significa usar as contribuições dos nossos pensadores e artistas mais progressistas como prenúncios de uma contracultura internacional e contemplativa, ainda por ser concretizada.

Há muitos lugares secretos na alma, muitas passagens perdidas e escadas ocultas, mas, para chegar a eles, primeiro devemos cruzar as portas da percepção visionária. A verdadeira história da nossa época não é a tragédia das civilizações em conflito ou a narrativa filosófica do fim da ideologia; é, mais precisamente, o épico global de pagãos alienados – incluindo nós mesmos – redescobrindo suas vidas espirituais.

Em maior ou menor grau, nós somos todos – Ocidente e Oriente, Primeiro e Terceiro Mundos, homens e mulheres – exilados espirituais que vivemos por tempo demais na terra dos Filisteus, bebendo o vinho do faraó. Para nos libertarmos, precisamos de um contra-ambiente (mesmo que em nossas cabeças) que permita que nos desliguemos desse mundo por tempo suficiente para enxergarmos através de seus lugares-comuns autossatisfeitos. Os escritores, pensadores e artistas cristãos vanguardistas aqui examinados nos fornecem as ferramentas críticas para fazermos justamente isso. Seremos tolos se não seguirmos sua liderança. Mas eles são apenas um começo. Comecei este ensaio com uma parábola de Elie Wiesel. Permita-me terminá-lo com uma parábola de Jean-Luc Godard.

Em seu filme de ficção-científica *Alphaville*, o mundo é governado por um supercomputador. O último homem livre, "Lemmy Caution" (uma mistura áspera de Albert Camus e Humphrey Bogart), é a única pessoa que o computador mestre não consegue descobrir como controlar, de tal forma que ele é frequentemente chamado para interrogatório. Lemmy responde todas as perguntas do computador com versos de poetas modernistas. Por exemplo, se o computador pergunta por onde tem andado, ele pode responder algo como: "Correndo sobre o leito de silentes mares".[4]

A certa altura do interrogatório, Lemmy de fato pergunta ao computador: "Por que você não me deixa em paz? Você jamais me entenderá". (Estou traduzindo de maneira *bem livre* aqui!)

O computador responde que o homem subestima o poder da inteligência artificial, e que já catalogou milhares de metáforas usadas por Lemmy. Quantas mais ele poderia ter?

Lemmy responde (e estou indo muito além da tradução aqui, ensejando a minha própria interpretação) que, uma vez que o computador compreender o significado da metáfora, ele então entenderá que a linguagem é uma expressão da liberdade humana, não uma mera ferramenta cognitiva ou de cálculo, e que, ao compreender isso, deixará de ser um computador e se tornará um ser humano. E, assim que se tornar um ser humano, ele então saberá que o amor e a liberdade são mais importantes do que o poder, e libertará Lemmy.

O computador pondera a respeito disso por um segundo, e então sugere que eles continuem o interrogatório na semana seguinte. E assim a conversa prossegue, entre máquinas que seriam humanas e humanos que se recusam a se tornar máquinas. Mas isso não é *realmente* um diálogo, é apenas uma ação paralisada, um impasse na guerra entre os vivos e os mortos, e uma tentativa da alma manter a revelação no jogo até o próximo grande salto adiante.

---

[4] Verso do poema "A canção de amor de J. Alfred Prufock", de T. S. Eliot (em *Poemas*. Tradução: Caetano W. Galindo. São Paulo: Companhia das Letras, 2018). (N. T.)

Posfácio

Fazendo uma retrospectiva dos anos que se passaram desde que escrevi este livro, me sinto obrigado a mencionar um único exemplo de algum desses pensadores que reformulam radicalmente uma política pública específica. Todos eles permanecem exceções à regra do materialismo – outsiders e rebeldes metafísicos, posicionados de forma teleológica, paradoxal e absoluta. E, no entanto, em outro sentido, sua visão singularmente profética teve um profundo impacto na forma como ativistas e jovens artistas veem o mundo "contemplando todas as coisas como elas apareceriam sob uma ótica de redenção – à luz messiânica."[1]

Um exemplo recente pode ser observado na extravagante série televisiva "O Novo Papa" do cineasta italiano Paolo Sorrentino. Ela tenta imaginar como seria um Pontífice iluminado nos dias de hoje. Como poderia o líder de uma instituição antiga e da fé tradicionalista se dirigir à intransigência da hierarquia de sua própria Igreja – enquanto responde, ao mesmo tempo, às necessidades dos insatisfeitos, impedindo a combatividade dos demagogos e a violência dos terroristas.

Numa entrevista ficcional com o "comitê de seleção" da propriedade palaciana do "quase" Novo Papa em Inglaterra, o pontífice imaginário de Sorrentino (interpretado por John Malkovich) responde à pergunta sobre como conseguiu converter dez mil Anglicanos ao Catolicismo. Ele explica:

---

[1] Theodore Adorno, "Finale" from *Minima Moralia* (Frankfurt: Suhrkamp, 1951) 247.

Falando sobre outras coisas. Por anos estes aposentos foram templos para encontros alegres. As pessoas esperam que um padre fale sobre religião, mas eu sabia que a religião revelada deve ser poética. Eu falava com eles sobre golfe, Holderlin, Montale, sobre o time de futebol de Assente e sobre a maneira como as mulheres cruzam as pernas. Poesia. E eles descobriam que isso significa ser católico. Significa ser tudo, pois tudo pertence à graça de Deus.

Aqui está, de forma resumida, o que seria um "Novo Papa" subversivamente ortodoxo. E implica o uso das estratégias dos escritores e pensadores aqui reunidos: a romantização das mitologias sociais, uma política anti-política, uma crítica meta-histórica e a expressão poética dos valores universais.

Este "Novo Papa" compreende o antigo princípio *védico* da *advaita*, bem como a união mística cristã de Deus no homem e do homem em Deus. E, deste modo, ele sabe com certeza que embora as coisas criadas possam ser distintas, elas não são – e jamais poderão ser – separadas. E não estão sob nosso comando ou controle mais do que estamos sob o comando ou controle delas.

Nietzsche afirmava que a tarefa crítica para nós enquanto seres modernos era "criar valores", mas os valores deste livro sugerem que o que realmente precisamos é reabilitar os valores perenes que já possuímos. Isto requer que limpemos nossas mentes de todos os paradigmas e preconceitos míopes e ultrapassados através dos quais nós atualmente (mal) percebemos o mundo.

E precisamos fazer isto reiteradamente como prática pós-moderna e obrigação moral. Mas não é fácil na nossa civilização tecnologicamente avançada nos observarmos como vítimas *e perpetradores* da ilusão. A nossa intransigência intelectual é alimentada pelo que Milan Kundera chama de "o não pensamento das ideias recebidas" e "a modernização da estupidez" – para não mencionar a retórica dos demagogos e as cruzadas dos fanáticos ideológicos.

A nossa estupidez é "moderna", porque ela "progride" a par e passo com tudo o resto e se descreve a ela mesma como "iluminação", "consciência crítica", às vezes até mesmo como "sabedoria" ou "revelação". E, assim, apesar da nossa alta consideração pelas melhorias materiais da sociedade, continuamos, na maior parte, vivendo mal – desesperadamente paroquiais e autocentrados – guiados pela evolução de novas vaidades que alimentam a ignorância e a insatisfação.

Ortodoxia Subversiva surge como uma tentativa de dar nome a este paradoxo da humanidade: que os mesmos meios pelos quais nós transformamos o mundo são também os meios pelos quais nos transformamos em instrumentos da desconstrução do mundo – cada um de nós se tornando, em maior ou menor grau, um projeto singular, carregado de culpa.

E, no entanto, com os Cristãos, o senso de ironia é um dever, a confissão boa para a alma, e a redenção sempre se vislumbra no horizonte. Nenhum de nós nunca está verdadeiramente perdido, a fé surge todos os dias sob um novo horizonte – consciência plena, Zen, e a humildade dos santos indicam o caminho, e a literatura séria, a yoga Védica do Ocidente, continua seus encorajamentos críticos.

Em uma carta para seu irmão, Fiódor Dostoiévski afirmou, "o mundo é majoritariamente cômico. Sua majestade está disponível apenas ao senso interior." Sou levado por esta revelação profética até à imensa piada que a mídia de massa e a política moderna se tornaram – e como, apesar de tudo, a majestade da vida permanece intacta e ainda disponível a esse senso interior.

Mas as pessoas não reverenciam nada até à chegada do poeta ou do profeta, por isso ofereço estes escritores como candidatos a essa função transcendente.

*Robert Inchausti*
San Luis Obispo, Califórnia
Fevereiro 2020

# Obras Citadas[1]

ADORNO, Theodor. *Minima Moralia*. Trad.: E. F. N. Jephcott. Frankfurt: Suhrkamp, 1951.
_____. *Minima Moralia*. Trad.: Gabriel Cohn. Rio de Janeiro: Beco do Azougue, 2008.
_____. *Politics and Aesthetics*. Trad.: Ronald Taylor. Londres: Verso, 1977.
AGOSTINHO de Hipona, Santo. *Cidade de Deus*. Trad.: Oscar Paes Leme. Petrópolis, RJ: Vozes; São Paulo: Federação Agostiniana Brasileira; Bragança Paulista, SP: Editora Universidade São Francisco, 2012 – Vozes de Bolso.
ALTIZER, Thomas J. J. *The New Apocalypse: The Radical Christian Vision of William Blake*. East Lansing: Michigan State University Press, 1967.
_____. com William Hamilton. *Radical Theology and the Death of God*. Indianapolis: Bobbs-Merrill, 1966.
ARENDT, Hannah. *Homens em Tempos Sombrios*. Trad.: Denise Bottmann. São Paulo: Companhia de Bolso, 2008.
BAUDRILLARD, Jean. *Forget Foucault*. Nova York: Semiotexte, 1987.
_____. *The Perfect Crime*. Trad.: Chris Turner. Londres: Verso, 1996.
BECKER, Ersnt. *The Denial of Death*. Nova York: The Free Press, 1973.
BERDIAEV, Nicholas. *The Meaning of History*. Trad.: George Reavey. Cleveland: Meridian Books, 1962.
BERRY, Wendell. *Another Turn of the Crank*. Nova York: Counterpoint, 1996.
_____. *Citizenship Papers*. Washington, D.C.: Shoemaker e Hoard, 2003.
_____. *In the Presence of Fear: Three Essays for a Changed World*. Great Barrington, Mass.: Orion Society, 2001.

---

[1] Incluí as edições brasileiras das obras citadas (exceto aquelas que não usei na tradução), mantendo as utilizadas pelo autor em sua pesquisa. (N. T.)

_____. *Life is a Miracle*. Washington, D.C.: Counterpoint, 2000.
BLAKE, William. *Jerusalém*. Trad.: Saulo Alencastre. São Paulo: Hedra, 2010.
_____. *Poetry and Prose of William Blake*. Ed. Geoffrey Keynes. Londres: Nonesuch Library, 1961.
_____. *The Selected Poetry and Prose of William Blake*. Ed. Northrop Frye. Nova York: Modern Library, 1953.
BLOOM, Allan. *The Closing of American Mind*. Nova York: Simon e Schuster, 1988.
BLOOM, Harold. *Breaking the Vessels*. Chicago: University of Chicago Press, 1982.
_____. *Kabbalah and Criticism*. Nova York: Continuum, 1975.
_____. *Omens of Millennium*. Nova York: Riverhead Books, 1997.
BLOY, León. *Pilgrim and the Absolute*. Ed. Raïssa Maritain. Trad.: John Coleman e Harry Lorin Binsse. Londres: Eyre and Spottiswoode, 1947.
BOOTH, Wayne C. *Modern Dogma and the Rethoric of Assent*. Notre Dame, Ind.: Notre Dame University Press, 1974.
BRANCH, Taylor. *Parting the Waters*. Nova York: Simon e Schuster, 1988.
BROCKMAN, John, ed. *The New Humanists*. Nova York: Barnes e Noble, 2003.
BSTAN-'dzin-rgya-mtsho, Dalai Lama XIV. *The Way to Freedom*. São Francisco: HarperSanFrancisco, 1994.
BUCK-MORSS, Susan. *The Origin of Negative Dialectics*. Nova York: Free Press, 1977.
CHARTERS, Ann. *Kerouac: A Biography*. Nova York: St. Martin's Press, 1994.
CHESTERTON, G. K. *The Everlasting Man*. Nova York: Dodd, Mead, 1925.
_____. *Lunacy and Letters*. Ed. Dorothy Collins. Nova York: Sheed e Ward, 1958.
_____. *O Que Há de Errado com o Mundo?* Trad.: Luíza Monteiro de Castro Silva Dutra. Campinas: Ecclesiae, 2013.
_____. *Outline of Sanity*. Londres: Methuen, 1928.
_____. *Tremendous Trifles*. Londres: Methuen, 1909.
_____. *What's Wrong with the World*. Londres: Cassell, 1910.
_____. *William Blake*. Londres: Duckworth, 1910.
CHRISTY, Jim. *The Long, Slow Death of Jack Kerouac*. Toronto: ECW Press, 1998.
CLAPP, Rodney. *Border Crossings*. Grand Rapids: Brazos Press, 2000.
COHEN, Leonard. *Stranger Music*. Nova York: Vintage, 1993.

CROWLEY, Donald, e Sue Mitchell Crowley, ed. *Critical Essays on Walker Percy*. Boston: G. K. Hall, 1989.

DAVIE, Donald; LIVINGSTONE, Angela. *Pasternak*. Londres: Macmillan, 1969.

DAY, Dorothy. "More about Holy Poverty." *Catholic Worker* (fev. 945), p. 1-2.

_____. "All the Way to Heaven is Heaven." *Catholic Worker* (junho de 1948), p. 1, 2, 7.

_____. "Are the Leaders Insane?" *Catholic Worker* (abr. 1954), p. 1, 6.

DERRIDA, Jacques. *On Cosmopolitanism and Forgiveness*. Nova York: Routledge, 2001.

DILLENBERGER, Jane Daggett. *The Religious Art of Andy Warhol*. Nova York: Continuum, 1998.

DONALDSON, Scott, ed. *Kerouac: On The Road – Text and Criticism*. Nova York: Penguin, 1979.

DOSTOIÉVSKI, Fiódor. *The Brothers Karamazov*. Trad.: Constance Garnett. Nova York, Londres: W. W. Norton, 1976 [1880].

_____. *Os Irmãos Karamázov*. Trad.: Paulo Bezerra. São Paulo: Editora 34, 2008.

_____. *Notes from Underground*. Trad.: Mirra Ginsburg. Introdução: Donald Fanger. Nova York: Bantam Classic, 1989 [1864].

EAGLETON, Terry. *Literary Theory*. Minneapolis: University of Minnesota Press, 1983.

ELLUL, Jacques. *A Critique of Commonplaces*. Trad.: Helen Weaver. Nova York: Knopf, 1966.

_____. *Living Faith*. Nova York: Harper e Row, 1980.

_____. *The New Deamons*. Nova York: Seabury Press, 1975.

_____. *The Politics of God and the Politics of Man*. Grand Rapids: Eerdmans, 1972.

_____. *Propaganda*. Nova York: VintageBooks, 1973.

_____. *The Subversion of Christianity*. Trad.: Geoffrey W. Bromiley; Grand Rapids: Eerdmans, 1986.

_____. *The Technological Society*. Trad.: John Wilkinson. Nova York: Knopf, 1964.

_____. *What I Believe*. Trad.: Geoffrey W. Bromiley; Grand Rapids: Eerdmans, 1989.

FASCHING, Darrell J. *The Thought of Jacques Ellul: A Sistematic Exposition*. Nova York: E. Mellen Press, 1981.

FRANK, Joseph. *Dostoevsky. The Miraculous Years, 1865-1871*. Princeton, N.J.: Princeton University Press, 1995.
FRYE, Northrop. *Anatomia da Crítica: Quatro Ensaios*. Trad.: Marcus de Martini. São Paulo: É Realizações, 2014.
_____. *Anatomy of Criticism: Four Essays*. Princeton, N. J.: Princeton University Press, 1957.
_____. *Fearful Symmetry, A Study of William Blake*. Princeton, N. J.: Princeton University Press, 1948.
_____. *The Great Code: The Bible and Literature*. Nova York: Harcourt Brace, 1982.
_____. *The Modern Century: The Whidden Lectures 1967*. Toronto: Oxford University Press, 1967.
_____. *Northrop Frye on Religion*. Ed.: Alvin A. Lee e Jean O'Grady. Toronto: University of Toronto Press, 2000.
_____. *Northrop Frye's Late Notebooks, 1982-1990: Architecture of the Spiritual World*. Ed.: Robert D. Denham. Toronto: University of Toronto Press, 2000.
_____. *Spiritus Mundi: Essays on Literature, Myth, and Society*. Bloomington: Indiana University Press, 1976.
_____. *Stubborn Structure*; Ithaca, N. Y.: Cornell University Press, 1997.
GANS, Eric. *Signs of Paradox*. Stanford, Calif.: Stanford University Press, 1997.
GIAMO, Ben. *Kerouac: The Word and the Way*. Carbondale: Southern Illinois University Press, 2000.
GIFFORD, Paul, et.al.,eds. *2000 Years and Beyond: Faith, Identity, and the Common Era*. Londres e Nova York: Routledge, 2003.
GIRARD, René. *Deceit, Desire, and the Novel: Self and Other in Literary Structure*. Trad.: Yvonne Freccero. Baltimore: Johns Hopkins University Press, 1984.
_____. *Resurrection from the Underground*. Trad.: James G. Williams. Nova York: Crossroad, 1997;
_____. *The Scapegoat*. Trad.: Yvonne Freccero. Baltimore: Johns Hopkins University Press, 1986.
_____. *Things Hidden since the Foundation of the World*. Trad.: Stephen Bann e Michael Metteer. Stanford, Calif.: Stanford University Press, 1987.
_____. *Violence and the Sacred*. Trad.: Patrick Gregory. Baltimore: Johns Hopkins University Press, 1977.

GOETHE, Johann Wolfgang von. *Maxims and Reflections*. Nova York: Penguin, 1999.
GORDON, W. Terrence. *Marshall McLuhan: Escape into Understanding*. Nova York: Basic Books, 1997.
HARDT, Michael; NEGRI, Antonio. *Empire*. Boston: Harvard University Press, 2001.
HESSE, Herman. *In Sight of Chaos*. Trad.: Stephen Hudson. Zurique: Verlag Seldwyla, 1923.
HOLMES, John Clellon. *Nothing More to Declare*. Nova York: Dutton, 1967 [1958].
Illich, Ivan. *ABC: The Alphabetization of the Popular Mind*. São Francisco: North Point Press, 1988.
_____. "An Address to 'Master Jacques'." *Ellul Forum* 13 (jul. 1994), p. 16.
_____. *The Corruption of Christianity: Ivan Illich on Gospel, Church and Society*. Apresentação: David Cayley. Montreal: Canadian Broadcasting Corporation, 2000.
_____. *The Humiliation of the Word*. Trad.: Joyce Main Hanks. Grand Rapids: Eerdmans, 1985.
_____. *In the Mirror of the Past: Lectures and Addresses, 1978-1990*. Nova York: M. Boyars, 1992.
_____. *Ivan Illich in Conversation*. Ed. David Cayley. Concord, Ont.: Anansi, 1992.
_____. *Tools for Conviviality*. Nova York: Harper e Row, 1973.
JAMES, William. "The Will to Believe." Em *The Writtings of William James*, ed. John J. McDermott, sec. 9. Nova York: Random House, 1967.
JOYCE, James. *Portrait of the Artist as a Young Man*. Nova York: Penguin, 2003 [1910].
_____. *Um Retrato do Artista Quando Jovem*. Trad.: Bernardina da Silveira Pinheiro. Rio de Janeiro: Alfaguara/Objetiva, 2006.
KAHN, Ashley. *A Love Supreme: The Story of John Coltrane's Signature Album*. Nova York: Viking, 2002.
KAPLAN, Robert D. *Warrior Politics: Why Leadership Demands a Pagan Ethos*. Nova York: Random House, 2002.
KENNER, Hugh. *Paradox in Chesterton*. Nova York: Sheed e Ward, 1947.
KEROUAC, Jack. *Kerouac: Selected Letters 1940-1956*. Ed. Anne Charters. Nova York: Penguin, 1996.
_____. *On the Road*. Nova York: Viking, 1957.

_____. *The Portable Jack Kerouac*. Ed. Anne Charters. Nova York: Penguin, 1996.

_____. *Satori in Paris*. Nova York: Penguin, 1997.

KIERKEGAARD, Søren. *Christian Discourses*. Trad.: Walter Lowrie. Princeton, N. J.: Princeton University Press, 1971.

KING, Martin Luther Jr. *Strenght to Love*. Filadélfia: Fortress Press, 1986 [1963].

_____. *Testament of Hope*. Ed. James M. Washington. São Francisco: Harper e Row, 1986.

_____. *The Words of Martin Luther King, Jr*. Ed. Coretta Scott King. Nova York: Newmarket Press, 1987.

KUNDERA, Milan. *The Art of the Novel*. Trad.: Linda Asher. Nova York: Perennial Library, 1988.

_____. *A Arte do Romance*. Trad.: Teresa Bulhões Carvalho da Fonseca. São Paulo: Companhia das Letras.

KUSHNER, Harold. *Who Needs God?* Nova York: Fireside Books, 2002.

LARDAS, John. *The Bop Apocalypse*. Urbana: University of Illinois Press, 2001.

LUKÁCS, György. *A Teoria do Romance*. Trad.: José Marcos Mariani de Macedo. São Paulo: Duas Cidades, Editora 34, 2000.

_____. *The Theory of the Novel*. Trad.: Anna Bostock. Cambridge: MIT Press, 1971.

MARX, Steven. *The Bible and Shakespeare*. Nova York: Oxford University Press, 2000.

McCANN, Dennis P. *Christian Realism and Liberation Theology*. Maryknoll, N. Y.: Orbis Books, 1982.

McCARRAGHER, Eugene. *Christian Critics: Religion and the Impasses in Modern American Social Thought*. Ithaca, N. Y.: Cornell University Press, 2000.

McLUHAN, Marshall. *Counter Blast*. Nova York: Harcourt, Brace e World, 1969.

_____. *Culture Is Our Business*. Nova York: McGraw-Hill, 1970.

_____. *The Gutenberg Galaxy: The Making of Typographic Man*. Toronto: University of Toronto Press, 1962.

_____. *The Letters of Marshall McLuhan*. Selecionadas e editadas por Matie Molinaro, Corrine McLuhan e William Toye. Toronto: Oxford University Press, 1987.

_____. *The Medium and the Light: Reflections on Religion*. Ed.: Eric McLuhan e Jacek Szlarek. Toronto: Stoddart, 1999.

_____. com Quentin Fiore. *The Medium Is the Message*. Nova York: Simon e Schuster, 1967.

_____. "Futurechurch: Edward Wakin Interviews Marshall McLuhan." *U.S. Catholic* 42:1 (jan. 1977), p. 6-11.

MERTON, Thomas. *Conjectures of a Guilty By-Stander*. Garden City, N. Y.: Doubleday, 1966.

_____. *Contemplative Prayer*. Garden City, N. Y.: Doubleday, 1971.

_____. *Disputed Questions*. Nova York: Harcourt Brace Jovanovich, 1985.

_____. *Faith and Violence*. Notre Dame, Ind.: University of Notre Dame Press, 1968.

_____. *The Hidden Ground of Love*. Ed. William H. Shannon. Nova York: Harcourt Brace Jovanovich, 1985.

_____. *Ishi Means Man*. Greensboro, N. C.: Unicorn Press, 1976.

_____. *Literary Essays*. Nova York: New Directions, 1981.

_____. *Passion for Peace: The Social Essays*. Ed. William H. Shannon. Nova York: Crossroad, 1995.

_____. *The Seven Storey Mountain*. Nova York: Harcourt Brace Jovanovich, 1976 [1948].

_____. *Zen and the Birds of Appetite*. Nova York: New Directions, 1968.

MIŁOSZ, Czesław. *The Land of Ulro*. Trad.: Louis Iribarne. Nova York: Farrar, Straus, e Giroux, 1984.

MURPHY, Daniel. *Christianity and Modern European Literature*. Dublin e Portland, Oreg.: Four Courts Press, 1997.

NIEBUHR, Reinhold. *The Nature and Destiny of Man: A Christian Interpretation*. Vol. 2. Nova York: Charles Scribner's Sons, 1964 [1943].

PAGELS, Elaine. *The Gnostic Gospels*. Nova York: Vintage Books, 1989.

PAGLIA, Camille. *Vamps e Tramps*. Nova York: Vintage Books, 1994.

PASTERNAK, Boris. *Prose e Poems*. Ed. Stefan Schimanski. Londres: E. Benn, 1959.

PAZ, Octavio. *Labyrinth of Solitude*. Trad.: Lysander Kemp. Nova York: Grove Press, 1961.

PEARCE, Joseph. *Literary Converts: Spiritual Inspiration in an Age of Unbelief*. São Francisco: Ignatius Press, 1999.

PERCY, Walker. *Lost in the Cosmos: The Last Self-Help Book*. Nova York: Picador, 1983.

_____. *The Message in the Bottle*. Nova York: Farrar, Straus e Giroux, 1975.

_____. *The Moviegoer*. Nova York: Vintage Books, 1998 [1961].

_____. *Signposts in a Strange Land*. Nova York: Picador, 1991.

Polanyi, Karl. *The Great Transformation*. Boston: Beacon Press, 1964.
Poteat, Patricia Lewis. *Walker Percy and the Old Modern Age*. Baton Rouge: Lousiana State University Press, 1985.
Richards, I. A. *Coleridge on Imagination*. Londres: Routledge e Kegan Paul, 1950.
Roth, S. J., Robert J. *American Religious Philosophy*. Nova York: Harcourt, Brace e World, 1967.
Schumacher, E. F. *A Guide for the Perplexed*. Londres: J. Cape, 1977.
Solienítsin, Aleksandr. *Gulag Archipelago: Volume One*. Trad.: Thomas P. Whitney. Nova York: Harper, 1975.
_____. *O Carvalho e o Bezerro: Esboços da Vida Literária*. Trad.: Octavio Mendes Cajado. São Paulo, Rio de Janeiro: Difel, 1976.
_____. *The Oak and the Calf: Sketches of Literary Life in the Soviet Union*. Trad.: Harry Willetts. Nova York: Harper & Row, 1975.
Stearn, Gerald Emanuel, ed. *McLuhan: Hot and Cool*. Nova York: New American Library, 1967.
Taylor, Ronald. *Politics and Aesthetics*. Londres: Verso, 1977.
Theall, Donald. *The Virtual McLuhan*. Montreal e Kingston: McGill-Queens University Press, 2001.
Todd, Albert C.; Hayward, Max. *Twentieth Century Russian Poetry: Silver and Steel: An Anthology*. Seleção: Yevgeny Yevtuschenko. Nova York: Doubleday, 1994.
Tsvetaeva, Marina. *Art in the Light of Conscience*. Trad.: Angela Livingstone. Cambridge: Harvard University Press, 1992.
Unamuno, Miguel de. *Tragic Sense of Life*. Trad.: J. E. Crawford Flitch. Nova York: Dover Publications, 1954.
Vladislav, Jan, ed. *Václav Havel: Living in the Truth*. Londres: Faber & Faber, 1989.
Webb, Eugene. *The Self Between: From Freud to the New Social Psychology of France*. Seattle: Univesity of Washington Press, 1993.
Weil, Simone. *Gateway to God*. Glasgow: Collins, 1974.
_____. *The Simone Weil Reader*. Ed. George A. Panichas. Nova York: McKay, 1977.
Wolff, Edward N. *Top Heavy: A Study of the Increasing Inequality of Wealth in America*. Nova York: New Press, 2002.
Žižek, Slavoj. *The Fragile Absolute, or, Why Is The Christian Legacy Worth Fighting For?* Londres e Nova York: Verso, 2000.

## Agradecimentos

Um livro como esse deve sua concepção a muitos outros livros e a muitas conversas. Fui abençoado com uma excelente biblioteca de empréstimos em Cal Poly, San Luis Obispo, e com muitos amigos atenciosos que me ajudaram a pensar sobre as ideias apresentadas aqui. E, embora seja impossível citar todos eles, gostaria de agradecer aos que me ajudaram. Agradeço especialmente a Bob Garlitz e Gary Cooper, que leram as primeiras versões deste livro.

Agradeço, também, aos meus colegas e alunos no Departamento de Inglês da California State Polytechnic University, em San Luis Obispo, especialmente Allen Howell, Jim Cushing, Mark Roberts, Mike Wenzel, Dick Simon, George Cotkin, Paul Miklovitz, John Hampsey, David Kann, Linda Halisky, Tom Patchell, Suzanne Cokal, Tom Fay, Harry Hellenbrand, Joel Short, Ann Martin, Peter Gunther, Nick Sesnak, Randy Davis, Christopher Carruthers, Alison Halla, Deborah Lang, Steve Marx, Heidi Wilkinson, Glen Starkey, Andy Maness, Natalie Lambert, Mary Shannon, Alene Schultz, Nicole Biggers, Kelly Wooton, Melinda Moustakis e Melanie Snowdy.

Agradeço aos companheiros da Fetzer Foundation, especialmente Rob Lehman, Mark Nepo, Carolyn Brown, Parker J. Palmer, Cynthia Bourgealt, Jerry Needlham, Huston Smith e Pam Wilson.

Agradeço a todos os excelentes estudiosos e escritores que pertencem à International Thomas Merton Society, especialmente Angus Stuart, Ross e Gisela Labrie, e Judith Hardcastle, por sua hospitalidade, e a Roger Corliss, Christen Bochen, Bonnie Thurston, Paul Pearson, Patrick O'Connell, James Finley e Richard Rohr por compartilharem seu tempo e seus pensamentos comigo.

Agradeço aos meus companheiros oblatos do monastério New Comaldoli em Big Sur, sobretudo Rita King, Hunter Lillis, Tory Haag, Larry Balthaser e Paula e Mike Huston.

Agradeço ao Reverendo Gary James e à Midwestern Unitarian Pastors' Association por me convidarem a um de seus retiros anuais.

Agradeço à minha "outra" família no Cal Poly Newman Catholic Center: Irmã Mary Pat White, Padre Kevin e Padre John, Padre Mike e Irmã Theresa, Ken Brown e os estudantes que estiveram comigo nas caminhadas até Tijuana que mudaram as nossas vidas, especialmente Kevin Wilkinson, Ann Forester, Pasco e Meghan Bowen, Monica Inchausti, Andrea Dizinno, Cecilia Rodriguez, Tommy Jimenez, Christian Gnagne, Coung Nguyen, Preston e Jeanine Smalley e Mike Ross.

Também agradeço a Jim Hoffman e ao pessoal da Esperanza International, que possibilitaram essas viagens, sobretudo Sergio e Eduardo. A Esperanza International está fazendo muitas das coisas que E. F. Schumacher e Wendell Berry recomendaram: concentrando-se em soluções de longo prazo para a pobreza do Terceiro Mundo por meio de uma combinação coordenada de serviços que atendem às necessidades dos mais pobres, incluindo desenvolvimento de microempresas, educação, treinamento vocacional e assistência médica. Você pode visitar o site eles em www.esperanza.org.

Por fim, agradeço aos meus editores, que me ensinaram tanto, especialmente Robert Clapp e Rebecca Cooper, da Brazos Press.

# Índice Remissivo

## A

*A Arte do Romance*, 53, 178, 226
*A Cidade de Deus*, 100, 145, 203, 221
*A Critique of the New Commonplaces*, 177
"A Gospel of Emancipation", 80
"A Herança Depreciada de Cervantes", 54
*A Love Supreme*, 15, 225
*A Montanha dos Sete Patamares*, 26, 109
"A Symbolic Structure for Walker Percy's Fiction", 91
*A Teoria do Romance*, 57, 226
*A Violência e o Sagrado*, 192
"A Vision of the Last Judgement", 24
*ABC: The Alphabetization of the Popular Mind*, 184, 186, 225
Abernathy, Ralph, 127
abismo, 40-41, 162
Absoluto, 38-39, 41, 214, 216
    estéticos, 161
    falsos, 177
    metafísicos, 24, 200
    positivista, 20
    religiosos, 12, 42, 176
    transcultural, 213
absolutos do cristianismo, 213
"acoplador", 201
Adorno, Theodor, 16, 53, 204-05, 221
"After Me, the Deluge", 81-83
ágape, 117, 122
Agostinho, Santo, 17, 100, 145, 203, 216
Akhmátova, Anna, 68
Alióchá Karamázov, 59-62, 64-66
Althusseriana, 100
Altizer, Thomas, 22-23, 30, 221
*American Religious Philosophy*, 115, 228
"An Address to 'Master Jacques'", 171
"An Interview with Czesław Miłosz", 146
anarquia, 105, 201
*Another Turn of the Crank*, 137, 143, 221
antropologia
    cristã, 156, 213
    filosófica, 84, 134, 194, 196, 205
    generativa, 195
    moderna, 88
    nova, 191
    teológica, 122
Apocalipse (livro bíblico), 52
apologistas cristãos, 42, 55, 152, 158, 194
Aquino, Santo Tomás de, 129
"Are the Leaders Insane?", 101, 223
Arendt, Hannah, 53, 221
Arnold, Matthew, 49

*Art in the Light of Conscience*, 67, 228
"As Cinco Mortes da Fé", 18
Asher, Linda, 226
ateísmo, 26, 67

# B
Bacon, *Sir* Francis, 26-27, 32
Bakhtin, Mikhail, 61
Balzac, Honoré, 56, 59
Bann, Stephen, 192, 224
Barth, Karl, 172
Barthes, Roland, 131
Basra, Iraque, 210
Baudelaire, Charles, 31
Baudrillard, Jean, 174, 209, 215, 217, 221
Beat, Geração, 77, 80-81, 108
Becker, Ernest, 37, 41-42, 60, 221
Belloc, Hilaire, 45, 103
bem-aventuranças, 96, 103
"Benefits and Mechanisms for Spreading Asset Ownership in the United States", 97
Berdiaev, Nikolai
    como ortodoxo, 47-48
    sobre a cultura *versus* a civilização, 50
    sobre a democracia, 47
    sobre a história *versus* o divino, 49, 51
    sobre a liberdade, 51
    sobre a religião burguesa, 47-51, 103, 139
    sobre o ideal ascético, 51
    *The Meaning of History*, 49, 221
Berry, Wendell
    *Another Turn of the Crank*, 137, 143, 221
    *Citizenship Papers*, 138, 141, 221
    como "agrário" radical, 135
    como ativista, 206
    como herdeiro de Chesterton e Day, 100
    como ortodoxo, 136, 143
    como vanguardista, 136
    dezessete regras, 142
    *Life is a Miracle*, 140, 222
    sobre a ciência, 140
    sobre a defesa nacional, 142
    sobre a política contemporânea, 141
    sobre o grande erro da civilização moderna, 137
    sobre o industrialismo, 135
    sobre progresso e globalismo, 143
    "The Agrarian Standard", 136
    "Thoughts in the Presence of Fear", 137-38
Bíblia
    Blake sobre a, 24, 27, 42
    como narrativa macro-histórica, 145
    Dostoiévski sobre a, 57
    Ellul sobre a, 170
    Frye sobre a, 163, 167-68, 170
    Girard sobre a, 194
    King sobre a, 116
    Pasternak sobre a, 68
Bieseker-Mast, Gerald J., 194
*Bildungsroman*, 36
Birmingham, Alabama, 119
Black Power, 100, 115
Blake, William
    Altizer e Hamilton sobre, 22-23
    Chesterton sobre, 21
    Christy sobre, 17
    como defensor da alma, 22
    como gnóstico, 24
    como herege, 27
    como heresia, 24
    como moderno, 30
    como moralista, 79

como ortodoxo, 23-24
como pensador contrário, 29
como rebelde, 32, 212
como romântico, 42
como vanguardista, 23
como visionário, 24, 26, 28, 200, 218
contribuição para o pensamento ocidental, 23
defesa da imaginação, 21
depois de Marx, 25
Frye sobre, 162-63, 168
*Jerusalém*, 28
McLuhan sobre, 27
Merton sobre, 26
Miłosz sobre, 146
*Milton*, 30
relevância teológica, 22
*Selected Poetry and Prose*, 24
sobre progresso moral, 30
sobre a Bíblia, 24, 42, 170
sobre a Inglaterra, 22-23, 25
sobre a mente utilitarista, 23
sobre a religião organizada, 146
sobre a "segunda" queda, 27, 131
sobre Bacon e Locke, 32
sobre Cristo, 25
sobre Deus, 21
sobre o eu, 31
sobre o tempo e o espaço, 29
sobre os mistérios cristãos, 30
sobre poesia e revelação, 147
Steiner sobre, 148
sucessores de, 30
Bloom, Allan, 126, 222
Bloom, Harold, 19, 222
Bloy, Leon, 105, 209, 222
bode expiatório, 146, 191, 193-95, 197, 213
boêmia, 202

Bogart, Humphrey, 218
bolcheviques, 47, 52
Bolling, Binx, 92
Bonhoeffer, Dietrich, 61
*Border Crossings*, 15
Bostock, Anna, 226
Branch, Taylor, 121, 222
*Breaking the Vessels*, 19, 222
Brittain, Victoria, 128
Brockman, John, 13, 222
Bromiley, Geoffrey W., 37, 102, 223
Brown, Norman O., 199
Buck-Morss, S., 16, 222
Buda, 59, 78, 80
budismo, 17, 56, 80, 110, 129, 146
Bull Connor, 119
Bultmann, Rudolf, 172
burguesia, 48, 103, 139, 171
Burroughs, William, 80
Bush, George Herbert Walker, 125
Bush, George Walker, 125

## C

Cage, John, 15
Camus, Albert, 218
capitalismo, 45-46, 49, 98, 101, 103-04
capitalismo industrial, 107, 169
Carmichael, Stokely, 115
*Cartas Inéditas*, 47
*Catholic Worker*, 49, 101
católico(s)
    Adorno, Theodor, quase conversão ao, 16
    "distributistas", 104, 136
    escritor, 45
    Illich como, 182
    Joyce como, 56
    Kerouac como, 77-80
    McLuhan como, 148-159
    Merton como, 107

Schumacher como, 128-29
Warhol como, 15
Cayley, David, 190, 225
Cervantes, Miguel de, 54, 56
ceticismo, 32, 57, 91, 179, 199, 215
Charters, Ann, 78-79, 81-82, 222, 225-26
Chavez, Cesar, 106
Chesterton, G. K.
   Berry como herdeiro de, 100
   como ortodoxo, 18, 42
   como ortodoxo vanguardista, 42
   *Daily News*, 45
   *Illustrated London News*, 44, 46
   Kenner, Hugh, sobre, 43, 225
   *Lunacy and Letters*, 46, 222
   McLuhan como herdeiro de, 148
   *O Homem Eterno (The Everlasting Man)*, 18
   *O Que Há de Errado com o Mundo (What Is Wrong With the World)*, 44, 103, 222
   pensamento triádico de, 202
   pregando para os convertidos, 43-44
   sobre a cidade moderna, 46
   sobre a civilização moderna, 45-46
   sobre a idolatria, 44
   sobre as Escrituras, 44
   sobre Blake, 21
   sobre o capitalismo, 45
   sobre o distributismo, 96, 103, 129, 135
   sobre o marxismo, 46
   *The Outline of Sanity*, 45, 95, 103, 222
   *Tremendous Trifles*, 47, 222
   uso de Schumacher de, 135
   *William Blake*, 21
Chiaromonte, Nicola, 69
*Christian Century*, 128
*Christian Discourses*, 38, 226
*Christian Realism and Liberation Theology*, 120, 226
*Christianity and Modern European Literature*, 47, 53, 227
Christy, Jim, 17
ciência moderna, 27, 207, 211
civilização
   anseios de uma juventude, 33
   base metafísica da, 147
   Brown sobre a, 199
   clássica, 182
   cultura *versus*, 47, 50, 147, 156
   degradação da, 18, 48, 136-37
   Ellul sobre, 173
   Girard sobre, 198
   King sobre injetar um novo significado à, 116, 122
   McLuhan sobre, 150, 152
   moderna, 45, 122, 137, 208
   nascimento da, 191
   pós-moderna, 155
   tecnológica, 172
Clapp, Rodney, 15, 222, 230
Clinton, William Jefferson, 125
*Closing of the American Mind*, 126
Cohen, Leonard, 95
Coleman, John, 105, 222
*Coleridge on Imagination*, 115, 228
Coleridge, Samuel Taylor, 115
Collins, Dorothy, 46, 222
Coltrane, John, 15, 212
complexo militar-industrial, 101
"comunidade amorosa", 99, 100, 104, 120, 125, 145, 207, 215
comunismo, 45, 70, 107, 120
*Conjectures of a Guilty Bystander*, 11, 109, 227
contemplação, 50-51, 157, 163, 216
*Contemplative Prayer*, 113, 227

contramodernismo, 213
*Corruption of Christianity*, 182
*Counter Blast*, 152, 160, 177, 226
cristianismo e modernidade, 47, 53
Cristo
    Aliócha e, 59-61
    Blake sobre, 25
    Dostoiévski sobre, 56
    Ellul e, 176
    Girard e, 194-97
    Goethe e, 32
    insensatez de, 102
    Kerouac e, 80-82
    Kierkegaard e, 37
    McLuhan e, 156-58
*Critical Essays on Walker Percy*, 91, 223
*Culture Is Our Business*, 154, 226
Crowley, Donald, 91, 223
Crowley, Sue Mitchell, 91, 223

## D

Dalai Lama, 127, 191
Dante (Alighieri), 30, 56
darwinismo social, 126
Davie, Donald, 69, 223
Day, Dorothy
    "Are the Leaders Insane?", 101, 223
    como Berry, 100, 206
    como Chesterton, 136
    como Ellul e Schumacher, 213
    como Illich, 191
    como King, 121-22
    como Merton, 107
    como Percy, 200
    conquistas da vida de, 105
    e o United Farm Workers, 106
    mal interpretada, 106
    "More About Holy Poverty", 106, 223
    personalismo cristão de, 99
    sobre a alienação, 101
    sobre a dissidência, 106
    sobre a riqueza, 105
    sobre o capitalismo, 98, 104
    vanguardista, 103
Derrida, Jacques, 12-13, 190
Descartes, René, 26-27, 32, 50
dialética negativa, 16, 216
Dickens, Charles, 56
Dillenberger, Jane Daggett, 15
*Disputed Questions*, 70, 227
distributismo, 45, 96, 103, 129, 135
*Doctor Sax*, 78
*Dom Quixote*, 54
Donaldson, Scott, 79, 223
Dostoiévski, Fiódor
    Bakhtin sobre, 61
    Berdiaev e sua admiração por, 47-48
    carta ao irmão, 63
    como ortodoxo, 59
    como romancista, 56, 70, 211, 213
    como Stephen Dedalus, 64-65
    como vanguardista, 59
    como vanguardista ortodoxo, 61
    Fanger sobre, 63
    Frank sobre, 61
    Hesse sobre, 58
    influência de Goethe em, 36
    Lawrence sobre, 58
    Lukács sobre, 57
    narrativas dialógicas de, 56, 61
    *Notas do Subsolo*, 63
    *Os Irmãos Karamázov*, 58-62, 64-65, 223
    pensamento triádico de, 202
    sobre a liberdade existencial, 51
    sobre o romantismo, 81
    uso da Bíblia, 170
*Dostoiévski: Os Anos Milagrosos*, 62
*Doutor Jivago*, 69-72

## E

Eagleton, Terry, 169, 223
Edmund Pettus (ponte), 121
educação, 130, 139, 173, 181, 186, 189, 230
Einstein, Albert, 58, 133
Eliot, T. S., 30, 162, 163, 170
Ellul, Jacques
   *A Critique of the New Commonplaces*, 177
   "An Address to 'Master Jacques'", 171, 225
   "atualizando o *escathon*", 180
   como crítico, 177
   como Dostoiévski, 213
   como Girard, 207
   como macro-historiador, 171
   como marxista, 172
   como McLuhan, 184
   como profeta, 181
   como protestante ortodoxo, 171
   como Schumacher, 213
   Fasching sobre, 172
   Illich sobre, 171
   *Living Faith*, 170, 176, 223
   *Propaganda*, 156, 223
   sobre a eficiência, 171
   sobre a esperança apocalíptica, 180
   sobre a não violência cristã, 101
   sobre a política, 179
   sobre a prece, 175
   sobre a tecnologia, 170-73, 179, 181
   sobre as vocações cristãs, 180
   sobre Kierkegaard, 37
   sobre o fim dos tempos, 175
   sobre os ídolos da eficiência, 176
   sobre os meios de comunicação de massa, 175
   sobre palavras e imagens, 174
   *The Humiliation of the Word*, 174
   *The New Demons*, 179
   *The Politics of God and the Politics of Man*, 180, 223
   *The Technological Society*, 172-73, 223
   *The Thought of Jacques Ellul*, 172, 180, 223
   *What I Believe*, 102
*Ellul Studies Forum*, 187
*Esquecer Foucault*, 174
Estocolmo, 71-72
existencialismo, 83-84, 88

## F

Fager, Charles, 128
*Faith and Violence*, 111, 113, 227
falso "eu", 112, 216
Fasching, Darrell, 172, 180, 223
fascismo, 120
*Fausto*, 33-36, 40, 68
Fielding, Henry, 56
filistinismo, 59
Fiore, Quentin, 152, 227
Fita de Möbius, 38
Flitch, J. E. Crawford, 182, 228
Foucault, Michel, 12, 76
Frank, Joseph, 61, 62, 224
Freud, Sigmund, 131
Frye, Northrop
   *Anatomia da Crítica*, 161, 168, 224
   "causalidade reversa", 162, 168
   como Blake, 168, 170
   como McLuhan, 160
   como ortodoxo, 163
   como vanguardista, 163
   cristianismo de, 162
   Eagleton sobre, 169
   Marx e, 168
   *Northrop Frye on Religion*, 163, 166, 224

*Notebooks*, 162
    sobre a crítica literária, 167-69
    sobre a mitologia, 164, 167
    sobre a política, 169
    sobre a igreja, 168
    sobre a religião, 162-63, 165-66
    sobre a tipologia, 167
    sobre as "anagogias", 170
    sobre as ideologias sectárias, 168
    sobre o Gênesis, 164
    sobre o leitor ideal, 163, 165
*The Fearful Symmetry*, 170, 224
*The Great Code*, 162, 165, 167, 170, 224
*The Modern Century*, 165, 224
*The Stubborn Structure*, 169, 224
"Futurechurch: Edward Wakin Interviews Marshall McLuhan", 159, 227

# G

*Gale Encyclopedia of Childhood and Adolescence*, 132
Gandhi, 113, 115-16, 118
Gans, Eric, 195-96, 224
Gardels, Nathan, 146
Garnet, Constance, 223
*Gateway to God*, 199, 228
"Getting Ready for the Hero", 116
Giamo, Ben, 83, 224
Gibson, William, 84, 86
Ginsberg, Allen, 77-78
Girard, René
    antropologia cristã contemplativa contemporânea de, 213
    como apologista cristão, 194
    como Ellul, 207
    como macro-historiador, 156
    como pensador apocalíptico, 195
    como pensador triádico, 201
    como profeta, 195
    como vanguardista, 192
    crítica da modernidade, 191
    "Desejo Mimético", 134, 192, 196
    fim do ciclo de retribuição, 196
    inspirou Ed Gans, 195-96
    *Resurrection from the Underground*, 58, 224
    sobre a normalidade da patologia, 198
    sobre a ressurreição, 197
    sobre a violência, 207
    sobre a violência sagrada, 193-94
    sobre Cristo, 196
    sobre Dostoiévski, 58
    sobre o fim de todas as mitologias, 191
    sobre os bodes expiatórios, 193-95, 197-98
    *Things Hidden Since the Foundation of the World*, 192, 224
    *Violence and the Sacred*, 192, 224
    Webb sobre, 195-96
"Global Requiem", 15
gnosticismo, 19
Godard, Jean-Luc, 218
Goethe, Johann Wolfgang von
    advertências para o Ocidente, 146
    como apologista cristão, 42
    como ortodoxo, 33
    *Fausto*, 33- 36, 40, 68
    Hesse sobre, 58
    influência sobre outros escritores, 36-37
    *Maxims and Reflections*, 33, 225
    metapsicologia do eu, 33
    *Os Sofrimentos do Jovem Werther*, 33, 35
    romance de formação, 36

sobre a ciência, 32, 146
sobre a psicologia problemática da modernidade, 32, 38
sobre Mefistófeles, 34
*Wilhelm Meister*, 35-37
graça, 27, 44, 51-52, 61, 64, 78, 205
Greene, Graham, 55
Gregory, Patrick, 192, 224
Guerra da Coreia, 106
Guerra do Vietnã, 106, 108, 110
Guerra Fria, 70, 80, 110, 127
*Guide for the Perplexed*, 128, 134-35, 228
Guilford, J. P., 132

# H

Hamilton, William, 22-23, 221,
*Hamlet*, 68
Hanks, Joyce, 174, 225
Harding, Vincent, 116
*Harper's Magazine*, 199
Havel, Václav, 96, 228
Hegel, Georg, 52, 83, 122, 140, 152, 203, 212, 214
Heidegger, Martin, 54, 74, 89, 147, 214, 216
Hesse, Herman, 37, 58, 225
hippies, 80-81
Holmes, John Clellon, 78-79, 225
*Homem Algum é uma Ilha*, 109
*Homens em Tempos Sombrios*, 53, 221
Homero, 56, 61
"How to Speak Poetry", 95
Hudson, Stephen, 58, 225
"Human Personality", 107

# I

idealismo, 32, 55, 67, 146
idolatria, 44, 48, 170, 175, 176, 215
Illich, Ivan

*ABC: The Alphabetization of the Popular Mind*, 184, 186, 225
"An Address to 'Master Jacques'", 171, 225
câncer de, 187
como católico, 182
como "herético", 182
como Day, 191
como Derrida, 190
como inovador, 212
como macro-historiador, 156
como ortodoxo, 183
como vanguardista, 171, 182
*Corruption of Christianity*, 182
desescolarizando a sociedade, 184
"Health as One's Own Responsibility", 186
*In the Mirror of the Past*, 189, 225
método singular de, 190
"Silence is a Commons", 189
sobre a história, 184
sobre a linguagem, 185
sobre *askesis*, 187
sobre Ellul, 171
sobre o bem comum, 188
sobre os privilégios profissionais, 184
sobre os "Voluntários do Papa", 183
*Tools for Conviviality*, 183, 225
*Illustrated London News*, 44, 46
"imago", 30
*In Sight of Chaos*, 58, 225
Inglaterra, 22-23, 25
*Intellectuals*, 201
Ioga, 81
Irã-Contras, 125
Iraque, 210
Iribarne, Louis, 21, 227
Isaías, 22
*Ishi Means Man*, 145, 227

islamismo, 129
*Ivan Illich in Conversation*, 190, 225

## J
James, William, 32
Jeremias, 126
*Jerusalém*, 28, 30-31, 222
Jerusalém, 22
Jesus
    contra-histórico, 166
    Dostoiévski sobre, 59
    e a não violência, 113
    Ellul sobre, 101
    Girard sobre, 196
    histórico, 166
    Kerouac sobre, 78, 83
    movimentos "de volta a Jesus", 17
    sobre a religião organizada, 146
    vida de, 166
Johnson, Paul, 201
Joyce, James
    a Bíblia como superestrutura em, 170
    como católico, 56
    como Kerouac e Blake, 79
    epifanias, 56
    influência de Goethe sobre, 36
    influência sobre Frye, 163
    influência sobre McLuhan, 162
    Kerouac sobre, 82
    McLuhan sobre, 56
    *Retrato do Artista Quando Jovem*, 64-65
    sobre os mistérios cristãos, 30
judaico-cristão, 14, 62, 211
judaísmo, 129
juventude, 33, 58

## K
Kahn, Ashley, 15, 225
Kaplan, Robert, 204, 225
Keller, Helen, 84-86, 91, 134
Kennedy, Robert F., 110, 125
Kenner, Hugh, 43, 225
*Kerouac: A Biography*, 78-79, 222
Kerouac, Jack
    "After Me, the Deluge", 81-83
    autoindulgência de, 79
    como americano, 80
    como Blake, 79
    como budista, 80
    como católico, 78, 80
    como Day, 106
    como Percy, 83
    como romancista, 213
    diferenças com Illich, 191
    *Doctor Sax*, 78
    e os hippies, 80-1
    Kimball sobre, 80-1
    *On the Road*, 79, 225
    pares "gnósticos" de, 81
    questões levantadas por sua obra, 83
    *Satori em Paris*, 78
    *Selected Letters*, 81, 225
    *Sketch Notebook #3*, 77
    sobre Deus, 83
    sobre Jesus, 83
    sobre Joyce, 82
    sobre Kierkegaard, 84
    *Some of the Dharma*, 79, 82
    talento como escritor, 79
    *The Long, Slow Death of Jack Kerouac*, 17, 222
    *The Portable Jack Kerouac*, 82, 226
*Kerouac: The Word and the Way*, 77, 83, 224
Kierkegaard, Søren
    Adorno sobre, 16
    análise da individualidade, 38
    Becker sobre, 37
    *Christian Discourses*, 38, 226

como cristão, 37
como Dostoiévski, 81
natureza triádica de seu pensamento, 200
"O Instante", 37
Percy sobre, 83
sensação de falta em, 39
sobre a alma, 40
sobre a "era do jornalismo", 39
sobre a fé convencional, 41
sobre a religião, 38
sobre a "suspensão da ética", 147
sobre Cristo, 41
sobre Deus, 38
sobre o caráter, 37
sobre o desespero, 40
sobre os Evangelhos, 83
sobre os três estilos da existência humana, 40
Kimball, Roger, 80-1
King, Coretta, 124, 127
King Jr., Martin Luther
  ágape, 117, 122
  assassinato de, 115
  boicote dos ônibus de Montgomery, 116, 118, 121
  como negro americano, 116
  como conservador, 115
  como cristão, 124
  como Day, 122, 206
  como Gandhi, 115
  como sonhador, 126
  como vanguardista, 115
  como Weil, 124
  contra Niebuhr, 118-22, 125
  e Niebuhr, 115
  Edmund Pettus (ponte), 121
  entrevista à revista *Playboy*, 119
  Igreja Batista da Rua 16, 119
  maior contribuição, 99
  maior vitória, 123, 125
  personalismo de, 122
  retiro proposto com Thomas Merton, 123
  sobre a não violência, 113, 116, 119-20
  sobre Jeremias, 126
  sobre o emergente sistema corporativo, 123
  *Strenght to Love*, 118, 226
  *Testament of Hope*, 120, 226
  "The Answer to a Perplexing Question", 124
  *último discurso de,* 127
  vida shakespeariana de, 116
Kundera, Milan, 53-54, 178, 226
Kushner, Harold, 14, 226

# L

Lacan, Jacques, 39
*Land of Ulro*, 21, 227
Lardas, John, 77, 226
Lawrence, T. E., 58
Lean, David, 70
Lee, Alvin, 163, 224
Lemmy Caution, 218-19
Lênin, Vladimir, 52
*Letters of Marshall McLuhan*, 156, 226
Leuver, Robert, 148
libertarianismo, 105
*Literary Converts: Spiritual Inspiration in an Age of Unbelief*, 128, 227
*Literary Essays* (Thomas Merton), 67, 227
*Literary Theory*, 169, 223
*Living Faith*, 170, 176, 223
*Living in Truth*, 96, 228
Livingstone, Angela, 67, 69, 223, 228
Locke, John, 27, 32, 50
logocentrismo, 55

Lorin, Harry, 105, 222
Los Alamos, 202
*Los Angeles Times*, 81
*Lost in the Cosmos*, 84, 87, 91, 203, 227
*Love in the Ruins*, 93
Lowrie, Walter, 38, 226
Lubianka, Rússia, 72
Lukács, György, 54, 57, 226

# M

MacLeish, Archibald, 145
macro-historiadores, 12, 171, 206, 215
Madre Teresa, 87, 207-08
mal, 7, 11, 28, 35, 64, 71, 87-88, 102, 107, 114, 122, 124-25, 129, 197-99, 206, 209-11
Mann, Thomas, 37
maquiavelismo, 130
Marcel, Gabriel, 92
Maritain, Raïssa, 105, 222
*Marshall McLuhan: Escape into Understanding*, 148, 225
Marx, Karl
    apropriações vulgares de, 131
    Barthes sobre, 131
    como estruturalista, 130
    contra o cristianismo, 201
    e Blake, 25
    e Frye, 168
    Pasternak sobre, 71
    Soljenítsin sobre, 73
Marx, Steven, 116
*Mater et Magistra*, 129
*Maxims and Reflections*, 33, 225
McCann, Dennis P., 120, 226
McDermott, John J., 32, 225
McLuhan, Eric, 56, 158, 226
*McLuhan: Hot and Cool*, 148, 149, 228

McLuhan, Marshall
    "anticristos tecnológicos", 160
    como artista e teórico, 149
    como católico, 149, 159
    como contemplativo, 149
    como defensor dos livros, 151
    como Ellul, 175
    como filólogo, 153
    como Frye, 160
    como herdeiro de Chesterton, 149
    como herói nietzschiano da cultura, 162
    como inovador intelectual, 212
    como intelectual cristão, 150
    como literato, 160
    como vanguardista ortodoxo, 15, 152
    contra Hegel e Marx, 152
    *Counter Blast*, 152, 160, 177, 226
    *Culture Is Our Business*, 154, 226
    "Futurechurch", 159
    Girard contra, 156
    Illich contra, 184
    influenciado por Joyce e Eliot, 162
    *Letters of*, 156, 226
    "o cristão na era eletrônica", 148
    previsões de, 151
    relevância contemporânea de, 151, 162
    sobre a civilização mundial, 152
    sobre a conversão religiosa, 158
    sobre a cultura contemporânea, 156
    sobre a liturgia, 157
    sobre a modernidade, 153
    sobre a tradição greco-romana, 159-60
    sobre as sociedades orientadas pela imprensa, 150
    sobre Blake, 27-28
    sobre Cristo, 158

sobre Cristo e a igreja, 158-59
sobre Frye, 160
sobre Joyce, 56
sobre mundos interiores e mudanças sensoriais, 149
sobre o mito, 152
Steiner sobre Blake e McLuhan, 148
*The Gutenberg Galaxy*, 28, 226
*The Medium and the Light*, 56, 158, 226
*The Medium is the Message*, 152, 227
transição para a mídia eletrônica, 150
meditação, 113, 157
Mefistófeles, 34-35
mente cartesiana, 22
Merton, Thomas
   *A Montanha dos Sete Patamares*, 26, 109
   como apolítico, 110
   como católico ortodoxo, 107
   como Chesterton, 107
   como crítico social religioso, 213
   como Day, 107
   como proto-teólogo da libertação, 108
   como vanguardista, 107
   *Conjectures* (citação), 11
   *Conjectures of a Guilty Bystander*, 11, 109, 227
   *Contemplative Prayer*, 113, 227
   contra Illich, 191
   crítica do mundo moderno, 110
   *Disputed Questions*, 70, 227
   *Faith and Violence*, 111, 227
   *Ishi Means Man*, 145, 227
   *Literary Essays*, 67, 227
   *Passion for Peace*, 114, 227
   relevância contemporânea de, 112, 213
   retiro proposto com Martin Luther King Jr., 123
   sobre a esperança, 114
   sobre a moderna crise espiritual, 111
   sobre a modernidade, 113
   sobre a não violência, 113
   sobre a tecnologia, 112
   sobre Blake, 26
   sobre o "mundo", 108
   sobre o "verdadeiro eu", 111
   sobre Pasternak, 67-70
   tarefa da vida de, 111
   *The Hidden Ground of Love*, 110, 227
   votos monásticos de, 108-09
   *Zen and the Birds of Appetite*, 111-12, 227
*Message in the Bottle*, 83, 88, 227
metaeconômico, 128-30, 133
metafísica, 90, 130, 132, 134, 147, 149, 200, 203, 206
meta-histórica, 218 (ver também *macro-historiadores*)
método científico, 28, 35, 206
Míchkin, Príncipe, 59
Midrash, 116
*Milagre de Annie Sullivan, O* (*The Miracle Worker*), 84
Miles, Jack, 15
Miłosz, Czesław, 21, 146, 227
*Milton*, 30
Milton, John, 30, 163
*Minima Moralia*, 53, 221
Minsky, Marvin, 13
mito, 13, 20-21, 24-25, 27, 30, 54-55, 90-91, 96, 101, 108, 111, 144, 152, 161, 164-69, 181, 191, 193-94, 201
*Modern Dogma and the Rhetoric of Assent*, 207, 222

modernismo, 14-15, 19, 56, 61, 73-74, 122, 205, 212
*Monk's Pond*, 108
Monroe, Marilyn, 15, 175
Montgomery, Alabama, 116, 118, 121
*Moral Man and Immoral Society*, 122
"More About Holy Poverty", 106, 223
"motivismo", 205
*Mugglewump*, 24
multidão, 38-39, 41, 194
Murphy, Daniel, 53, 227

## N
Nações Unidas, 98
não violência, 99-101, 113-14, 116, 118-21, 127
Napoleão, 32
narcisismo, 28, 80, 172, 202, 209
naturalismo, 56
*New Criterion*, 80
*New York Review of Books*, 146
Newton, Isaac, 26-28, 32, 50
Niebuhr, Reinhold
    como teólogo neo-ortodoxo, 172
    contra Gandhi, 118
    dualismo moral de, 125
    influência sobre King de, 115, 118
    King contra, 119-20, 127
    *Moral Man and Immoral Society*, 122
    realismo cristão de, 115
    *The Nature and Destiny of Man*, 114, 227
Nietzsche, Friedrich, 43, 198, 203
niilismo, 58, 61-2, 74
Nishida, Kitaro, 112
Noite de Santa Valburga, 34
*Nothing More to Declare*, 79, 225
Nouwen, Henri, 217
*Jerusalém*, 28

*Novas Sementes de Contemplação*, 109
Novo Testamento, 37, 58, 166, 168, 194

## O
*O Arquipélago Gulag*, 67, 75, 147
*O Carvalho e o Bezerro*, 71, 73, 228
"O Instante", 37
*O Que Há de Errado com o Mundo?* (*What Is Wrong With the World*), 44, 103, 222
O'Connor, Flannery, 55
O'Grady, Jean, 163, 224
*On Cosmopolitanism and Forgiveness*, 190, 223
*On the Road*, 79, 225
*Orion*, 136, 138
*Os Irmãos Karamázov*, 58-65, 223
*Os Sofrimentos do Jovem Werther*, 33, 35

## P
"pacifismo", 102-03
Pagels, Elaine, 19, 227
Paglia, Camille, 175, 227
Panichas, George, 107, 288
Papa João XXIII, 129
*Paradox in Chesterton*, 43, 225
Paris, 47
*Parting the Waters: America in the King Years*, 222
*Passion for Peace: The Social Essays*, 114, 227
Pasternak, Boris, 67- 72, 75-6, 212-13, 227
*Pasternak: Modern Judgments*, 69
*Pasternak: Prose e Poems*, 68
Paulo, São, 30, 126, 146
Pearce, Joseph, 128, 227
Pedro, São, 100
Penélope, 53

Penn, Arthur, 84
*pensamento divergente*, 131-32
Percy, Walker
  como contramodernista, 213
  como Kerouac, 83
  como pensador triádico, 201-02
  como Schumacher, 134
  contra behavioristas, 89
  contra Illich, 191
  contra o Iluminismo, 89
  *Critical Essays on Walker Percy*, 91, 223
  "Fator Delta", 90, 93
  *Lost in the Cosmos*, 84, 87, 91, 203, 227
  *Love in the Ruins*, 93
  *Message in the Bottle*, 83, 88, 227
  questões dos romances, 87
  semiótica pós-moderna de, 56
  *Signposts in a Strange Land*, 88, 227
  sobre a chegada de alienígenas, 84
  sobre a ciência e os problemas do eu, 203
  sobre a humanidade, 91-92
  sobre as diádicas, 131
  sobre enriquecimento pessoal, 87
  sobre Keller, 84, 86
  sobre Kierkegaard, 83
  sobre os problemas da modernidade, 93
  *The Moviegoer*, 92, 227
  *The Second Coming*, 93
  visão do "eu", 135
  personalismo, 99, 122
Pinker, Stephen, 13
*Playboy* (revista), 119
plebeus, 73
Polanyi, Karl, 187-88, 228
política antipolítica, 95, 116
*Politics and Aesthetics*, 204, 221

"Politics and Conscience", 96
Pope, Alexander, 27
Popper, Karl, 206, 214
pós-estruturalistas, 55
positivismo, 47, 74, 130
Poteat, Patricia Lewis, 83, 228
pragmatismo, 50, 122, 217
prece, 113, 121, 147, 157, 175
Prêmio Nobel, 13, 70-73, 146, 208
profetas, 18, 22, 30, 100, 136, 194-95
*Propaganda*, 156, 223
propriedade privada, 45, 103, 136, 138
protestantes, 105, 108, 171
Proust, Marcel, 37
*Provérbios do Inferno*, 24
psicanalista, 30, 37-8
purgatório, 83

## Q

quatro questões de Kant, 213

## R

racionalistas iluministas, 17
racismo, 117, 120
*Radical Theology and the Death of God*, 22-3, 221
"Reading René Girard's and Walter Wink's Religious Critiques of Violence as Radical Communication Ethics", 194
Reavey, George, 49, 221
"Recent Trends in Wealth Ownership", 97
Reforma, 17
Regra de São Bento, 218
renascimento gótico, 31
*Resurrection from the Underground*, 58, 224
revolução de Reagan, 125
revolução industrial, 26

Revolução Russa, 46, 67, 71
Richards, I. A., 115, 228
Rilke, Rainer Maria, 37, 217
Roma, 18, 116, 165
romantismo, 56
Roth, Robert, 115
Russa Ortodoxa (fé, igreja), 52, 67, 108

## S

*Safe Conduct*, 68
São João da Cruz, 17
Sartre, Jean-Paul, 73, 147, 201
Schimanski, Stefan, 68, 227
Schumacher, E. F.
   *A Guide for the Perplexed*, 128, 134-35, 228
   como apologista cristão, 129
   como Berry, 136
   como Blake, 131
   como católico convertido, 129
   como contramodernista, 213
   como herdeiro de Chesterton, 100
   como pensador triádico, 134
   como Percy, 134
   crítica do pensamento moderno, 134
   "Insufficiency of Liberalism", 129
   relevância contemporânea de, 134
   síntese de Chesterton e Percy em, 135
   *Small Is Beautiful*, 129, 135
   sobre a ciência, 129
   sobre a escada do ser, 133-35
   sobre o propósito da educação, 130
   sobre os limites do pensamento científico, 133
   sobre os valores metaeconômicos, 130, 133
*Seeds of Destruction*, 110
Segunda Guerra Mundial, 71, 106, 117, 171, 179
*Selected Poetry and Prose*, 24, 222
Selma, Alabama, 121
semiótica, 56, 89
Ser
   e Deus, 42, 87, 216
   escada do, 128, 133-35, 162
   Grande Cadeia do, 136
   luta para vir a, 117
   negação do, 210
   questão do, 74
"Ser Famoso", 69
Sermão da Montanha, 18, 146, 205
Shakespeare, William, 61, 116, 226
Shannon, William H., 110, 114, 227
*Signposts in a Strange Land*, 88, 92, 227
"Silence Is a Commons", 189
*Silver and Steel: 20$^{th}$ Century Russian Literature*, 69
simbolismo francês, 31
simulacros, 216
*Sketch Notebook #3*, 77
*Small Is Beautiful*, 129, 135
"Small Is Beautiful, and So Is Rome", 128
socialismo corporativo, 45
Soljenítsin, Alexander
   como cristão, 73
   como moralista pós-moderno, 74, 76
   como Pasternak, 75
   contra o modernismo ocidental, 73
   contra Pasternak, 71-72
   contra Sartre, 73, 147
   fé dissidente, 71
   *O Arquipélago Gulag*, 67, 75, 147, 228
   *O Carvalho e o Bezerro*, 71, 73, 228
   papel do artista, 76
   sobre a santidade da consciência individual, 74

sobre os *zeks*, 73
*Sojourners Magazine*, 116
*Um Dia na Vida de Ivan Deníssovitch*, 73
Soloviev, Vladimir, 48
*Some of the Dharma*, 79, 82
Stálin, Josef, 68
Stearn, Emmanuel, 148
Steiner, George, 148
*Stranger Music*, 95, 222
*Strength to Love*, 125
*Stubborn Structure*, 169, 224
sufismo, 110
Sullivan, Anne (ou Annie), 84-86
Szklarek, Jacek, 56, 158

## T

Taylor, Ronald, 204, 221
Telotte, J. P., 91
*Testament of Hope*, 120, 226
"The Agrarian Standard", 136
"The Answer to a Perplexing Question", 124, 119
*The Bible and Shakespeare*, 31, 226
*The Denial of Death*, 37, 42, 60, 221
*The Dunciad*, 27
*The Everlasting Man*, 18, 222
*The Fearful Simmetry*, 170, 224
*The Fragile Absolute*, 200, 228
*The Gnostic Gospels*, 19, 227
"The Great American Frustration", 145
*The Great Code*, 162, 165, 167, 170, 224
*The Great Transformation*, 187-88, 228
*The Gutenberg Galaxy*, 28, 226
*The Hidden Ground of Love*, 110, 227
*The Humiliation of the Word*, 174
"The Insufficiency of Liberalism", 129
*The Long Slow Death of Jack Kerouac*, 17, 222

*The Modern Century*, 165, 224
*The Nature and Destiny of Man*, 115, 227
*The New Apocalypse: The Radical Christian Vision of William Blake*, 30, 221
*The New Demons*, 179, 223
*The New Humanists*, 13, 222
*The Origin of Negative Dialectics*, 16, 222
*The Outline of Sanity*, 45, 95, 103, 222
"The Paradox of History", 69
*The Perfect Crime*, 209, 217, 221
*The Pilgrim of the Absolute*, 105, 209
*The Politics of God and the Politics of Man*, 180, 223
*The Portable Jack Kerouac*, 82, 226
*The Religious Art of Andy Warhol*, 15, 223
*The Rhetoric of Assent*, 207
*The Self Between*, 195, 228
*The Simone Weil Reader*, 107, 228
*The Technological Society*, 172, 173, 223
*The Virtual McLuhan*, 151, 228
*The Way to Freedom*, 191, 222
"The Will to Believe", 32, 225
*The Word and the Way*, 77, 83, 224
Theall, Donald, 151, 228
Thich Nhat Hanh, 127
*Things Hidden Since the Foundation of the World*, 192, 224
"Thoughts in the Presence of Fear", 137-38
Tillich, Paul, 60, 172
Tolstói, Liev, 48, 70, 201
*Top Heavy: A Studying of Increasing Inequality of Wealth*, 97, 228
Toye, William, 156, 226
*Tragic Sense of Life*, 182, 228

*Tremendous Trifles*, 47, 222
Tsvetaeva, Marina, 67, 68, 228
Turner, Chris, 209, 221
Turguêniev, Ivan, 70
TV, 109, 155

## U

*Um Dia na Vida de Ivan Deníssovitch*, 73
Unabomber, 202
Unamuno, Miguel de, 47, 53, 182, 228
United Farm Workers, 106
Universidade de Nova York, 97
*U. S. Catholic*, 159

## V

*Vamps and Tramps*, 175
vanguarda
    Berdiaev como, 47
    Berry como, 136
    Blake como, 24
    cristã, 56, 203
    Day como, 98
    Dostoiévski como, 58
    Frye como, 163
    Girard como, 192
    Illich como, 182
    King como, 115
    Literária, 46, 108
    Merton como, 107
    McLuhan como, 151
vanguarda ortodoxa, 14-15, 17, 42, 56, 61, 204, 212, 217
verdadeiro eu, 41, 111, 205, 215-16
vida eterna, 29, 49, 208
vida interior, 27-28, 31, 36, 40, 51, 54, 86, 92, 123-24, 191
Virgem Maria, 82
Vladislav, Jan, 96, 228
"Voluntários do Papa", 183

## W

Wakin, Edward, 159
*Walker Percy and the Old Modern Age*, 83, 228
Warhol, Andy, 15, 212
*Warrior Politics*, 204, 225
Washington, James M., 120
Watergate, 125
Waugh, Evelyn, 55
Webb, Eugene, 195, 228
Weil, Simone, 107, 124, 199, 228
*What I Believe*, 102, 223
Whitney, Thomas P., 75, 228
*Who Needs God?*, 14, 226
Wiesel, Eli, 13, 218
*Wilhelm Meister*, 35-37
Willetts, Harry, 228
*William Blake*, 21, 222
Wittgenstein, Ludwig, 186, 214
Wolff, Edward N., 97, 228
*Words of Martin Luther King Jr.*, 124, 226

## Y

Yevtushenko, Yevgeny, 69, 228

## Z

Zen, 17-18, 108
*Zen and the Birds of Appetite*, 111-12, 227
Žižek, Slavoj, 199-200, 228

Você poderá interessar-se também por:

**TED V. MCALLISTER**
**REVOLTA CONTRA A MODERNIDADE**
LEO STRAUSS, ERIC VOEGELIN E A BUSCA DE UMA ORDEM PÓS-LIBERAL

O estudo de Ted V. McAllister, magistralmente escrito, fornece a primeira comparação ampla do pensamento de Eric Voegelin e Leo Strauss e um exame profundo da influência de ambos sobre o conservadorismo americano contemporâneo.

*Experimentos contra a Realidade* apresenta a sofisticação, a amplitude de conhecimento e a clareza de argumentação que fizeram de Kimball um dos mais incisivos críticos de nossa cultura contemporânea. Ele começa considerando o influente poeta e teórico T. E. Hulme, e mostra como as obras de Eliot, Auden, Wallace Stevens, Robert Musil, Elias Canetti, e de outros podem ser vistas como esforços de articular uma alternativa convincente às desolações intelectuais e espirituais de nossa era.

Neste livro, Lionel Trilling trata do processo pelo qual a espinhosa empreitada da sinceridade, de ser verdadeiro consigo mesmo, veio a ocupar um lugar de grande importância na vida moral – e a mudança posterior na qual aquele lugar se vê substituído pelo mais obscuro e vigoroso ideal moderno de autenticidade.

Conhecemos o Eliot poeta, mas em *A Ideia de uma Sociedade Cristã*, podemos apreciar a obra ensaística do grande escritor norte-americano que se ocupa de uma temática particular: o que tem a fé cristã a dizer sobre aspectos como a sociedade e a política? As conferências que T. S. Eliot apresentou em Cambridge, em março de 1939, e publicou sob o título *A Ideia de uma Sociedade Cristã*, estão no campo da crítica social. Eliot não endossa "qualquer forma política particular"; defende apenas "qualquer Estado que seja adequado para uma Sociedade Cristã". Também não defende um Estado "em que os mandatários fossem escolhidos em virtude de suas qualificações e menos ainda de sua eminência como cristãos". O cristianismo não deve ser imposto ao povo pelo governo; pelo contrário, o "temperamento e as tradições do povo" devem ser suficientemente cristãos para impor aos políticos "uma estrutura cristã na qual seja possível realizar suas ambições e fazer avançar a prosperidade e o prestígio de seu país".

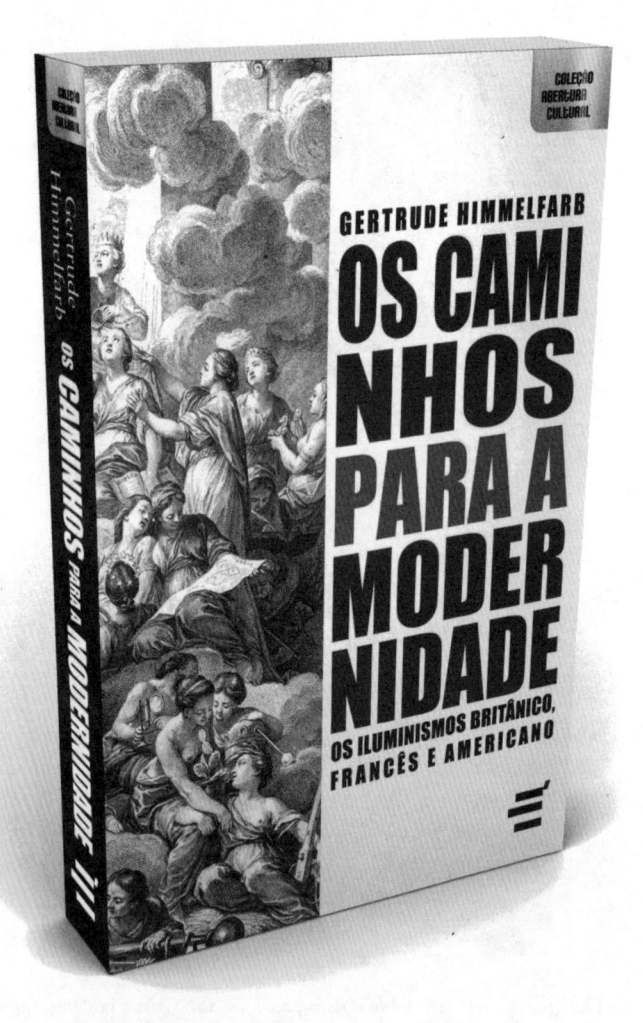

O enquadramento teórico realizado aqui pela historiadora norte-americana Gertrude Himmelfarb permite compreender o fenômeno do Iluminismo britânico, francês e americano, e como as concepções de natureza humana e de princípios abstratos, como o da liberdade, eram divergentes entre eles, produzindo consequências completamente diversas.

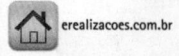

facebook.com/erealizacoeseditora   twitter.com/erealizacoes   instagram.com/erealizacoes   youtube.com/editorae

issuu.com/editora_e   erealizacoes.com.br   atendimento@erealizacoes.com.br